"985 工程"中央民族大学哲学宗教学文库（甲种）第八册

从法身至佛性

——庐山慧远与道生思想研究

史经鹏 著

人民出版社

总　序

　　"中央民族大学'985工程'哲学宗教学文库"（甲种12册），是本校哲学与宗教学学院11位教学科研人员的一点儿奉献。任教于我校哈萨克语系的耿世民先生，因在西域宗教研究方面的卓越贡献，其文集也一并收入本文库。中央民族大学哲学与宗教学学院不是很大，目前只有20位专职教师；这个院（系）成立的时间也不长，1986年独立建系，2008年更名为学院。但在吕大吉、牟钟鉴、佟德富等前辈的组建和带领下，经过二十多年的砥砺磋磨，如今已经成长为中央民族大学一个充满生机活力的教学科研团队。他们秉承"进德修业"的古训，广泛吸收国内外各高校新生力量，逐渐形成了生活上随缘任运、学术上追求卓越的优良学风。此次集中出版的这批研究成果，有7种是初版，5种是再版。有些是前辈大家早年出版的重要作品，比如牟钟鉴先生的《〈吕氏春秋〉与〈淮南子〉思想研究》、班班多杰先生的《藏传佛教思想史纲》、赵士林先生的《心学与美学》等，出版多年，图书市场上早已难觅踪影；有些是前辈多年研究的重要成果，比如著名的世界突厥语专家耿世民先生的《西域宗教研究》，虽然是一个文集，但主题十分集中，学术价值极高。其他8种，大多是在他们博士论文的基础上进一步修改而成的，既有对传统哲学问题的深入研究，也有对当代重大问题的深刻思考。现在汇编、出版这套文库的目的，主要是借此积累学术成果，表达对我们所生活的这个时代、这个家园"感恩的心"。

我们这个群体，不自觉地遇上了一个伟大的时代！近现代的中国，置身于"数千年未有之大变局"中，表现为"剧烈的社会转型"。进入21世纪以来，随着全球化、信息化的进一步加快，文明冲突与文明对话联袂上演；随着改革开放的深入推进，难以回避的各种深层次矛盾日益凸显。当前，如何完整、准确地表述"中华民族共有精神家园"？如何完整、准确地理解中国特色社会主义的核心价值观？在"中国特色"与"普世价值"的纠结中，能不能找到真正的"中国价值观"的标签，在推进社会保障与婚姻立法、家庭伦理建设的过程中，面对家庭本位与个体本位的艰难抉择，社会改革的"顶层设计"究竟应该何去何从？剧烈的社会变革，无疑是激发思想原创的最直接动力。广泛而深刻变革的社会舞台，为理论工作者提供了可以充分施展身手的广阔天地。生活在这样时代的哲学社会科学理论工作者，无疑是幸运的！理论工作者未必能够完全承担起"修身、齐家、治国、平天下"的社会实践，但本着求真、务实的态度，积极推进哲学社会科学的"大发展、大繁荣"，本来就是理论工作者义不容辞的光荣使命。

我们这个群体，非常幸运地生活在一个温馨的大家庭里！中华民族是一个伟大的民族，之所以说她"伟大"，除了勤劳勇敢、自尊自信之外，开放、包容，更能彰显出她的美德。"五十六个民族，五十六枝花"，共同构成了一个温馨和谐的多民族共存共荣的大家庭。中央民族大学得天独厚，是国内极少的56个民族聚集最为齐全的单位之一。在这里，无论是节日饮食，还是宗教信仰，都呈现出"多元通和"的良好氛围。民族、宗教方面的研究，也一直是这个国家级民族教育机构、"985 工程"院校教书育人、科学研究的核心任务，它也始终扮演着民族、宗教等方面国家级智库的重要职能。费孝通先生所说的"中华民族多元一体格局"的历史与现实，构成了中央民族大学哲学、宗教学研究的基本对象；费孝通先生提出的"各美其美，美人之美，美美与共，天下大同"的文化自觉，也奠定了新时期中央民族大学哲学、宗教学研究的基本方向。新校训"美美与共，知行合一"，准确、深刻地概括出了中央民族大学独特的精神风貌和办学理念。

实际上，中央民族大学高度关注民族、宗教、哲学问题的"文脉"，完全可以向前溯源到中央民族大学的前身——延安民族学院，乃至蒙藏学校教学和研究的重点。诞生于 1913 年的蒙藏学堂（不久即更名为蒙藏学校），初办时只有中学班，后来又增设专科。增设了专科以后，说明蒙藏学校就具有了大学的性质。在历史上，蒙藏学校不仅培养了一批民族革命干部，而且也造就了一部分了解民族宗教问题的知识精英。乌兰夫、奎璧、多松年、朱实夫、佛鼎等，都出自蒙藏学校。1941 年，由于边区建设的需要，中国共产党在陕北公学民族部的基础上，成立了独立的延安民族学院，当时担任教学和研究任务的人员有孔飞、克力更、牙含章、马寅、高鲁峰（董英）、关起义（刘元复）、海明等人。当时出版的《回回民族问题》等，都是极有代表性的研究民族宗教问题的力作。在蒙藏学校和延安民族学院的基础上，1951 年新中国中央人民政府正式批准成立了中央民族学院，中国民族宗教问题的研究，才开始进入到了一个新的历史时期。

我们深知，学术需要创新，而学术创新的不断累积，才能使学术变得更加厚重，更加具有历史的穿透力！"中央民族大学'985工程'哲学宗教学文库"（甲种12册）的出版，既体现着我们每个研究个体"进德修业"的具体内容，也寄托着我们这个学术团队对中央民族大学"晖光日增"的美好愿望。希望这套文库的出版，能够对新时期中国的新文化建设发挥一点儿积极的作用。

刘成有

2012 年 11 月于中央民族大学

目　录

本书以晋末宋初之际中国佛教史中庐山慧远与道生的思想研究为主题。二者的思想之间存在着从法身到佛性的思想演变，这是中国佛教史中般若学向涅槃学发展的重要面相。

在中国佛教史中，大乘般若系经典较早传入中国，在同魏晋时代玄学思潮的交流融合下，形成早期中国佛教发展的玄学化理解阶段。此时，中国佛教学者对于般若学的理解歧义纷呈，大致形成所谓"六家七宗"的局面。其后，西域僧人鸠摩罗什来华，在中国僧人的请求下，重新译介了一批般若学经典，并且不遗余力地翻译弘传了大乘般若中观一系的诸多论书，如《中论》、《百论》等。这些重译的般若经典，相比早期的同类译经，文辞优美且传旨达意，更加容易为时人接受。在此基础上，中国佛教学者对大乘般若学的理解达到了一个新的高度，出现了如僧肇这样的优秀佛教学者。僧肇创作了一系列般若学的论文，从不同角度阐发了大乘般若中观学思想。他系统地总结批判了以往中国般若学理解的过失之处，阐发了正确的般若空宗思想。总之，以鸠摩罗什和僧肇为代表的长安佛教团体，可以说是当时中国大乘般若学研究的中心所在。

与此相对，南方庐山佛教界中，以慧远为代表的佛教学者，在研习般若学的同时还致力于佛教禅修的实践。基于实践的立场，庐山慧远表现出对于佛教的终极理想存在——法身，持续且密切的关注。这种思想倾向与长安佛教界般若学的兴盛形成对比。庐山慧远与鸠摩罗什针对法身问题有着数年的问答往复，庐山的佛教居士刘遗民也与僧肇有过书信交流。从他们的交流内容来看，南北佛教界的学风和思想差异主要表现在对法身的理解上，这是由各自的思想立场决定的。

此后不久，晋末宋初之际，另有一批代表着新学风的佛教经典传入中国。其中，最具影响力的非《大般涅槃经》（以下简称《涅槃经》）莫属。《涅槃经》在中国初传之际毁誉交加，一方面，这是由于当时中国僧人缺乏自主立场，"有闻辄变"；另一方面，也有一些"守文滞义之徒"，不能够自由而正确地理解佛教思想。但随着《涅槃经》的前后传译，它最终被中国僧人接受，并对中国佛教产生了非常重大的影响。《涅槃经》在中国的接受过程，在某种程度上可以说体现在竺道生的个人佛学经历中。最初，法显译出六卷《泥洹经》，经中倡言一阐提断尽善根，不能成佛。道生依理推论，据众生皆有佛性说，倡言一阐提亦可成佛。此主张遭到建康佛教界的反对，道生也因此被摈出僧团，被迫栖居庐山。其后，北凉昙无谶译大本《大般涅槃经》（北本）传到建康，经中明言一阐提亦有佛性，可以成佛。建康佛教界追而叹服道生的先见之明。从而道生声誉大张，被后人章安灌顶称为"涅槃圣"①。可以说，在阐提成佛的观点上，道生本人的经历同《涅槃经》佛性思想在中

① 参见（隋）灌顶撰：《大般涅槃经玄义》卷上，《大正藏》第38册，第2页上栏。

国的接受过程紧密联系在一起。除众生皆有佛性说之外，《涅槃经》还倡导法身常住的观点，这也构成了《涅槃经》最初易于被中国僧人接受的理论基础。从此开始，对《涅槃经》的研究盛行起来。这种局面到南朝齐梁之际达到高潮，南北朝涅槃学亦达到新的阶段。梁时甚至出现了由众家师说编纂而成的《大般涅槃经集解》，整理了从道生以来具有代表性的各家《涅槃经》注疏。由此可见，道生是第一位具有代表性的涅槃佛性学说的倡导者。

整体来看，在晋末宋初朝代更迭的短短二十余年之间，中国佛教界发生了从般若学到涅槃学的思潮演变，其最初的理论演变轨迹就是从法身到佛性的发展过程。这种社会现象背后的思想背景及理论基础值得深思。因此，本书决定对这场思想演变中的主要代表人物庐山慧远和竺道生进行系统研究，研究内容主要包括庐山慧远的法身思想与道生的法身和佛性思想。为了凸显二人的思想特征，也将在必要时对比研究鸠摩罗什以及僧肇的相应观点。

在鸠摩罗什与庐山慧远、庐山僧团与僧肇以及僧肇与道生之间都存在一定的思想交流，并且留下了一批珍贵的历史资料，如《大乘大义章》、庐山僧团与僧肇的书信交流以及鸠摩罗什、僧肇与道生等注解的《维摩诘经》等。这些资料将有助于我们了解《涅槃经》传来之前中国佛教界的思想发展状况。而在《涅槃经》传入之后，针对道生思想的分析又可以使我们明了涅槃学最初的发展情况。道生对《涅槃经》和《法华经》的注疏将成为我们主要的研究对象。在此之外，也将涉及其他佛教学者及其论著，如僧叡及其所作经序等。

通过对比研究，南北佛教界在佛学思想的交流中呈现了怎样的思想差异与融合？这些差异的根源又是什么？在庐山慧远和道生的立场上，两人面对着什么样的问题？他们解决问题的方式和依据又表现出什么样的差异？这些差异的根源又何在？《涅槃经》传来之后，中国佛教界表现出怎样的态度，以及具有代表性的道生本身具有什么样的佛学素养使其更加易于接受《涅槃经》中的思想？慧远和道生从法身到佛性的思想演变过程，为当时的中国佛教留下了什么样的理论因素？对后世佛教思想的发展产生了怎样的影响？对这些问题的考察和分析，不仅可以使我们更加清晰地认识晋宋之际佛教思想的发展状况，还有助于我们更加深入地理解此后中国佛教思想的发展路向。

要研究庐山慧远和道生之间的思想发展，至少要注意两个方面：一是注意将二者的思想置于晋宋之际中国佛教界的整体思潮之中，正确把握他们和其他关键人物的思想联系和差异，以突出他们自身的思想特征和历史意义，因而，本书的研究对象还涉及鸠摩罗什、僧肇、慧观、僧叡等；二是注意从基本文献入手，在充分认识和了解慧远与道生现存著作的文献性质和特征后，再进一步挖掘和分析他们之间的思想联系和发展，因而，本书将充分重视对其著作的文献学研究。

对于以上诸人著作的文献学研究，国内外学者大都有所重视，其中尤以日本学者的相关研究成果最为显著。如针对《大乘大义章》和慧远的其他著作，以木村英一为首的日本学者在 20 世纪 60 年代就作出了优秀的文献注释和研究成果，最终结集为《慧遠研究》的"遺文篇"和"研究篇"。这本书在扎实的文献学研究基础上，从一乘三乘、法身以及时代思想背景等方面对鸠摩罗什和慧远的思想进行了深入研究。

其次，以塚本善隆为首的京都大学人文科学研究所的东方宗教研究室，对僧肇《肇论》也作了卓越的文献和思想研究，并结集为《肇论研究》。本书在文献注释的基础上，从不同方面对《肇论》的思想及历史意义进行了探讨。

再次，对鸠摩罗什、僧肇及道生等合注的《注维摩诘经》，日本大正大学综合佛教研究所的《注维摩诘经》研究会编著了《对訳·注維摩詰経》，将《注维摩诘经》进行了日文翻译并作了相关解释。此外，在个人研究方面，臼田淳三、百濟康義等对历史上僧肇单注本的各种文献情况作了分析，池丽梅对罗振玉所藏最古本《注维摩诘经》与现存本进行了对比分析，指出历史上三家注释编集时产生的几处误置。其他如花塚久義、木村宣彰、丘山新、平井宥慶、三桐慈海、橋本芳契、大鹿実秋、工藤雅也、菅野博史等，也都探讨了《注维摩诘经》的编纂者、历史流传以及注释特征等问题。

对于道生的《涅槃经》注疏，汤用彤先生在《汉魏两晋南北朝佛教史》中有所说明，日本学者布施浩岳在其《涅槃宗之研究》中有更为详细的分析。其后，系统研究《大般涅槃经集解》（后简称《涅槃经集解》）及道生注的是菅野博史。

最后，对于道生的《法华经疏》的文献研究，最早是日本学者羽溪了諦的《最初の法華経疏》。其后，横超慧日在《竺道生撰〈法華経疏〉の研究》中分别对道生的思想背景和《法华经疏》作了探讨。横超强调时代背景与文本内容的综合研究，为后来的研究者提供了某种典范。20 世纪 60 年代，三康文化研究所中国佛教思想研究会对道生《法华经疏》进行了日文训读，这给我们对比参考和理解《法华经疏》文本提供了帮助。其后，菅野博史对道生的《法华经疏》作了系统且细致的文本分析，非常重视此疏中分科的历史地位与影响。此外，金英浩（Kim Young-ho）英译了道生的《法华经疏》，并作了相应的思想研究。至 2000 年，日本国际佛教学大学院大学的鳥居達久博士以道生《法华经疏》为研究对象，提交了《竺道生撰述の〈妙法蓮華経疏〉》的博士论文，也对《法华经疏》的文献性质和思想作了系统的整理和分析。

在以上文献学研究的基础上，本书将分为七个部分，探讨庐山慧远和道生的佛教思想。

第一章，为了更加清楚地分析慧远的法身思想，必须将之置于当时南北佛教思想交流的语境中。因此，对比分析《大乘大义章》中鸠摩罗什与慧远的教义问答将非常关键。在进入思想的解读之前，必须对《大乘大义章》的著作时间及文献特征作出分析。这是第一章的主要工作。

第二章，在《大乘大义章》的文献学研究基础之上，重新分析和解读鸠摩罗什和慧远的大小乘观。大小乘观是两人进行佛学思考的基础，在此基本观念之上，两人的佛学思考，以法身为核心开始表现出差异。随着与鸠摩罗什的思想交流，庐山慧远的大小乘观逐渐发生变化，并和鸠摩罗什逐渐接近。但由于慧远重视禅修实践，而禅经中大小乘思想兼蓄，所以他最终的大小乘观并未完全和鸠摩罗什一致，而是表现得更加具有包容性。

第三章，主要对慧远的法身思想进行分析。在此过程中，必须首先考虑到与其法身观密切相关的法性思想。通过历时性的梳理和分析，可以发现在慧远法性思想的底层一直流淌着具有实践特色的对法身的关注。接着，在分析慧远的法身观时，仍要对比分析鸠摩罗什的法身观，以便更好地理解慧远独特的法身思想的来源及其发展过程。最终可以看出，慧远接受了鸠摩罗什的影响，理解了法身的非有相非无相、毕竟性空的性质，并且在法身和化身的关系上，也表达出相即不二的观点。此外，结合慧远的法身思想和念佛实践，本章还探讨了慧远关于法身相好、感应以及顿渐的修行阶段问题。

第四章，主要分析了道生著述的文献学问题。其中，主要考察了道生关于《法华经》、《大般涅槃经》以及《维摩诘经》的注疏的产生过程和文献特征，为道生的思想研究做好文献基础工作。

第五章，通过和僧肇的对比，主要研究了道生的法身、顿悟及感应思想。在这些思想层面，道生的问题意识大都与庐山慧远直接相关，而其解决问题的方法等或受到鸠摩罗什的般若学影响，或来自后出的涅槃学的思想。一方面，在道生的法身思想中，其对法身无色、佛无净土等问题的阐述，既表现出对鸠摩罗什般若学的吸收和发展，又表现出对真法身的强调和重视，这和涅槃学中法身常住之说曲径相通；另一方面，道生关于顿悟说的思考也与慧远复杂的修行阶段论紧密相关，但由于其得意忘言的思考方法，使他摆脱了慧远修行阶段论的复杂性，最终提出"顿悟成佛"的观点。并且，在道生"顿悟成佛义"的不同时段的表现中，可以看出其对"理"的内涵的不同理解，"理"分别具有空、一乘以及佛性的意涵。而佛性成为道生"顿悟成佛义"的历史根据和逻辑基础。同理，佛性也成为道生感应思想的基础。

第六章，首先对道生佛性思想的阐提成佛说、佛性当有论加以论述，认为道生首倡阐提成佛说，并且佛性当有论应该是为论证阐提成佛说而作；其次，重新阐释了道生两个层次的"善不受报义"；再次，对学术界关于道生佛性思想的"本有始有"说作出回应，认为道生完全主张佛性本有说；最后，对道生佛性观与神明业报说的关联也略作说明。

最后是结语部分，通过回顾庐山慧远和道生之间的思想联系与差异，本书认为借由二者之间从法身到佛性的思想演变，展开了中国佛教史上从般若学到涅槃学的历史转向，这决定了庐山慧远和道生在中国佛教史上的历史地位和深远影响。

本书采用文献与历史的研究方法，对晋宋之际的佛学思潮转换进行思想史研究。第一，由于本书将面对众多的古代佛教文献，而这些文献资料的历史形成情况并非完全清楚和明了，因此在文献解读之前，我们将首先从形式和内容两个方面，分析历史文本的形成和变迁，以求最大程度还原历史语境，保证论文观点的有效性和说服力。

第二，在文献学方法之上，我们还必须重视历史的研究方法。这要求我们不仅要作概念之间的逻辑推演，更要重视分析各种概念和文本的思想语境。在此过程中，不可以将文本看作没有历史沉淀的平面文本，而是首先将文本作为历史的存在者，将文本的产生和存在本身看作历史发展的重要表征。即不仅要理解文本的思想和内容，更要探讨文本的产生所表达的意义。另外，我们不仅要注意文本内容的相似性，更要充分重视文本之内、文本之间的思想沉淀与差异，充分发掘那些历史断裂层面的思想含义。只有在这些研究方法的基础上，我们才可能充分理解那些古代文本所具有的意义以及思想史的发展进程。

第 一 章

庐山慧远与鸠摩罗什的佛学交流

第一节　庐山慧远与鸠摩罗什的生平

对于鸠摩罗什与庐山慧远的生平，前人已有细致研究，在此仅略述其佛学经历。

鸠摩罗什（344 或 350—411 年左右）① 是姚秦时代的译经家，龟兹国人。7 岁出家学习阿毗昙，9 岁随母至罽宾，追随槃头达多学习《中》、《长》二阿含及《杂藏》。后往沙勒，习《毗昙》、《六足论》及《增一阿含》等。又随须利耶苏摩学习大乘三论。回龟兹后，在王宫受戒，从卑摩罗又受《十诵律》。前秦建元十八年

---

① 344—413 或 350—409 的生卒年代依据总合佛教大辞典编集委员会：《綜合佛教大辞典》，法藏馆 2005 年版，第 300 页。但本书根据斋藤达也的最新研究，采取鸠摩罗什殁年为 411 年左右，生年不定。参见斋藤达也：《鳩摩羅什の没年問題の再検討》，《国際仏教学大学院大学研究紀要》2000 年通号 3。

（382），苻坚命吕光讨龟兹焉耆等国，吕光携鸠摩罗什至凉州。后秦兴起，弘始三年（401）被姚兴迎入长安，奉为国师。从此开始翻译诸经，译有《摩诃般若波罗蜜经》、《小品般若经》、《维摩诘经》、《法华经》等 35 部 294 卷。著有《实相论》，但已散佚，现存《注维摩诘经》中存有鸠摩罗什注释。鸠摩罗什最重视《般若》三论之学。至其来华，大乘般若之学开始发扬光大。门下三千余人，其中道融、僧叡、僧肇、道生、昙影、慧观、慧严等并名重当时。

庐山慧远（334—416），俗姓贾氏，雁门楼烦人。21 岁进入道安门下出家。前秦建元十五年（379），苻丕攻占襄阳，携道安归长安时，慧远携弟子数十人共往荆州上明寺，后栖居庐山。慧远学问兼综玄释，并善儒学。于佛教中之大乘般若学，小乘阿毗昙并皆通达。对于当时因果报应之说，根据《阿毗昙心论》提出三报论，完善了中国佛教的业报轮回思想。此外于小乘禅法及弥陀净土念佛三昧莫不修习。又因其大小乘并所修习，于二者教义扞格之处颇生疑惑，致力会通而又难以通融，是以听闻鸠摩罗什入关之后，即就佛教中法身等思想致信求问，后人结集为《大乘大义章》。庐山慧远在中国佛教史上具有极其重要的地位。如汤用彤所言，"提婆之毗昙，觉贤之禅法，罗什之三论，三者东晋佛学之大业。为之宣扬且特广传于南方者，俱由远公之毅力"①。日本学者镰田茂雄亦将庐山慧远的宗教活动称为中国初期佛教史上的转捩点。具体而言，他认为慧远在思想史上的主题是继承并发展道安的思想，也就是三世报应与神不灭论思想；在与鸠摩罗什的往复交流中，慧远明了了

---

① 汤用彤：《汉魏两晋南北朝佛教史》,《汤用彤全集》第 1 册，河北人民出版社2000 年版，第 255 页。

永远不灭的佛性、法身，以及神不灭的"神"本来就是不生不灭的；慧远试图解决中国传统礼教与外来佛教之间的矛盾，并提出"沙门不敬王者论"，明确区别了佛法与世俗王权的界限；另外，慧远提倡的念佛结社的观想念佛以及相应的禅修实践，都在南北朝及其后中国佛教的发展史上开辟了新的天地，为佛教进一步发展奠定了新的基调。

如上所述，慧远在众多思想方面都作出了自己的贡献，其中，他的法身思想尤为值得注意。因为正是法身以及与之相关的法性、感应等思想概念，在当时的中国佛教思想界中起到了承上启下的关键作用。下面本书即从对《大乘大义章》的时间界定开始，依次探讨慧远的法身思想。

第二节 《大乘大义章》的时间界定

《大乘大义章》由慧远与鸠摩罗什的书信往复问答辑佚而成，现存 18 章。[①] 关于慧远与鸠摩罗什开始通信交好以及进行问答的时间，中日佛教学界在佛教通史或专门研究中都提出了自己的论点。最近对此问题进行研究的是日本学者远藤祐介。他在《〈大乘大義章〉に見える慧遠の問題意識》一文中，对慧远的质问所表

---

① 《大乘大义章》在中国历史上本来称为《鸠摩罗什法师大义》或《问什师大乘深义十八科》。《大乘大义章》的称呼应是奈良时期传入日本以后所出现的名称。最早可能见于永超《东域传灯目录》（1094）中。详可参见牧田谛亮：《慧远著作的流传》，载木村英一编：《慧远研究——研究篇》，创文社 1962 年版，第 467—500 页；或《中国仏教史研究》第一，大东出版社 1981 年版，第 155—190 页。

现出的问题意识进行探究，也断定了两人问答开始的时间。

在此之前，佛教学界对于慧远的问题意识的观点大都与《慧远文集》中的注释所言相同，即慧远由姚兴嘱托为《大智度论》写序之时，批阅文本而产生众多疑问，从而向罗什求教。并且慧远撰述《大智论抄》可能正是参酌了这些问答之后的结果。① 通过对这种观点的批判，远藤认为庐山慧远在向鸠摩罗什的质问中所表达出的问题意识，是由慧远在自身修行念佛三昧时所产生的种种疑问而来，并且这种问题意识通过不同的表现形式贯穿于《大乘大义章》全篇，始终未变。

概而言之，远藤的论证进路可以总结为两条：其一即慧远与鸠摩罗什开始问答的时间要早于《大智度论》的翻译，慧远不可能见到《大智度论》的文本，更何从谈到为撰写《大智论抄》做必要的准备；其二即通过分析慧远作为佛教修行者的立场，认为慧远思想的根底有着难以去除的儒教和老庄思想的影响，他对佛教理想境地的表述也有着道教色彩的基础。就《般舟三昧经》中的念佛三昧而言，慧远将其当作圣人之教而接受，这也正是慧远思想中外来文化与传统文化共存而导致的结果。②

一、庐山慧远发问时间的界定

本书颇受远藤祐介的启发，尤其在关于念佛三昧一点上。但其论断亦有进一步商榷之处。下面通过分析和探讨以上两种代表性观

① 参见木村英一编：《慧远研究——遗文篇》，创文社1960年版，第439页。这条注释是由木全德雄撰写，但应该大致代表了以木村英一为首的诸位学者的观点。横超慧日在注释《大乘大义章》的过程中，也持有类似观点。仅举一例，如对慧远的"一、初问答真法身"的注释中，横超即认为这是基于《大智度论》中相关经文的质问。参见木村英一编：《慧远研究——遗文篇》，创文社1960年版，第213页。
② 参见远藤祐介：《〈大乘大义章〉に见える慧远の问题意识》，《智山学报》2005年第54号。

点，展开本书的论述。

首先，关于慧远与鸠摩罗什的通好时间，各位学者所言不一。具有代表性的有《慧远文集》中的 403—404 年①，汤用彤的 405 年前后。② 其中《慧远文集》的注释中并未提出明确证据，汤用彤则从历史环境与姚嵩的封号推定为 405 年前后。但实际上 404 年刘裕与秦通和之后，聘使不绝，可能之后姚嵩即送信给慧远告知鸠摩罗什来到长安的消息。如此一来，则慧远初次问候鸠摩罗什应该在404—405 年间。

其次，关于慧远再次致书鸠摩罗什并开始发问的时间，各家也言之不一。《慧远文集》中认为是 406—407 年③，远藤祐介认为在402—404 年④。二者所依据的都是慧远的《重与鸠摩罗什书》。

> 日有凉气，比复何如。去月法识道人至，闻君欲还本国，情以怅然。先闻君方当大出诸经，故未欲便相咨求。若此传不虚，众恨可言。今辄略问数十条事。冀有余暇，一一为释。此虽非经中之大难，欲取决于君耳。⑤

由此先来检讨远藤之说。他认为由慧远传记可知鸠摩罗什到达长安之后，慧远即早早致信罗什。又由此文"日有凉气"一语，认为当从翌年（弘始四年，402）秋以后慧远即开始向罗什提问。

① 参见木村英一编：《慧远研究——遗文篇》，创文社 1960 年版，第 359 页。
② 参见汤用彤：《汉魏两晋南北朝佛教史》，《汤用彤全集》第 1 册，河北人民出版社 2000 年版，第 267 页。
③ 参见木村英一编：《慧远研究——遗文篇》，创文社 1960 年版，第 407 页。
④ 参见远藤祐介：《〈大乘大义章〉に见える慧远の问题意识》，《智山学报》2005 年第 54 号。
⑤ 木村英一编：《慧远研究——遗文篇》，创文社 1960 年版，第 92 页；另见《大正藏》第 50 册，第 359 页下栏至第 360 页上栏。

另外《高僧传·慧远传》中，此信之后接着述及弗若多罗与鸠摩罗什传译《十诵律》的事情。① 《十诵律》的传译始于弘始六年（404）十月十七日。② 因此，远藤认为慧远开始向鸠摩罗什提问的时间可能在 402 年、403 年或 404 年的一个秋天。

远藤的看法疑点很多。首先，作者没有仔细考证二者首次通信的时间以及相关的历史事实，即将发问的时间定为或由 402 年开始。

再次，作者直接将弗若多罗的事情确认为慧远发问之后也未为妥当。因为慧皎作传之时，必然考虑到叙事的连贯性，从而在叙述慧远对于佛教经典传译过程中的功绩时，将慧远与鸠摩罗什的前后通信始末一起叙述，之后再言及弗若多罗，并不一定严格遵循客观的历史时间。另外，慧皎对于"后"一词的使用，未必就是时间上的紧随其后。比如，本传中慧皎在叙述完慧远删繁制作《大智论抄》之后，就接着使用"后桓玄征殷仲堪，军经庐山"等，来表达叙事中心的转移，全然不以与客观历史时间相违为意。所以，远藤由此而将慧远发问的开始时间定为《十诵律》传译之前，殊难令人信服。

回来再看《慧遠文集》中的观点。书中认为慧远发问始于406—407 年，即必须在鸠摩罗什翻译完《大智度论》③ 之后，且为慧远完成《大智论抄》④ 之前。这种观点认为慧远的发问是为了

---

① 参见慧皎撰：《慧远传》，《高僧传》卷 6，《大正藏》第 50 册，第 360 页上栏。
② 参见慧皎撰：《弗若多罗传》，《高僧传》卷 2，《大正藏》第 50 册，第 333 页上栏。
③ 僧祐撰：《大智论记》，《出三藏记集》卷 10，《大正藏》第 55 册，第 75 页中栏。
④ 慧远：《大智论抄序》，载僧祐撰：《出三藏记集》卷 10，《大正藏》第 55 册，第 75 页中栏至第 76 页中栏；参见木村英一编：《慧遠研究——遗文篇》，创文社1960 年版，第 98—101 页，其注释 1 中称此序的完成大概在 411—412 年左右。

制作《大智论抄》。瓦格纳（R. G. Wagner）亦赞成此说，认为两人通信的整体时间约为：开始不早于 406 年春，结束不晚于 407 年年底。一般学术界对通信的结束时间并无具体讨论，瓦格纳亦仅从慧远提问中未引及《大智度论》之后鸠摩罗什所译经文而作此推测，聊备一说。①

本书认为这种观点大致无误，而且实际上我们从慧远的书信中也可以作出一些推论。慧远信中说"闻君方当大出诸经"，这正如《慧遠文集》注释中所说，鸠摩罗什大出诸经的时间当在弘始五年（402）之后。② 慧远在他大规模译经完成之前并没有急于发问，即"未欲便相咨求"。直到慧远从法识道人听说鸠摩罗什想要回国，才情急之下开始发问。因此，可以看出鸠摩罗什想要回国的事情具有非常重要的意义。与此相关，《高僧传·鸠摩罗什传》中有如下记载。

　　什尝作颂，赠沙门法和。云，心山育明德，流薰万由延。哀鸾孤桐上，清音彻九天。什雅好大乘，志存敷广。常叹曰，吾若著笔作大乘阿毗昙，非迦旃延子比也。今在秦地，深识者寡，折翮于此，将何所论。乃凄然而止。唯为姚兴著《实相论》二卷，并注《维摩》。出言成章，无所删改，辞喻婉约，莫非玄奥。③

---

① 参见 R. G. Wagner：The Original Structure of The Correspondence Between Shih Hui-Yüan and Kumārajīva, *Harvard Journal of Asiatic Studies*, 1971, Vol. 31。

② 参见木村英一编：《慧遠研究——遺文篇》，创文社 1960 年版，第 406 页。可参照塚本善隆：《仏教史上における肇論の意義》，塚本善隆编：《肇論研究》，法藏馆 1964 年版，第 140—146 页。

③ 慧皎撰：《鸠摩罗什传》，《高僧传》卷 2，《大正藏》第 50 册，第 332 页下栏。

由此可见，由于当时关中可以理解大乘中观思想的人数很少，鸠摩罗什深加感慨，无心创作自己的论著，只是为姚兴写了《实相论》，以及另外注解了《维摩诘经》。① 那么，鸠摩罗什又是何时认识到这种状况的呢？笔者认为鸠摩罗什的这种心态应该可以限定在 404 年冬至 405 年秋之间，这可由以下两点作出推测。

第一，鸠摩罗什赠法和颂中，自比为哀鸾、孤桐，则彼时关中享有名望的译经僧人可能只有鸠摩罗什一人，没有人可以与他相提并论。这种状况大致应该存在于 404 年冬至 405 年秋之间。因为在 404 年之前，鸠摩罗什还在校对翻译《大品般若经》与《大智度论》。随即弗若多罗入关（时间为后秦弘始年中，具体不详），即于弘始六年（404）十月十七日在长安中寺讽诵《十诵律》，鸠摩罗什传译为晋文。然而刚译了三分之二，弗若多罗随即去世。这应该还在 404 年间，应该是冬季。② 或许鸠摩罗什也为弗若多罗的去世，"悲恨之深，有逾常痛"③，所以在给法和的颂中自哀。随后 405 年秋，昙摩流支入关，在慧远和姚兴的请求下，他与鸠摩罗什完成了《十诵律》的翻译。这也应在 405 年间。④ 其后 406 年，鸠摩罗什的老师卑摩罗叉入关。昙摩耶舍与昙摩掘多于 407 年已开始

---

① 此点汤用彤亦稍有论及，参见汤用彤：《汉魏两晋南北朝佛教史》，《汤用彤全集》第 1 册，河北人民出版社 2000 年版，第 220—221 页。

② 参见慧皎撰：《弗若多罗传》，《高僧传》卷 2，《大正藏》第 50 册，第 333 页上栏；另可参见汤用彤：《汉魏两晋南北朝佛教史》，《汤用彤全集》第 1 册，河北人民出版社 2000 年版，第 227 页。

③ 慧皎撰：《弗若多罗传》，《高僧传》卷 2，《大正藏》第 50 册，第 333 页上栏。

④ 《大智度论》于弘始七年（405）十二月二十七日译完之前，已经有戒律被翻译，这应当是指《十诵律》，参见《大智论记》，《大正藏》第 55 册，第 75 页中栏；另可参见慧皎撰：《昙摩流支传》，《高僧传》卷 2，《大正藏》第 50 册，第 333 页上栏至中栏；还可参见汤用彤：《汉魏两晋南北朝佛教史》，《汤用彤全集》第 1 册，河北人民出版社 2000 年版，第 227 页。

准备翻译《舍利弗阿毗昙论》。① 另外，佛陀跋陀罗与佛陀耶舍抵达长安的时间，各种说法难以确定②，但至少应该都在 409 年或 410 年之前。③

由此可见，作为当时长安佛教界名望显著的译经僧，只有鸠摩罗什一人孤身译经的情况只存在于 404 年冬至 405 年秋之间。而在这段时间中，鸠摩罗什还没有最终完成《大品般若经》与《大智度论》④，他为何又感叹"今在秦地，深识者寡"呢？这或许是鸠摩罗什对于自己所译《中论》、《百论》等论书受众情况所发的感慨。

第二，相对于鸠摩罗什对大乘经典如《大品般若经》、《维摩经》、《法华经》等的翻译，《中论》、《百论》等般若中观论书的翻译呈现出另外一种面貌。⑤

正如塚本善隆所言⑥，一方面，从译场的发起上说，鸠摩罗什

---

① 参见道标著：《舍利弗阿毗昙序》，载僧祐撰：《出三藏记集》卷 10，《大正藏》第 55 册，第 71 页上栏。

② 参见间野潜龍编：《東晋思想史年表》，附录于塚本善隆编：《肇論研究》（全三编），法藏馆 1964 年版，第 11 页。

③ 参见僧肇：《答刘遗民书》，载塚本善隆编：《肇論研究》（全三编），法藏馆 1964 年版，第 43—44 页；或《大正藏》第 45 册，第 155 页下栏。

④ 参见《大智论记》，载僧祐撰：《出三藏记集》卷 10，《大正藏》第 55 册，第 75 页中栏。

⑤ 对于鸠摩罗什的翻译情况，已有众多先贤作出卓越的研究成果。其中具有代表性的有横超慧日：《鳩摩羅什の翻訳》，《大谷学报》1958 年第 37 卷第 4 号，后收入氏著《中国佛教の研究》第二，法藏馆 1971 年版，第 86—118 页；塚本善隆：《鳩摩羅什論—その佛教の江南拡大を中心として（1）》，载结城教授颂寿纪念论文集刊行会：《佛教思想史論集—結城教授頌壽記念》，大藏出版 1964 年版，第 359—378 页，及《鳩摩羅什論—その佛教の江南拡大を中心として（2）》，载干潟博士古稀纪念会编：《干潟博士古稀記念論文集》，1964 年，第 353—370 页；木村宣彰：《中国仏教思想研究》，法藏馆 2009 年版，第三部分"維摩経訳出の諸問題"，第 199—328 页。

⑥ 参见塚本善隆：《鳩摩羅什論—その佛教の江南拡大を中心として（2）》，载干潟博士古稀纪念会编：《干潟博士古稀記念論文集》，1964 年，第 361—362 页。

在翻译《大品般若经》、《维摩经》等时，由这些经典的译经序中可以看出，都是在姚秦王室的支持下着手翻译的。而他在翻译《中论》① 等般若中观根本论书时，这些论书的序记等文书中并未记载相应的姚秦王室支持的情况，只是提及这些论书对于鸠摩罗什的重要性，"以为心要"②。另一方面，在参与译场的人数上，《大品般若经》、《维摩经》及《法华经》等经序都记述了大规模的参译人数，或五百或八百，以至两千人以上，③ 而在论书翻译的场合，则完全不见记载译场人数。

木村宣彰进行了更加深入的研究。他将鸠摩罗什译经分为三种类别；其一即鸠摩罗什应姚秦王室乃至道俗的热切希望而重翻旧译的一系列大乘经典，如当时冠以"新"字的《新大品经》、《新法华经》等；其二即鸠摩罗什虽未接受姚秦王室乃至道俗的请求，但基于自身般若中观的立场而想要翻译的《大智度论》、《中论》、《百论》、《成实论》等；其三即鸠摩罗什编纂的《禅经》，或与其中观系统论书具有不同思想倾向，他自己不能独立完成，需要他人协助共译的《十住经》或《十住毗婆沙论》等，《十诵律》亦属此例。木村宣彰并且指出其中第二例中的《中论》、《百论》等都

① 其中《百论》除外，《百论》的再译是姚嵩在弘始六年（404）对鸠摩罗什重新订正旧本时所提出的请求。参见僧肇：《百论序》，载僧祐撰：《出三藏记集》卷11，《大正藏》第55册，第77页中栏下栏。但根据吉藏的说法，则《百论》的初译是姚兴亲自请求鸠摩罗什开始的，参见吉藏：《百论序疏》，《大正藏》第42册，第236页上栏。
② 僧肇：《百论序》，载僧祐撰：《出三藏记集》卷11，《大正藏》第55册，第77页中栏。
③ 参见僧叡：《大品经序》，载僧祐撰：《出三藏记集》卷8，《大正藏》第55册，第53页中栏；僧肇：《维摩诘经序》，载僧祐撰：《出三藏记集》卷8，《大正藏》第55册，第58页中栏；慧观：《法华宗要序》，载僧祐撰：《出三藏记集》卷8，《大正藏》第55册，第57页中栏；僧叡：《法华经后序》，载僧祐撰：《出三藏记集》卷8，《大正藏》第55册，第57页下栏。

并非限于一次性的翻译，都经历了初译与再制订的过程。①

据僧肇《百论序》，最初鸠摩罗什在"方言未融"的情况下就开始翻译《百论》。另根据吉藏《百论序疏》记载，则可以确定在弘始四年（402）时，鸠摩罗什就已经翻译了《百论》，并且僧叡为之作序。② 由此也可以看出，鸠摩罗什是何等急切地想要传达自己般若中观的论旨。

同样，《中论》的翻译情况也大致一样。正如塚本善隆与木村宣彰所指出的一样，现存昙影《中论序》及僧叡《十二门论序》③后的夹注"罗什法师以秦弘始十一年于大寺出（之）"④，应该是后人插入的。⑤ 在此之前《中论》就已经被翻译。⑥ 如僧叡在《毗摩罗诘提经义疏序》中就曾提及：

此土先出诸经，于识神性空，明言处少。存神之文，其处

---

① 参见木村宣彰：《鳩摩羅什の訳経》，《大谷大学研究年報》1986 年第 38 号，后收入氏著《中国仏教思想研究》，法藏馆 2009 年版，第 201—276 页。

② 参见吉藏：《百论序疏》，《大正藏》第 42 册，第 232 页上栏；另可参见横超慧日：《鳩摩羅什の翻訳》，《大谷学報》1958 年第 37 卷第 4 号，后收入氏著《中国佛教の研究》第二，法藏馆 1971 年版，第 112 页。

③ 对于此序的成立，木村宣彰从五个方面论证其是南北朝宋齐之际假托僧叡之名而成立的伪作。

④ 昙影：《中论序》及僧叡：《十二门论序》，载僧祐撰：《出三藏记集》卷 11，《大正藏》第 55 册，第 77 页中栏，及《大正藏》第 55 册，第 78 页上栏。

⑤ 参见塚本善隆：《仏教史上における肇論の意義》，载塚本善隆编：《肇論研究》，法藏馆 1964 年版，第 144—145 页；木村宣彰：《鳩摩羅什の訳経》，《大谷大学研究年報》1986 年第 38 号，后收入氏著《中国仏教思想研究》，法藏馆 2009 年版，第 218—221 页。

⑥ 木村宣彰也对《中论》的翻译做过研究，他根据服部正明《肇論に於ける中論の引用をめぐって》等先行研究，指出《中论》经历了数次翻译。《肇論》中所引用的《中论》文句与现行《中论》相违之处很多，应该是属于《中论》的早期译本或草稿本。

甚多。《中》、《百》二论，文未及此。又无通鉴，谁与正之。①

僧叡这段话中明确提及《中论》及《百论》，可见这两论在《毗摩罗诘提经》之前已被翻译，并且僧叡也已明确认识到两论的宗旨。那么，需要确认的就是《毗摩罗诘提经》的翻译时间。

根据木村宣彰的最新研究，如同《法华经》、《百论》等一样，鸠摩罗什在正式翻译《维摩诘经》之前，就已经对照支谦旧译，作出了一个新译的草稿本。并且这个译本应该就是《注维摩诘经》中所说的"别本"。② 所以，如同《法华经》在弘始七年（405）

① 僧叡：《毗摩罗诘提经义疏序》，载僧祐撰：《出三藏记集》卷 8，《大正藏》第55 册，第 59 页上栏。

② 参见木村宣彰：《維摩経と毘摩羅詰経》，《仏教学セミナー》1985 年第 42 号，后收入氏著《中国仏教思想研究》，法藏馆 2009 年版，第 277—301 页；亦可参见木村宣彰：《注維摩経序説》，真宗大谷派宗务所出版部 1995 年版，第36—70 页。对于《注维摩诘经》中"别本"作出研究的还有日本学者三桐慈海、丘山新和大鹿实秋。三桐慈海提出一种可能性，即"别本"可能同僧叡的《毗摩罗诘提经义疏》以及道融的笔录都是听鸠摩罗什译经讲法时所作的笔录，其后分别流行。参见三桐慈海：《羅什の維摩疏は道融の筆録か》，《印度学佛教学研究》1970 年通号 36。丘山新认为"别本"应当是竺法护译本，但其论述较略，参见丘山新：《〈注維摩詰経〉所引の「別本」について》，《印度学仏教学研究》1977 年通号 51。但大鹿实秋接受境野黄洋的观点，认为竺法护译本可能和支谦译本为一，或竺法护稍微修正了支谦本，但他同时通过对比鸠摩罗什、支谦及别本内容，认为"别本"不可能为支谦译。因而，大鹿实秋将目光转向已经散佚的竺叔兰译本，由于竺叔兰译本题名为《毗摩罗诘经》，所以，大鹿实秋认定"别本"应该为竺叔兰译本，僧肇序中所说"重译正本"之"正本"或许就是支谦竺法护译本。参见大鹿实秋：《鳩摩羅什訳の特質——〈維摩詰経〉のばあい》，收入氏著《維摩経の研究》，平乐寺书店 1988 年版，第 499—509 页；《維摩詰所説経に見る羅什訳の特質》，收入氏著《維摩経の研究》，平乐寺书店 1988 年版，第 512—513页。然而木村宣彰所作的最新研究，在前人的基础上，更加考虑了鸠摩罗什译场、译经过程及其弟子所作经序的综合情况，更加具有说服力，故本书采用木村说。

已经有了一个译本一样，①《毗摩罗诘提经》也应该是在 405 年就被翻译的。

由此，可以推知《中论》、《百论》等于 405 年之前就应该已经被翻译了。这也正与之前对《百论》的推断相吻合。至于《十二门论》，可能鸠摩罗什在凉州的时候就已经译有草稿本。②

如此看来，鸠摩罗什早就翻译了他视为心要的般若中观的三大论书。但正如僧肇在《百论序》中所说：

> 先虽亲译，而方言未融。致令思寻者踬踏于谬文，标位者乖忤于归致。③

初译之所以让人难以深入理解，一方面固然是因为鸠摩罗什之前的汉语水平不高，译文不能简约而达意；另一方面则是因为这些论书本身思想深奥。但对此等论书的反复翻译也大概会使得他感觉接受者的理解力不足，难以把握自己的论旨。

综上所述，一方面是参加译场人数的强烈反差，另一方面鸠摩罗什深以为宗自愿弘传的般若大乘中观论书却不能被正确理解并广为接受，终于使得他深加感伤自己就像折翮之鸿鹄，无所施展，从而希望回归本国吧！

---

① 参见木村宣彰：《鸠摩罗什の訳経》，《大谷大学研究年报》1986 年第 38 号，后收入氏著《中国仏教思想研究》，法藏馆 2009 年版，第 237—244 页。

② 参见木村宣彰：《鸠摩罗什の訳経》，《大谷大学研究年报》1986 年第 38 号，后收入氏著《中国仏教思想研究》，法藏馆 2009 年版，第 255—258 页。另参见鎌田茂雄著：《中国佛教通史》（第 2 卷），关世谦译，佛光出版社 1986 年版，第 291 页。

③ 僧肇：《百论序》，载僧祐撰：《出三藏记集》卷 11，《大正藏》第 55 册，第 77 页中栏至下栏。

从以上两点来看，慧远得知鸠摩罗什有归国之志并进而发问的时间应该在404年底至405年秋之间。

二、《大乘大义章》各章问答时间及问题意识

确定了慧远向鸠摩罗什发问的开始时间之后，或许我们可以进一步明确《大乘大义章》中有关章节的问答时间。这一方面可以帮助我们检验现存《大乘大义章》中各问答的先后顺序；另一方面也将有助于我们进一步明确慧远的问题意识。

对各章时间的考辨，我们将主要根据慧远发问中的引用文献、术语来加以确定。因为鸠摩罗什未必全然依靠慧远的知识结构作答，所以很有可能出现看似冲突与矛盾的地方。当然如有必要，我们也将引鸠摩罗什的回答进行佐证。

对问答时间的确定，还将根据鸠摩罗什所译经典的时间为标准。鸠摩罗什所译经典大多翻译时间不能确定：有的可以确定时间但名称难以分别，如木村宣彰所说《法华经》的草稿本与定本，二者虽然相隔一年，但名称无法区别，所以无法作为确认根据；有的可以确定时间也可以分别名称，如前引《毗摩罗诘经》、《维摩诘所说经》及《大智度论》、《摩诃般若波罗蜜经》，这就可以作为非常重要的确认根据。

首先关于《大乘大义章》的"一、初问答真法身"。本章主要就佛的法身与色身，即四大五根的关系而发问。由此可见，慧远对于不同经典中的法身概念不能完全判别，乃至试图互相会通。这也正是其当时的大小乘观所决定的。但另外，慧远将法身与色身的相好等联结起来，也可窥见他对法身形象的密切关注。

慧远在提问中引用经典说，"经云，法身无来无去，无有起

灭，泥洹同像"①。这应该是引自《放光般若经》。

　　莫以色身而观如来。如来者法性，法性者亦不来亦不去。诸如来亦如是无来无去。②

　　佛言："善哉，善哉！须菩提！汝乃能问阿惟越致深奥之处。说甚深空、无相、无愿，说无所有，说无所生灭。诸淫垢说泥洹净，说如，说寂、真际法性，是诸深法皆是泥洹之像。"③

慧远应该是对这两段进行的总结说明，而非如《慧遠研究——遺文篇》的注释所说，引用了鸠摩罗什译《摩诃般若波罗蜜经》。④《摩诃般若波罗蜜经》的相应部分并没有与"泥洹同像"接近的表达。并且如道安将法性等同于法身一样，⑤慧远将这里的法性替换为法身也并不奇怪。

　　另外，慧远第一句就说，"佛于法身中为菩萨说经，法身菩萨乃能见之"⑥。《慧遠研究——遺文篇》的注释中认为其对应于《大智度论》的相关部分。⑦然而仔细分析，二者并不完全对应。慧远所说是法身菩萨，《大智度论》所说为十住菩萨。另外，与

①　木村英一编：《慧遠研究——遺文篇》，创文社 1960 年版，第 5 页；《大正藏》第 45 册，第 122 页下栏。
②　无罗叉译：《放光般若经》卷 20，《大正藏》第 8 册，第 145 页上栏至中栏。
③　无罗叉译：《放光般若经》卷 13，《大正藏》第 8 册，第 89 页下栏。
④　参见木村英一编：《慧遠研究——遺文篇》，创文社 1960 年版，第 214 页，注 19。
⑤　参见道安：《合放光光赞略解序》，载僧祐撰：《出三藏记集》卷 7，《大正藏》第 55 册，第 48 页上栏至中栏。
⑥　参见木村英一编：《慧遠研究——遺文篇》，创文社 1960 年版，第 5 页；《大正藏》第 45 册，第 122 页下栏。
⑦　木村英一编：《慧遠研究——遺文篇》，创文社 1960 年版，第 213 页，注 16。

《大智度论》的类似经文在西晋竺法护译《渐备一切智德经》中已
有表述。①

所以，综上所述，慧远发问的时间应该处于 405 年前。

"二、次重问法身并答"。本章主要就妙行法性生身的生成结
构进行提问，其中尤为值得注意的是慧远将阿罗汉的烦恼与无生法
忍菩萨的残气相对比，认为二者具有同样的生成结构。结合上一章
来看，慧远虽然总结了三种法身，但他最关注的却是妙行法性生
身。这至少有两个方面的原因：其一，妙行法性生身作为修行实践
过程中的成果，更加值得关注；其二，妙行法性生身的概念对他来
说较为陌生，如下所述。

毫无疑问，前面两章具有明显的先后顺序。但"一、初问答真
法身"的最后一段，慧远将鸠摩罗什对法身的回答总结为三条：

> 远领解曰，寻来答要，其义有三。一谓法身实相，无来无
> 去，与泥洹同像。二谓法身同化，无四大五根，如水月镜像之
> 类。三谓法性生身是真法身，能久住于世，犹如日现。此三各
> 异，统以一名，故总谓法身。②

这明显应该属于慧远再次发问的内容。另外，在"二、次重问法
身并答"中，再次发问之前，慧远再次说明了自己的总结。

> 远问曰，法身实相，无去无来。《般若经》中，法上菩萨答常

① 参见竺法护译：《渐备一切智德经》卷 5，《大正藏》第 10 册，第 491 页下栏。
② 参见木村英一编：《慧远研究——遗文篇》，创文社 1960 年版，第 6 页；《大正
藏》第 45 册，第 123 页上栏。

悲，已有成视。又法身同化，如镜像之类，方等诸经引喻言，日月宫殿不移，而光影现于江河。此二条是所不疑。今所问者，谓法性生身妙行所成。《毗摩罗诘经·善权品》云，如来身者，法化所成。来答之要，似同此说。此一章所说列法，为是法性生身所因非？①

在此总结中，慧远引用了三种经典。但第二种"方等诸经"的譬喻出处不详，难以查明。第一种《般若经》，慧远应该是引用了《放光般若经》的事例。② 因为在当时相关的经论中，只有《放光般若经》中菩萨的名称使用"法上"一词，其他如《摩诃般若波罗蜜经》、《道行般若经》及《小品般若经》都是"昙无竭"，《大明度无极经》是"法来"，《大智度论》是法盛。③

另外，与"法上菩萨"相对的"常悲"菩萨，虽然《放光般若经》中并没有使用这一名称，但鸠摩罗什新译的般若系经论也没有使用这一名称。虽然鸠摩罗什在《佛藏经》与《十住毗婆沙论》中使用过"常悲"的名称④，但这两部经的译出时间都难以确定，所以也很难说慧远是受了他的影响。经检索，"常悲"这一名称的使用者，从较早期的康僧会⑤、竺佛念⑥到后来的昙无谶⑦、

① 木村英一编：《慧远研究——遗文篇》，创文社 1960 年版，第 7 页；《大正藏》第 45 册，第 123 页上栏至中栏。
② 参见无罗叉译：《放光般若经》卷 20，《大正藏》第 8 册，第 145 页上栏。
③ 参见木村英一编：《慧远研究——遗文篇》，创文社 1960 年版，第 218 页，注 38。
④ 参见鸠摩罗什译：《佛藏经》卷下，《大正藏》第 15 册，第 798 页中栏；鸠摩罗什译：《十住毗婆沙论》卷 5，《大正藏》第 26 册，第 44 页下栏。
⑤ 参见康僧会译：《六度集经》卷 7，《大正藏》第 3 册，第 43 页上栏等处。
⑥ 参见竺佛念译：《十住断结经》卷 9，《大正藏》第 10 册，第 1037 页上栏等处。
⑦ 参见昙无谶译：《金光明经》卷 2，《大正藏》第 16 册，第 345 页下栏等处。

菩提流支①都大有人在，所以推测来看，可能慧远当时使用的《般若经》中有使用"常悲"一词亦未可知。

顺便可以提及的是，慧远拿到鸠摩罗什翻译的《摩诃般若波罗蜜经》至少应该是在406年，很有可能是姚兴于406年初向慧远请求为《大智度论》作序时，与《大智度论》一起送到慧远手中的。

慧远所引用的第三种经典是《毗摩罗诘经·善权品》。据上述木村宣彰之研究，《毗摩罗诘经》是鸠摩罗什于405年所翻译的《维摩经》的草稿本。此经译出之后，僧叡为之题序，可见它已经作为某种定本开始流通。另外，如僧叡在《大品经序》中所说，"定之未已，已有写而传者"②，在译本尚未完全确定的情况下已经存在传写流通的情况，何况《毗摩罗诘经》作为某种定本，可以猜想，应该更加正式地流通过了。当时长安与庐山佛教教团之间交流频繁，所以慧远应该也在很短的时间内见到了这个译本。另外，慧远所引此经的品名是"善权品"，而正好与支谦《佛说维摩诘经》的品名相同，与现存鸠摩罗什译《维摩经》的"方便品"不同。这正可以说明鸠摩罗什翻译《毗摩罗诘经》时，在某种程度上参考了支谦或竺法护的旧译本。③

最后，在上述引文中，慧远对鸠摩罗什所说"法性生身"给予了特别关注，并且推测慧远的语气，应该是第一次听说"法性生身"的概念。这个概念的使用应该是开始于鸠摩罗什在《大智

---

① 参见菩提流支译：《胜思惟梵天所问经》卷4，《大正藏》第15册，第81页上栏。
② 僧叡：《大品经序》，载僧祐撰：《出三藏记集》卷8，《大正藏》第55册，第53页中栏。
③ 竺法护译本现已不存，但鸠摩罗什入关之后，针对竺法护的旧译进行新译是很明显的事实。

度论》中的翻译。① 所以，可以肯定慧远当时尚没有见到《大智度论》的文本。

综合以上慧远引用的经典，则大致可以断定"一、初问答真法身"与"二、次重问法身并答"的发问时间应该在405年间。

然而，鸠摩罗什在"二、次重问法身并答"中曾经引用了《自在王经》。② 按照僧叡《自在王经后序》的说法，此经是弘始九年（407）所译。③ 这样的话就和我们的论断发生了冲突。但对此有两点需要进一步考虑：其一，鸠摩罗什的回答，不必全然按照慧远的知识结构来进行，这是可以想见的事实；其二，《自在王经》的译出时间是否是407年也需要重新考量。在现存僧叡的十篇经序中，对于译经时间的叙述有以下三种情况：

第一，没有明记译经时间，如《毗摩罗诘提经义疏序》、《思益经序》、《大智释论序》及《中论序》。

第二，译经时间在序文中间，前后多处记叙主译者（鸠摩罗什）或翻译情景，文义连贯。此类经序有《大品经序》、《小品经序》、

---

① "法性生身"的概念，除大量出现于《大智度论》中外，还出现在《佛说罗摩伽经》，此经译出年时不详，《出三藏记集》中不见译者（《大正藏》第55册，第21页下栏）；《历代三宝纪》一方面认其为"安法贤译"（《大正藏》第49册，第56页下栏），另一方面又认为沙门圣坚译《虚空藏经》与此经同本异译（《大正藏》第49册，第83页中栏）。现《大正藏》题为"西秦沙门圣坚译"大概据此而定。但关于"圣坚"也是众说纷纭。据僧祐《出三藏记集》，圣坚的《虚空藏经》是"宋武帝（420—422）世，河南国乞伏时沙门圣坚出"，则明显认为其是刘宋时人（参见《大正藏》第55册，第13页下栏）。但至后来《历代三宝纪》则将《虚空藏经》认为是圣坚于东晋孝武帝（373—396）时所译出，《大正藏》第49册，第83页下栏。但不管《佛说罗摩伽经》何时译出，慧远似乎并未受其影响，之前应该也没有听说过"法性生身"的概念。
② 参见木村英一编：《慧远研究——遗文篇》，创文社1960年版，第8页。
③ 参见僧叡：《自在王经后序》，载僧祐撰：《出三藏记集》卷8，《大正藏》第55册，第59页中栏。

《关中出禅经序》。

第三，译经时间在序文结尾。此类经序有《法华经后序》、《自在王经后序》及《十二门论序》。其中《十二门论序》的情况，如前所说，应该是后人加入。而前二者中，据木村宣彰研究，《法华经后序》应该是僧叡为鸠摩罗什于 405 年间所译《法华经》草稿本所撰序言，所以其末尾的"是岁弘始八年，岁次鹑火"①，也应该是后人掺入的。② 与此类似，《自在王经后序》的译经时间也是附在序文末尾，"是岁弘始九年，岁次鹑首"③。二者用语方式极其相似，不禁让人怀疑此经的译出时间。

再看这篇序文中说："此经以菩萨名号为题者，盖是《思益》、《无尽意》、《密迹》诸经之流也。"④ 关于文中所说三种经典，《无尽意》与《密迹》应该都是指西晋时竺法护所译《无尽意经》（四卷）及《密迹经》（五卷）⑤，此二经都不在现存鸠摩罗什所译经典之列，而《思益经》则是鸠摩罗什针对竺法护译《持心经》所作重译，僧叡曾对比讨论过二者的译名。⑥ 鸠摩罗什翻译《思益经》的时间虽未明确提及，但僧叡序中认为当时鸠摩罗什"未备

---

① 僧叡：《法华经后序》，载僧祐撰：《出三藏记集》卷 8，《大正藏》第 55 册，第 57 页下栏。

② 参见木村宣彰：《鸠摩罗什の訳経》，《大谷大学研究年报》1986 年第 38 号，后收入氏著《中国仏教思想研究》，法藏馆 2009 年版，第 237—244 页。作者还指出，之所以僧叡所撰称为后序，很有可能这个版本的《法华经》译出后曾请慧远为之作序，即陆澄《法论目录》所载慧远撰《妙法莲华经序》。参见僧祐撰：《出三藏记集》卷 12，《大正藏》第 55 册，第 83 页下栏。

③ 僧叡：《自在王经后序》，载僧祐撰：《出三藏记集》卷 8，《大正藏》第 55 册，第 59 页中栏。

④ 僧叡：《自在王经后序》，载僧祐撰：《出三藏记集》卷 8，《大正藏》第 55 册，第 59 页上栏。

⑤ 参见僧祐撰：《出三藏记集》卷 2，《大正藏》第 55 册，第 7 页中栏及下栏。

⑥ 参见僧叡：《思益经序》，载僧祐撰：《出三藏记集》卷 8，《大正藏》第 55 册，第 57 页下栏至第 58 页上栏。

秦言"，所以应该是鸠摩罗什最初入关对比重译支谶、竺法护所译旧典的时候。又《大智论记》中说："其中兼出经本、禅经、戒律、百论、禅法要解，向五十万言。"① 所以，《思益经》的译出时间下限应该在《大智度论》（405 年 12 月）译完之前，即《思益经》的译出时间应该在 402—405 年间。

僧叡在记叙《自在王经》的时候，不仅此处拿竺法护所译经典作为对比，后又说，"此土先出方等诸经，皆是菩萨道行之式也。《般若》指其灵标，《勇伏》明其必制，《法华》泯一众流，《大哀》旌其拯济。虽各有其美，而未备此之所载"②。其中所用《勇伏》及《大哀》等也是指竺法护所译《勇伏定经》（二卷）及《大哀经》（七卷）。《般若经》与《法华经》虽不明所指具体谁译，但推想句意其所指涉应包括竺法护所译《正法华经》及《光赞经》。

综合考虑上述语境来看，则《自在王经》的翻译应该处在鸠摩罗什入关不久重新翻译支竺旧典之时，并且是在《思益经》译出之后，《大智度论》译出之前所译的诸经本之一。所以，《自在王经后序》末尾弘始九年的说法难以令人相信，或许同《法华经后序》情况相同，都是后人添笔而成。

如此考虑的话，鸠摩罗什对《自在王经》的引用或其本身的译出与否，并不能作为一个强有力的反面证据。所以，本书在确定慧远发问的时间时，将主要根据慧远自己的发问内容及所引经典来进行推断，而鸠摩罗什的回答只作为佐证使用。

---

① 《大智论记》，载僧祐撰：《出三藏记集》卷 10，《大正藏》第 55 册，第 75 页中栏。
② 僧叡：《自在王经后序》，载僧祐撰：《出三藏记集》卷 8，《大正藏》第 55 页，第 59 页上栏。

"三、次问真法身像类并答"。本章主要就佛真法身的形象的作用发问。慧远认为佛的真法身形象的作用是为了引导众生修行，但对于十住菩萨，即将可以成佛，佛的光明具足的形象是否还有作用，慧远对此产生疑问。这里可以看出慧远对两个方面的关注：其一，法身所具有的形象及其作用；其二，菩萨的修行阶段。这两个方面互相关联，可以看出慧远作为佛教修行者对于佛教修道论的密切关注。

其中，慧远所引用的经典说"众经说佛形，皆云，身相具足，光明彻照，端正无比，披服德式"①。这当然是慧远自己的总结，然而与这些词句颇为相似的却有《放光般若经》② 以及《般舟三昧经》。③ 另外，慧远在发问中说"且如来真法身者，唯十住之所见，与群粗隔绝"④，对比鸠摩罗什在"一、初问答真法身"中的回答：

> 真法身者，遍满十方虚空法界，光明悉照无量国土。说法音声，常周十方无数之国。具足十住菩萨之众，乃得闻法。⑤

从中明显可以看出，这是慧远对第一章中鸠摩罗什的回答所作的总

① 木村英一编：《慧远研究——遗文篇》，创文社 1960 年版，第 12 页；《大正藏》第 45 册，第 125 页中栏。
② 参见无罗叉译：《放光般若经》，《大正藏》第 8 册，第 130 页上栏。
③ 参见支谶译：《般舟三昧经》，一卷本，《大正藏》第 13 册，第 899 页中栏；三卷本，《大正藏》第 13 册，第 905 页中栏。慧远与现行《般舟三昧经》的关系，俟后详论。
④ 木村英一编：《慧远研究——遗文篇》，创文社 1960 年版，第 12—13 页；《大正藏》第 45 册，第 125 页中栏至下栏。
⑤ 木村英一编：《慧远研究——遗文篇》，创文社 1960 年版，第 6 页；《大正藏》第 45 册，第 122 页下栏至第 123 页上栏。

结。因此本章必然位于第一、第二章之后。再结合慧远所引经论来看，可推测本章也应该是在406年之前。

如同第二章中的情况，鸠摩罗什在第三章中还引用了《十住经》的经文。但《十住经》的翻译时间无法确定，鸠摩罗什虽早就准备翻译，但自己难以独立完成，直至佛陀耶舍入关之后方才开始翻译。而佛陀耶舍的入关时间也难以确定。所以，本书对这点反证也存疑，仍将第三章定为405年间。

"四、次问真法身寿量并答"。本章主要就菩萨法身的寿量，尤其是十住菩萨的补处时间及原因而发问。其中，慧远仍在某种程度上认为法身与色身一样，都需要由业来生成，并且在某个阶段之前，法身具有命根寿量。再从他对十住菩萨补处时间的疑问来看，则其对法身的生成过程或寿量和烦恼、功德的关系显得更加关注。这也是他对菩萨修行理论的关怀所在。

其中，慧远说"来答云，法身菩萨，非身口意业所造"①。与此相对的是鸠摩罗什在第一章中的回答，"所以者何？佛法身者，出于三界，不依身口心行"②。

对比可见，慧远是在第一章的基础上再次深入追问菩萨法身的成因。但慧远所说为"法身菩萨"，鸠摩罗什所说为"佛法身"，二者并非完全等同。不过，鸠摩罗什在本章的回答中说：

> 得无生法忍菩萨，虽是变化虚空之形，而与肉身相似故，

① 木村英一编：《慧遠研究——遺文篇》，创文社1960年版，第14页；《大正藏》第45册，第126页中栏。
② 木村英一编：《慧遠研究——遺文篇》，创文社1960年版，第6页；《大正藏》第45册，第123页上栏。

得名为身。而此中真法身者，实法体相也。言无身口意业者，是真法身中说。①

由此可见，慧远误解了鸠摩罗什的意思，将前面所说菩萨的"妙行法性生身"等同于"佛法身"。所以，鸠摩罗什在此进一步区分菩萨法身与佛的真法身，并在此之后更加明确了菩萨何以称为"无业"的情况。

另外，在本章中慧远自己曾经引用《十住经》的观点："《十住经》说，十住菩萨，极多有千生补处，极少至一生补处。此即是法身生非?"②

然而对这种观点，鸠摩罗什却并不知道，所以回答说："《经》言千生者，所未闻故，不得委要相答耳。"③ 慧远所说的《十住经》，有两种可能性：其一，如《慧远文集》的注释所说，是慧远的误解；其二，或许是当时流行的《十住经》一卷本④，并且是鸠摩罗什没有见过的。另据小野玄妙的观点，这个《十住经》也应该不是现行《大正藏》中题为祗多蜜译的《佛说菩萨十住经》，而应该是逸本。⑤

因此，鉴于以上诸多可能性，暂且将本章定为405年间。

---

① 木村英一编：《慧遠研究——遺文篇》，创文社1960年版，第15页；《大正藏》第45册，第126页下栏。
② 木村英一编：《慧遠研究——遺文篇》，创文社1960年版，第14页；《大正藏》第45册，第126页中栏。
③ 木村英一编：《慧遠研究——遺文篇》，创文社1960年版，第14页；《大正藏》第45册，第126页下栏。
④ 此本当时尚存。参见僧祐撰：《出三藏记集》卷二，《大正藏》第55册，第8页中栏至下栏。
⑤ 参见小野玄妙著，杨白衣译：《佛教经典总论》，新文丰出版公司1983年版，第77页。

"五、次问修三十二相并答"。本章主要就佛法身所具有的三十二相的修行而发问。这章也可看出慧远对于法身与相好关系的关注，并且在对修行三十二相的提问中，应该可以看出他受到念佛三昧的影响，即是否可以通过个人的"思"，而观想佛法身从而修成三十二相。

这里慧远说："若缘真法身佛，即非九住所见。……如此复何为独称真法身佛妙绝于九住哉？"①

这种说法也是来自鸠摩罗什在第一章中的问答：

> 从是佛身方便现化，常有无量无边化佛，遍于十方，随众生类若干差品，而为现行。光明色像，精粗不同。如来真身，九住菩萨尚不能见，何况惟越致及余众生。②

另外慧远的发问中说："若思有三十二，种其一，不造身口业，而能修三十二相。"③ 这种观点应该是出自《大智度论》。

> 问曰：一思种？为多思种？答曰：三十二思种三十二相，一一思种一一相，一一相百福德庄严。

这种观点在之前的所有阿毗昙论书中都未曾出现过。因而可以表

---

① 木村英一编：《慧远研究——遗文篇》，创文社 1960 年版，第 16 页；《大正藏》第 45 册，第 127 页上栏。

② 木村英一编：《慧远研究——遗文篇》，创文社 1960 年版，第 6 页；《大正藏》第 45 册，第 123 页上栏。

③ 此处引文依据《慧远研究——遗文篇》有所添加，参见木村英一编：《慧远研究——遗文篇》，创文社 1960 年版，第 16 页，及第 231 页注 127。原文参见《大正藏》第 45 册，第 127 页上栏。

明，此时慧远已经从姚兴那里得到《大智度论》，即慧远的这次发问已经是 406 年初以后的事情了。

另外，从鸠摩罗什的回答中也可以佐证这个时间段。鸠摩罗什说：

> 唯愿而得净愿，是事为难。如莲花虽净，必因泥生，不可生于金山上。如《维摩诘经》中说。[1]

这个时候鸠摩罗什使用了《维摩诘经》这个名称，应该可以表明他已经正式完成了《维摩诘经》的翻译，名称也已经由之前的《毗摩罗诘经》正式更名为《维摩诘经》。如前所说，《维摩诘经》的翻译完成于弘始八年（406），所以更加可以佐证慧远此次发问已经是 406 年之后的事情。

"六、次问受决法并答"。本章主要就菩萨受决的法身的性质是真是假而发问。这也是慧远对菩萨修行论的关注。慧远问中说：

> 受决菩萨，……若受真法身决，后成佛时，则与群粗永绝，唯当十住菩萨共为国土。此复何功何德也？若功德有实，应无师自觉，复何人哉？如其无实，则是权假之一数。[2]

---

[1] 木村英一编：《慧远研究——遗文篇》，创文社 1960 年版，第 20 页；《大正藏》第 45 册，第 128 页下栏。

[2] 木村英一编：《慧远研究——遗文篇》，创文社 1960 年版，第 21 页；《大正藏》第 45 册，第 129 页上栏。

这里应该是和第三章中"十住无师"的观点相关。当时慧远问道："十住无师，又非所须"。对此鸠摩罗什回答说：

> 言十住无师者，为下凡夫二乘九住已还可，非于诸佛言无师也。乃至坐道场菩萨，尚亦有师，何况十住。如《十住经》说……。①

即之前鸠摩罗什已经明确向慧远表明，十住菩萨仍然需要相好具足的诸佛的接引，才可以进一步修行佛道以至解脱。当时慧远提问的出发点在于想要明确佛的三十二相八十种好的作用，因而提及十住菩萨的修行。本章中慧远又专门从受决菩萨的角度，想要再次明确法身受决的真假权实。因此，在本章中鸠摩罗什回答说："言无师自觉者，但不目外道为师耳。此义上已明。"②

另外，慧远的发问中引用经典："经云，或有菩萨后成佛时，其国皆一生补处。此则是十住共为国土，明矣。"③ 这里的经文应该是引自鸠摩罗什译的《摩诃般若波罗蜜经》。

> 舍利弗！有菩萨摩诃萨，行六波罗蜜时，变身如佛，遍至十方，如恒河沙等，诸佛国土，为众生说法。亦供养诸佛，及净佛国土，闻诸佛说法，观游十方，净佛国相。而已自起殊胜

---

① 木村英一编：《慧遠研究——遺文篇》，创文社 1960 年版，第 13 页；《大正藏》第 45 册，第 125 页下栏至第 126 页上栏。

② 木村英一编：《慧遠研究——遺文篇》，创文社 1960 年版，第 21 页；《大正藏》第 45 册，第 129 页中栏。

③ 木村英一编：《慧遠研究——遺文篇》，创文社 1960 年版，第 21 页；《大正藏》第 45 册，第 129 页上栏。

国土，其中菩萨摩诃萨，皆是一生补处。①

《放光般若经》及《光赞般若经》的相关部分，译文则与此不太相同。② 所以，可以肯定这里慧远引用的就是《摩诃般若波罗蜜经》。由此可以断定，本章也应该是 406 年以后的事。

另外，鸠摩罗什在回答中说，"故〈往生品〉，说言或有"，正是针对此处慧远的提问。鸠摩罗什所说的〈往生品〉也正是其所译《摩诃般若波罗蜜经》的品名。同样的品目，在《放光般若经》及《光赞般若经》分别为〈五眼品〉及〈行空品〉。③ 鸠摩罗什如此直接回答品目名称，正可表明此时他明白自己与慧远提问所涉及的是同一般若经。因此，这也可以佐证本章慧远的发问处于已经见到《摩诃般若波罗蜜经》的 406 年间。

"七、问法身感应并答"。本章主要就菩萨法身的感应作用与神通、四大五根的关系而发问。这里可以看出，慧远虽然没有将法身与四大五根等联系起来，但他仍然认为法身在引导众生，发挥感应作用时必须依靠四大五根等。这表现出慧远关心的问题是法身如何与众生发生联系，即法身的感应与神通等作用。

慧远问说，"故曰，菩萨无神通，犹鸟之无翼，不能高翔远

---

① 鸠摩罗什译：《摩诃般若波罗蜜经》卷二，《大正藏》第 8 册，第 226 页中栏。

② "复有菩萨行六波罗蜜，变身如佛，遍至十方，教授众生，能净佛土。已至十方，悉观诸佛威仪法则，好丑清浊，而便自起上妙最尊殊异之土，纯以一乘教诸一生补处菩萨。"参见无罗叉译：《放光般若经》卷 2，《大正藏》第 8 册，第 8 页中栏。及 "开士大士，行六度无极，自化身心犹如佛像……开士大士，具足成就一生补处。"参见竺法护译：《光赞经》卷 2，《大正藏》第 8 册，第 157 页中栏。

③ 参见无罗叉译：《放光般若经》卷 2，《大正藏》第 8 册，第 7 页中栏；竺法护译：《光赞经》卷 2，《大正藏》第 8 册，第 156 页上栏。

游，无由广化众生，净佛国土"①。这里的引文与《摩诃般若波罗蜜经》及《放光般若经》都并非完全相同②，应该是慧远提炼而成，很难依此判断。

慧远另外引用经典说，"故经称，如来有诸通慧"③。检索来看，没有语句与此完全相符。所谓"通慧"，是神通之行，神通以慧为体，所以称为"通慧"。在鸠摩罗什所译经论中，仅仅《维摩诘所说经》与《大智度论》中各出现一次，表现为"神通慧"④与"大通慧佛"⑤。可见对鸠摩罗什来说，"通慧"一词几乎不作为习语使用。然而事实上，在鸠摩罗什之前的翻译中，尤其是竺法护所译经典中，"通慧"与"神通慧行"大量交相出现，具有同样的意思。如"佛告舍利弗，'或有开士大士住智慧度无极，具足诸通慧'"⑥，而《摩诃般若波罗蜜经》中与此相关类似的表达是"菩萨摩诃萨行般若波罗蜜时，具足神通波罗蜜"⑦。

由此来看，此时慧远的发问应该时间较早，似乎尚未接触到鸠

---

① 木村英一编：《慧远研究——遗文篇》，创文社 1960 年版，第 23 页；《大正藏》第 45 册，第 129 页下栏。

② 参见鸠摩罗什译《摩诃般若波罗蜜经》卷 26："譬如鸟无翅不能高翔，菩萨无神通，不能随意教化众生。……菩萨摩诃萨行般若波罗蜜时，应如是游戏神通，能净佛国土，成就众生。"《大正藏》第 8 册，第 410 页下栏至第 411 页上栏；无罗叉译《放光般若经》卷 19："菩萨不住神通，不能为众生说法。譬如众鸟，无有翅者，不能高翔。菩萨如是，不住神通者，亦不能为众生说法。……菩萨摩诃萨行般若波罗蜜，游戏神通，净佛刹土，教化众生；不具神通，不能教化净佛国土。菩萨不净佛国教化众生者，终不成阿耨多罗三耶三菩。"《大正藏》第 8 册，第 137 页下栏至第 138 页上栏。

③ 木村英一编：《慧远研究——遗文篇》，创文社 1960 年版，第 23 页；《大正藏》第 45 册，第 129 页下栏。

④ 鸠摩罗什译：《维摩诘所说经》卷下，《大正藏》第 14 册，第 554 页中栏。

⑤ 鸠摩罗什译：《大智度论》卷 49，《大正藏》第 25 册，第 299 页中栏。

⑥ 竺法护译：《光赞经》卷 2，《大正藏》第 8 册，第 158 页中栏。

⑦ 鸠摩罗什译：《摩诃般若波罗蜜经》卷 2，《大正藏》第 8 册，第 229 页上栏。

摩罗什所译的《摩诃般若波罗蜜经》。另外，从鸠摩罗什的回答来看，他虽然引用了相关的《大智度论》的语句，却丝毫没有提及《大智度论》的名称。① 这大概可以理解为鸠摩罗什可能还没有完成《大智度论》的翻译。综合来看，本章的发问时间确定为405年间比较合适。

另外，关于这一章的前后顺序，从慧远的提问及鸠摩罗什的回答中也可以大概推测一下。慧远问中说"则十住之所见，绝于九住者"，这与前面第五章相同，都是源于鸠摩罗什在第一章中的回答。再者，本章鸠摩罗什的回答中说，"法身义已明。……先言无四大五根，谓三界凡夫粗法身"。这也正是指涉的是第一章中的"佛法身者，同于变化。化无四大五根"。所以，本章也至少位于第一、第二章之后。

"八、次问法身佛尽本习并答"。本章主要就小乘阿罗汉、辟支佛和大乘菩萨、佛断除烦恼或残气的方式而发问。这仍然是慧远对于法身的生成过程而产生的疑问。

其中可见慧远对大小乘佛法不加分别、互相会通的使用。此章的发问时间比较明显，因为慧远至少两次引用了《大智度论》。这是慧远第一次直接明了地引用《大智度论》的经文，所以本章肯定是在406年以后的事情，不必赘言。

至于本章的顺序，通过文中关于菩萨灭烦恼，地地中断，"此义如上灯喻中说"一句，可以推知至少应该在第五章之后。灯喻的说法即：

---

① 参见木村英一编：《慧遠研究——遗文篇》，创文社1960年版，注170、171、172等，第236—237页。

以菩萨三界障碍都灭，唯有佛道微障未尽耳。如以一灯破暗，不能破第二灯分。若能破者，第二灯即无所增益。而第二灯所破暗，与初灯合，但无初灯所破之暗。菩萨得无生法忍，亦如是。①

另外还有一点值得注意。慧远问到菩萨的烦恼残气时说："想《法身经》当有成说，残气中或有差品之异，是所愿闻。"② 鸠摩罗什回答：

昔闻有《菩萨阿毗昙》，地地中分别诸菩萨结使及其功德，如《大品·十地》说舍若干法得若干法。先来之日，不谓此世无须菩萨阿毗昙事，而来问精究，苦求残气之差品。今未有此经，不可以意分别。是故不得委曲相答也。③

慧远所说的《法身经》，可以有两种理解：其一，慧远听说过《法身经》的名字，惜无缘过目，眼下知道鸠摩罗什持有此经；其二，慧远自己曾经入目并研究此经，但未能完全把握其思想，现在得知鸠摩罗什也持有此经，故致书请益。这两种可能性都假设慧远与鸠摩罗什知道何为《法身经》。若非如此，鸠摩罗什应该会指出自己不知《法身经》为何物。但实际上他默认了这部经的存在。

如果是第一种可能的话，与鸠摩罗什的回答相印证，又有两点

①　木村英一编：《慧遠研究——遺文篇》，创文社 1960 年版，第 18 页；《大正藏》第 45 册，第 128 页上栏。

②　木村英一编：《慧遠研究——遺文篇》，创文社 1960 年版，第 26 页；《大正藏》第 45 册，第 130 页下栏。

③　木村英一编：《慧遠研究——遺文篇》，创文社 1960 年版，第 27 页；《大正藏》第 45 册，第 131 页中栏。

不合：其一，慧远所说为经，并非是论①；其二，慧远并未亲自见到鸠摩罗什，很难知道鸠摩罗什所说的《菩萨阿毗昙》。

如果是第二种可能的话，结合鸠摩罗什的回答，则很有可能慧远所说的《法身经》就是鸠摩罗什所说的《大品般若经》，即其所译《摩诃般若波罗蜜经》。只是慧远对于《摩诃般若波罗蜜经》中所说菩萨的修行过程未能完全理解，所以亲自向译者请教。

综合二者来看，第二种情况更加令人信服。所以慧远所说的《法身经》应该是指《摩诃般若波罗蜜经》。

另外，通过检索《CBETA 电子佛典》（2014），有所谓安世高译《宝积三昧文殊师利菩萨问法身经》一卷。但据僧祐记载，此经为失译杂经，不见译者。只是到了《历代三宝纪》中才列为安世高译，这明显让人难以信服。

与慧远同时代的慧叡②，在其《喻疑论》中也谈及《法身经》：

> 什公时虽未有《大般泥洹》文，已有《法身经》，明佛法身，即是泥洹。与今所出，若合符契。③

慧叡与慧远同样受学于道安门下，慧叡也曾栖居于庐山。所以两人所说的《法身经》应该所指相同。另外，再对比慧叡所说《法身

---

① 虽然慧远在没有举出经论名称的情况下，惯称"经说"等，但他此处明显举出《法身经》，应该不是指论。称为"经说"的情况可参见木村英一编：《慧远研究——遗文篇》，创文社 1960 年版，第 36 页，注 242，第 247 页。

② 对于慧叡与僧叡的关系，本书依据横超慧日的研究，认为二者是同一人。参见横超慧日：《僧叡と慧叡は同人なり》，《東方学報》1942 年第 13 册之 2，后收入氏著《中国佛教の研究》第二，法藏馆 1971 年版，第 119—144 页。

③ 慧叡：《喻疑论》，载僧祐撰：《出三藏记集》卷 5，《大正藏》第 55 册，第 42 页上栏。

经》与《宝积三昧文殊师利菩萨问法身经》的主旨，则可以看出二者绝非同一个经典。《宝积三昧文殊师利菩萨问法身经》虽也强调法身，但对法身与泥洹的关系表述如下：

> 佛语文殊，"……如我所说法身，其有信二。知者所作，众恶悉以除尽。"文殊言："于法身亦不见生天上，亦不见在人间，亦不见在三道，亦不在泥洹。"①
>
> 文殊问："汝信以恒边沙佛般泥洹，以不般泥洹？"舍利弗言"信"。"从何所信？""法身不生不死故，不般泥洹"。②

此经更加强调法身的无分别、无执着，从而将法身与其他所有东西隔绝开来，法身相对于泥洹具有绝对的优越性，绝对不可等同。所以，慧叡所说《法身经》肯定不是此经。

另外，《慧遠研究——遺文篇》中的相关注释，也认为慧远与慧叡所说《法身经》应该是指《摩诃般若波罗蜜经》。③《摩诃般若波罗蜜经》中也没有类似的表现。虽然如此，《摩诃般若波罗蜜经》主旨讲诸法性空，在空思想的基础上一切法平等没有差别。如：

> "世尊！如佛所说诸法平等，非声闻作、非辟支佛作、非诸菩萨摩诃萨作、非诸佛作；有佛无佛，诸法性常空。性空即是涅槃。云何言涅槃一法非如化？"佛告须菩提："如是、如是！诸法平等，非声闻所作，乃至性空即是涅槃"④

---

① 《宝积三昧文殊师利菩萨问法身经》，《大正藏》第 12 册，第 237 页中栏至下栏。
② 《宝积三昧文殊师利菩萨问法身经》，《大正藏》第 12 册，第 238 页下栏。并且此处所说"泥洹"，应该是指小乘的涅槃思想。
③ 参见木村英一编：《慧遠研究——遺文篇》，创文社 1960 年版，注 182，第 239 页。
④ 鸠摩罗什译：《摩诃般若波罗蜜经》卷 26，《大正藏》第 8 册，第 416 页上栏。

"何以故？是佛身自性无故。若法无性，是为无所有。"①

所以，当慧叡接触到六卷《泥洹经》之后，以《泥洹经》的立场来解释《般若经》，认为其已经讲述了佛法身即是涅槃的道理，也是可以理解的事情。另外，道安在《合放光光赞略解序》中将"法身"作为《般若经》的宗旨②，也应该对慧远、慧叡两人产生了影响。

"九、次问答造色法"。此章主要围绕小乘《阿毗昙》论书中四大及其造色的问题而发，但慧远的着眼点在"镜像水月"的性质问题，这是其对"法身如化"一点的进一步发问。

其中，慧远与鸠摩罗什的引用文献多与苻秦时僧伽跋澄所译《鞞婆沙论》及《尊婆须蜜菩萨所集论》等有关。虽然慧远所引文献难以详细查明，但鸠摩罗什的回答中，即使涉及《大智度论》的相关内容，也全然没有提及《大智度论》的存在。③ 所以推测来看，本章应该属于慧远在405年间的发问。

另外，根据慧远的提问倾向来看，他主要是想要追究"水月镜像"与"色阴"的关系。这种问题意识的起源，应该来自于鸠摩罗什在第一章中的回答：

> 有色之物，必有二法，有色有触。……如镜中像，水中月，见如有色，而无触等，则非色也。化亦如是，法身亦然。④

---

① 鸠摩罗什译：《摩诃般若波罗蜜经》卷23，《大正藏》第8册，第385页中栏。
② 参见道安：《合放光光赞略解序》，载僧祐撰：《出三藏记集》卷7，《大正藏》第55册，第48页上栏至中栏。
③ 参见木村英一编：《慧远研究——遗文篇》，创文社1960年版，注195—210。
④ 木村英一编：《慧远研究——遗文篇》，创文社1960年版，第5—6页；《大正藏》第45册，第122页下栏。

综上所述，可见本章慧远的着眼点仍然是在关注法身。他想要进一步深入追究法身的性质，由此及彼，乃至就法身的修饰语"水月镜像"的性质产生了疑问。这也与他自身的《阿毗昙》知识产生了矛盾，所以特意向鸠摩罗什求教。至于本章的顺序，至少也应该在第一、第二章之后。

"十、次问罗汉受决并答"。本章源于慧远对菩萨受决与阿罗汉受决的比较思考。慧远认为，阿罗汉与菩萨在慈悲、沤和般若以及爱习残气三个方面有差别，从而对阿罗汉的受决如何可能产生疑问。

首先，根据慧远所问，只能明了本章的顺序位于第一、第二章之后。如慧远先说：

> 来答称，《法华经》说，罗汉受记为佛，譬如法身菩萨净行受生故，记菩萨作佛。取此为法身之明证。①

这明显是指鸠摩罗什在第一章中的回答。

> 又如《法华经》说，罗汉受记为佛。《经》复云，罗汉末后之身。是二经者，皆出佛口，可不信乎。但以罗汉更不受结业形故，说言后边耳。譬如法身菩萨，净行生故，说言作佛。②

另外，慧远又说："必如此，爱习残气，复何由而生耶？斯问已备

---

① 木村英一编：《慧遠研究——遺文篇》，创文社 1960 年版，第 32—33 页；《大正藏》第 45 册，第 133 页下栏。

② 木村英一编：《慧遠研究——遺文篇》，创文社 1960 年版，第 6 页；《大正藏》第 45 册，第 122 页下栏。

于前章。"而这正是慧远在第二章追问过的事。所以综上二者来看，此章也应该位于第一、第二章之后。

再者，鸠摩罗什在回答中引用了众多经典，如《法华经》、《首楞严经》及《般若波罗蜜经》等，但其中他也引用了《毗摩罗诘经》，即"又《毗摩罗诘经》，摩诃迦叶与因悔责，一切声闻皆应号泣"①。根据前文所引木村宣彰的研究，则据此一例，应该可以判定本章属于406年《维摩诘所说经》译出之前。

"十一、次问念佛三昧并答"。本章与慧远的坐禅实践直接相关。但慧远追究的问题，在于对念佛三昧中所使用的世俗性梦的比喻和感应、神通的矛盾关系。

针对此章，玉城康四郎作过专门研究。他认为慧远所引用的《般舟三昧经》并非是现存的三种古译本，即《般舟三昧经》一卷本、三卷本及《拔陂菩萨经》②，而是另有其本。其理由有三点。其一，慧远所引经的名称为《般舟经念佛章》，而现行三本中都没有"念佛品"的名目，另《出三藏记集》中载有《般舟三昧念佛章经》一卷，应该是指此经；其二，慧远所引《般舟经》，说有三种方法入定，"一谓持戒无犯，二谓大功德，三谓佛威神"③，现行三本中都没有"持戒无犯"一条，而是代之为持佛三昧力；其三，慧远所说，"而经说念佛三昧见佛，则问云，则答云，则决

---

① 木村英一编：《慧远研究——遗文篇》，创文社1960年版，第32—33页；《大正藏》第45册，第133页下栏。

② 对于现存《般舟三昧经》汉译四本的成立顺序（除此三本之外尚有隋代阇那崛多译的《大方等大集经贤护分》），可参见色井秀让：《般舟三昧経の成立について》，《印度学仏教学研究》1963年通号21。

③ 木村英一编：《慧远研究——遗文篇》，创文社1960年版，第34页；《大正藏》第45册，第134页中栏。

其疑网"①，现行三本中皆不见其文。

另外，玉城对照《大智度论》中所引《般舟三昧经》与现行本及藏译本《般舟经》，认为《大智度论》所引《般舟三昧经》与现行各本有很多不同之处，也应该是别本。②但《大智度论》中所引《般舟三昧经》与慧远所引用的《般舟三昧经》有相同之处，如前面所说第三条"断诸疑网"等。所以，二者之间可能是同本。③

但本书认为，虽然二者之间有相同之处，但不同之处也非常明显。如鸠摩罗什回答中的三种见佛④，虽然《大智度论》中没有涉及，但作为同一人的思想，应该是同一个《般舟三昧经》。与慧远所说三种见佛相比较，关于"持戒无犯"一条上二者相异。并且根据鸠摩罗什后面的回答：

又下者，持戒清净，信敬深重，兼彼佛神力及三昧力，众

---

① 木村英一编：《慧遠研究——遺文篇》，创文社 1960 年版，第 34 页；《大正藏》第 45 册，第 134 页中栏。

② 日本学者色井秀讓通过对比研究龙树的《十住毗婆沙论》中有关般舟三昧的实践方法和现行各本《般舟三昧经》的内容，认为龙树所依用的《般舟三昧经》应该是介于三卷本和贤护本（《大方等大集经贤护分》）之间形成的一个版本。如果承认《大智度论》为龙树所作的话，那么《大智度论》中所依用的《般舟三昧经》应该也不同于现行各本。这种推测也可以辅证玉城康四郎的观点。参见色井秀讓：《龍樹依用の般舟三昧経》，载奥田慈應先生喜寿纪念论文集刊行会编：《奥田慈応先生喜寿記念——仏教思想論集》，平乐寺书店 1976 年版，第 935—947 页。

③ 参见玉城康四郎：《廬山慧遠にかかわるインド仏教の念仏三昧》，《哲学年誌》1980 年第 4 期。

④ 鸠摩罗什所说三种定中见佛，即"见佛三昧有三种：一者，菩萨或得天眼天耳，或飞到十方佛所，见佛难问，断诸疑网；二者，虽无神通。常修念阿弥陀等现在诸佛，心住一处，即得见佛，请问所疑；三者，学习念佛，或以离欲，或未离欲，或见佛像，或见生身，或见过去未来现在诸佛。"参见木村英一编：《慧遠研究——遺文篇》，创文社 1960 年版，第 35 页；《大正藏》第 45 册，第 134 页中栏。

缘和合，即得见佛，如人对见镜像。①

　　从"又下者"一语可见，此"持戒"并不在鸠摩罗什所说三种定中见佛观念之内，而是具体结合慧远疑问所作的解释。所以，慧远所说《般舟三昧经》应该既不等同于现行三本《般舟经》，也不完全等同鸠摩罗什及其《大智度论》所说的《般舟经》。所以，可以推测，可能慧远当时还没有见到《大智度论》。

　　另外，本章中鸠摩罗什的回答中虽然涉及《大智度论》中《般舟三昧经》的引文②，但他丝毫没有提及《大智度论》的名称，这是因为《大智度论》可能还没有完成翻译。

　　综合来看，本章时间定在405年较为合适。

　　"十二、次问四相并答"。本章是对有为法的八相如何发生作用产生疑问。本章中慧远引用了《大智度论》的经文③，由此，此章时间应该定在406年之后。又本章慧远的问题与大乘的法身思想没有关系，而是对《大智度论》中批判小乘《阿毗昙》的观点产生疑问，想要追究一切有为法的八相之间的逻辑关系，由此推测本

---

① 木村英一编：《慧远研究——遗文篇》，创文社1960年版，第36页；《大正藏》第45册，第134页下栏。
② 木村英一编：《慧远研究——遗文篇》，创文社1960年版，第35页；注241，第247页。
③ 关于慧远所引《大智度论》，兹不繁引。参见木村英一编：《慧远研究——遗文篇》，创文社1960年版，第36页；注243，第248页。另关于慧远所说"新衣"之喻，即"复次，若法后有灭，当知初已有灭。譬如人着新衣，初着日若不故，第二日亦不应故。如是乃至十岁应常新。不应故而实已故，当知与新俱有，微故不觉；故事已成，方乃觉知。以是故，知诸法无有住时。"文出鸠摩罗什译：《大智度论》卷19，《大正藏》第25册，第200页中栏。《慧远研究——遗文篇》未查明出典，现补正于此。

章应该是慧远在研究《大智度论》的过程中遇到疑难之处而发问。

"十三、次问如法性真际并答"。此章慧远的提问中先引述了《放光般若经》中有关法性、如与真际的表达。① 这大概表明慧远继承了道安对《般若经》的思考。道安在《合放光光赞略解序》中特意对"法身、如与真际"进行解说。② 此处，慧远所引经文是出自《放光般若经》的最明显的证据就是"真际"一词，众所周知，鸠摩罗什的翻译将其改为了"实际"。③

然而，鸠摩罗什在自己的回答中也同样使用了"真际"的说法。这并不一定表明鸠摩罗什还没有完成《摩诃般若波罗蜜经》与《大智度论》的翻译。他在回答中曾经两次提出《大智度论》的名字。另外鸠摩罗什在"二、次重问法身并答"中也曾使用过"实际"一词。④ 所以，这里很有可能是他作为应答者暂时顺从慧远的习语来使用。这就在某种程度上表明慧远还没有见到新译的《摩诃般若波罗蜜经》与《大智度论》。

所以，本章的时间定在405年间较为合适。

另外，此章的问题看似与法身没有关系，但慧远的发问可能有两方面的原因：其一，他继承道安的思想，想要进一步追究"如、法性与真际"的关系；其二，他根据鸠摩罗什在第一章的回答，

① 参见木村英一编：《慧远研究——遗文篇》，创文社1960年版，第38页；注251，第250页。《大正藏》第45册，第134页下栏。
② 参见道安：《合放光光赞略解序》，载僧祐著：《出三藏记集》卷2，《大正藏》第55册，第48页上栏至中栏。
③ 鸠摩罗什译：《摩诃般若波罗蜜经》，《大正藏》第8册，第360页中栏及第375页下栏等处。
④ "而菩萨于一切众生深入，大悲彻于骨髓，及本愿力，并证实际，随应众生，于中受身，存亡自在，不随烦恼。"木村英一编：《慧远研究——遗文篇》，创文社1960年版，第8页；《大正藏》第45册，第124页上栏。

总结出三种法身之后，想要进一步深究第一种法身实相的概念。并且，随着鸠摩罗什的回答中，经常首先区分法性、法相与菩萨的妙行法性生身①，这可能导致慧远特别提出关于法性的问题。因此，这应该是慧远由法身衍生出来的一个问题。

"十四、问实法有并答"。本章是慧远对于《大智度论》中"因缘有"与"实法有"的矛盾表述而发问。此章慧远问中多次引用《大智度论》②，可见本章时间也应该是 406 年之后。本章所问也与大乘法身思想没有直接关系，也应该是慧远研习《大智度论》，制作《大智论抄》时而引发的提问。

"十五、次问分破空并答"。本章与十二、十四章情况相同，兹不赘言。③

"十六、次问后识追忆前识并答"。本章与十二、十四、十五章情况相同，兹不赘言。④

"十七、次问遍学并答"。本章慧远主要就《摩诃般若波罗蜜经·遍学品》中菩萨的修行问题而发问。在鸠摩罗什以前所译之

---

① 如第二章。参见木村英一编：《慧远研究——遗文篇》，创文社 1960 年版，第 8 页；《大正藏》第 45 册，第 123 页下栏。第四章，第 15 页；《大正藏》第 45 册，第 126 页中栏至下栏。第七章，第 23 页；《大正藏》第 45 册，第 130 页上栏。

② 参见木村英一编：《慧远研究——遗文篇》，创文社 1960 年版，第 40 页，注 261、263、265 等，第 252 页。原文参见《大正藏》第 45 册，第 136 页中栏至下栏。

③ 参见木村英一编：《慧远研究——遗文篇》，创文社 1960 年版，第 42 页，注 271、274、276 等，第 253—254 页。原文参见《大正藏》第 45 册，第 137 页中栏。

④ 参见木村英一编：《慧远研究——遗文篇》，创文社 1960 年版，第 45 页，注 292，第 257 页。原文参见《大正藏》第 45 册，第 138 页中栏至下栏。

《般若经》类并无"遍学品"一词，如《放光般若经》中相应品为"教化众生品"。另外，本章所引经文也与《摩诃般若波罗蜜经》最接近。① 所以，时间应该位于406年之后。

另外，我们可以肯定的是，"十七、次问遍学并答"并非是慧远在一封信中提出了所有的疑问。至少⑥与⑩不是在一次书信中提出的。如⑦问中"必同此喻"、⑧问中"君来喻虽美"等，即指鸠摩罗什在⑥答中的"如入灭定"之喻；另⑨答中"此义前章已明"，从语气与内容上来看都是指⑧答。所以，⑦⑧或为一次问答，⑥与⑦⑧可能为一次往复，⑦⑧与⑨则为一次往复。而⑩问关于证的提问，则应该是针对前面数次都曾提及的菩萨不证声闻道等的最后的总问。

"十八、次问住寿义并答"。本章主要对诸佛菩萨的住寿、寿命命根与心、形的关系而发问。

本章慧远问中说："《经》云，知四神足，多修习行，可得住寿一劫有余"②。其所依据的经典难以确定，有可能是竺佛念于皇初六年，也就是弘始元年（399）译完的《出曜经》，经文如下：

> 夫修学之人，得四神足，昼夜修习，意欲住寿一劫，若过一劫。③

当然也有可能是苻秦年间昙摩难提译，后来僧伽提婆改订的《增

---

① 参见木村英一编：《慧远研究——遗文篇》，创文社1960年版，第46页，及注296等。原文参见《大正藏》第45册，第139页上栏。

② 木村英一编：《慧远研究——遗文篇》，创文社1960年版，第55页；《大正藏》第45册，第142页中栏。

③ 竺佛念译：《出曜经》卷29，《大正藏》第4册，第765页中栏。

一阿含经》，经文如下：

> 如来言："若比丘、比丘尼修四神足，欲住寿经劫者，亦可得耳。"①

其次，慧远说"此问已备于前章，若一理推释，二亦俱解"。这里的前章应该是指"四、次问真法身寿量并答"。其中，慧远问到菩萨成就法身的因果、命根的长短精粗，但最终关注的是十住菩萨的法身如何成就的问题。所以，本章中慧远又回来重新追问与法身住寿相关的命根问题。

再次，鸠摩罗什的回答中，引出经典名称的部分只有两个，其一是"如《长阿含·大泥洹经》"②，其二是"又《修如意章》中言"③。其中《修如意章》出处不详。另外，《长阿含·大泥洹经》与现行的佛陀耶舍与竺佛念在413年共译的《长阿含经·游行经》相等。但从译名及时间④来看，鸠摩罗什所引肯定不是现行本。

最后，鸠摩罗什的回答中有两处涉及前后顺序的表达。其一为"又法身变化身，经无定辨其异相处。此义先已说"⑤。其二为"摩诃衍中法身相，先已具说其因缘"⑥。其中，后者与前面第一、第

---

① 僧伽提婆译：《增一阿含经》卷18，《大正藏》第2册，第639页下栏。
② 木村英一编：《慧遠研究——遺文篇》，创文社1960年版，第55页；《大正藏》第45册，第142页下栏。
③ 木村英一编：《慧遠研究——遺文篇》，创文社1960年版，第56页；《大正藏》第45册，第143页上栏。
④ 关于鸠摩罗什的殁年，本书定于411年，参见斋藤達也：《鸠摩羅什の殁年問題の再検討》，《国际仏教学大学院大学研究紀要》2000年通号3。
⑤ 木村英一编：《慧遠研究——遺文篇》，创文社1960年版，第56页；《大正藏》第45册，第142页下栏。
⑥ 木村英一编：《慧遠研究——遺文篇》，创文社1960年版，第56页；《大正藏》第45册，第143页上栏。

二、第三、第四章都可以关联。前者则与第五章的关系更为紧密，如"法身可以假名说，不可以取相求"①，或"佛法离一异相。离一相故，无决定真身。离异相故，无决定粗身"②。

综合来看，可以将其顺序定在"五、次问真法身寿量并答"之后，其时间就应该是406年之后。

下面依据各章发问内容、时间及先后顺序总结如下。

一、依内容划分。

（一）法身类。依据慧远的问题，以第一章为主，其余有关各章又可分为三类，大概如下。

法身的实相：第一、十三章。

法身的作用：第一、三、七、十一章。

法身的生成：第一、二、三、四、五、六、八、十、十七、十八章。

（二）有为法相类。主要有第九、十二、十四、十五、十六章。其中第九章与其他四章又有差别。第九章的问题意识源于对法身的追问，时间应该在405年内。其余四章时间均在406年之后，主要关注点在于有为法相的分析，是慧远根据自身的小乘《阿毗昙》知识，在研究《大智度论》的过程中所遇到的疑问。可以说是慧远为制作《大智论抄》而做的准备。

二、依时间划分。围绕《摩诃般若波罗蜜经》、《大智度论》及《维摩诘所说经》的译出时间，《大乘大义章》中的交流大致可

---

① 木村英一编：《慧远研究——遗文篇》，创文社1960年版，第16页；《大正藏》第45册，第127页上栏。

② 木村英一编：《慧远研究——遗文篇》，创文社1960年版，第20页；《大正藏》第45册，第128页下栏。

以分为两个时间段，即 405 年前与 406 年以后。

（一）405 年前：第一、二、三、四、七、九、十、十一、十三。

（二）406 年后：第五、六、八、十二、十四、十五、十六、十七、十八。

三、依时间顺序排列。综合以上研究，虽不免推测之处，《大乘大义章》各章的历史发生顺序或许如下页图所示。

由下页图可见，在关系到法身的问题之时，几乎慧远所有发问都和"一、初问答真法身"具有或直接或间接的关系。由此再来回顾慧远的《重与鸠摩罗什书》中的话，"今辄略问数十条事。冀有余暇，一二为释"，则现存《大乘大义章》与慧远的发问之间的关系应该重新加以考虑。即慧远最初怀有的数十条疑问未必是现存《大乘大义章》中的内容。慧远的提问方式可以有两种情况。其一，如他的信中所说，自己怀有数十条疑问，于是在一封信中同时提出以便鸠摩罗什回答。而鸠摩罗什所答仅一二，慧远又就之再问，如此往复。其二，慧远在数十条问题中，首先选择自己最关心或最重要的问题向鸠摩罗什发问，随着两人问答往复的进行，慧远根据交流的内容进一步提出了新的问题。综合二者来看，第二种情况相对来说更合情理，并且与现存慧远的提问方式更加相符。但不管何者，都表明现存慧远的问题可能同他最初的设想未必完全一样。即在发问的过程中，有些疑问不待鸠摩罗什的回答就已经化解，有些问题则由鸠摩罗什的回答新近引发出来。后者的情况，如前文所说，很多问题大都由第一章衍生而来。前者的情况在慧远具体的提问方式中也应该有所表现，最明显的如"十八、次问住寿义并答"：

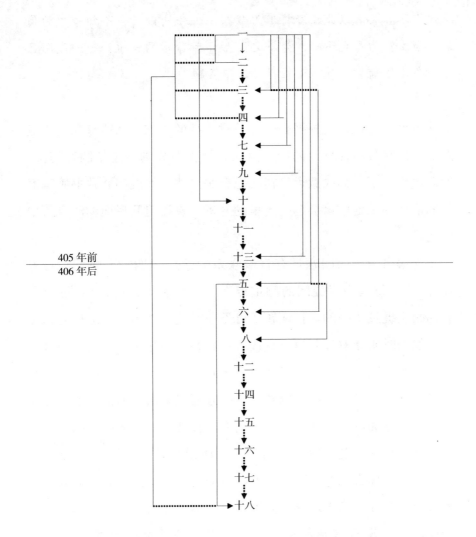

其中，各数字之间直接相连的虚线箭头↓表示在现行的《大乘大义章》各章排列顺序下作出调整后的前后关系；数字侧边的实线箭头←，表示不同章节之间存在明显的相承关系；若存在相互交叉的情况，则由←┄表示。

请问，诸佛菩萨竟有住寿者不？若果有者，为是法身，为是变化身乎？若是法身，法身则有无穷之算，非凡寿所及，不须住寿。若是变化身，化身则灭时而应，时长则不宜短，时短

则不宜长。以此住寿将何为哉？……今所疑者，不知命根为何
所寄？为寄之于心，为寄之于形，为心形两寄也？……此问已
备之于前章。若一理推释，二亦俱解。①

由此可见，慧远首先根据自己之前对法身的总结，从法身和变化身
两个方面来分析住寿的问题。但同时他立即分别否定了两种情况。
所以推想一下，如果慧远最初就抱有法身住寿的疑问并致书鸠摩罗
什的话，那么他应该会越过这里的分析，直接追问后面的法身命根
的问题。

与法身命根的问题具有直接联系的，是"四、次问真法身寿
量并答"，慧远当时提问的侧重点在于十住菩萨法身的生成问题。
慧远两次提及法身的命根问题，可见他对此一直抱有一定程度的关
注。但当时鸠摩罗什并没有直接就此相答，而是区分了几种法身的
情况，如菩萨法身、法性以及根据于此的经文章句等。在进一步对
这些不同法身的解说中，鸠摩罗什一方面强调法性的常住不坏等性
质；另一方面诉诸菩萨法身住世是因为救度众生的誓愿，他完全没
有提及命根的问题。所以，如果慧远所说的"一理"就是指这一
部分的话，那么他的问题确实可以自动化解，不需要另外解答。再
来看鸠摩罗什在第十八章的回答，他仍然是在法身分类的基础上进
行说明，并没有言及命根。这也可以佐证慧远所说的"一理推
释"。所以，慧远的这次提问确实在某种程度上已经在他自身的观
念中得到化解，只是由于第十八章与第四章侧重点不同，促使他再
次向鸠摩罗什求证。

---

① 木村英一编：《慧远研究——遗文篇》，创文社 1960 年版，第 55 页；《大正藏》
第 45 册，第 142 页中栏至下栏。

综上所述，可以看出慧远在接触到《大智度论》以前，最关心的问题莫过于佛与菩萨的法身问题。但他最初并没有严格区分二者，如第四章中所说的，这可能是由于他认为作为法身之一的法性生身贯通了从菩萨到佛的修行阶段，这与慧远当时的大小乘观具有密不可分的关系。

首先，在慧远对法身问题的关注中，他对法性生身的生成、法身的存在方式抱有最大的疑问，因而不断追问与法性生身的生成相关的烦恼残气、四大五根、功德、寿命以及法身相好的修成等问题。

其次，慧远对法身的形象也表现出持续的关注。究其原因，应该可以说这与他自身念佛三昧的修行实践密切相关。

再次，慧远也非常重视法身所具有的作用，具体表现为对法身的感应、神通及其作用根据的追问。这表明慧远非常关注法身与众生之间的关系。而这是慧远作为一个佛教修行者应该具有的救世情怀。

最后，与法身相关的问题中，慧远对法性提出了最少的疑问。这或许可以从两个方面解释：其一，对于法性的研究，从慧远的老师道安时代就已经开始，所以对慧远来说，这个问题不再那么迫切；其二，同样从道安开始，已经将法性与法身紧密联结起来，并且将法身作为《般若经》的宗旨。所以，相对于法性，慧远对法身抱有更大的兴趣。

然而，从慧远作为修行者的角度来讲，他于402年成立念佛结社，之前就应该一直在修行念佛三昧。慧远的念佛三昧是在禅定中观想佛的相好功德，从而见佛，往期西方净土。那么，就不难想象慧远在这种佛教实践中，会对佛的法身及其相好（作为观想对象）、感应与神通（佛与众生交流的方式与工具）等产生兴趣了。

所以，从这个角度来看，正如远藤祐介所言，慧远对于法身的疑问
应该可以追溯到他念佛三昧的修行实践中去。

慧远在接触到《大智度论》以后，虽然仍对法身抱有兴趣，
并继续追问。但他同时也对《大智度论》和他阿毗昙知识的相违
之处产生了非常多的疑问。因而，他专门就《大智度论》中有关
有为法的法相等问题提出疑问。这当然也为他制作《大智论抄》
作了准备。但慧远对于有为法的关注并不完全是因《大智度论》
的刺激而产生的，正如"九、次问答造色法"所示，慧远对镜像
水月的关注其实是衍生自其对法身的关注。

所以总而言之，慧远在《大乘大义章》中表现出的问题意识，
一方面来自于自身念佛三昧的修行实践，让他开始关注法身等问
题；另一方面则来自于对《大智度论》中解释有为法的疑问，其
中尤以有为法的生成变化等为重。在这些问题意识的背后，凸显了
慧远试图调和理解大小乘不同教法的思想倾向。

第 二 章

庐山慧远的大小乘观

　　佛教传入中国以来，经历了不同的发展阶段，最终为中国僧侣和民众接受。迄今为止，中国佛教，特别是汉传佛教中，虽然传译了大小乘各种不同的经典，但中国佛教一直被认为是大乘佛教的代表。如此一来，在中国佛教中小乘系的佛教经典究竟占有什么样的位置呢？中国僧侣对此等小乘经典，以及小乘与大乘之间的关系又持有什么样的观点呢？本章即在前文基础上，以《大乘大义章》等文本为据，继续探讨初期中国佛教中庐山慧远的大小乘观。鸠摩罗什与慧远往复问答，对慧远的佛教思想产生影响，因而鸠摩罗什的大小乘观亦应先行加以检视。

　　本章对鸠摩罗什和慧远的大小乘观的研究主要包括二者对于大小乘佛教经典的产生的态度、大乘与小乘佛教之间的相互关系及地位、自身的佛教立场及其原因、其大小乘观的历史地位及影响等几个方面。

　　关于初期中国佛教中鸠摩罗什和庐山慧远的大小乘观，诸多佛教通史著作中或略而不论，或语焉不详，其论点也大多是吸取相关论文研究结果而成。①

有关慧远及鸠摩罗什的相关专题研究论文中，对二者的大小乘观大都有所涉及。这些论文大体可分为两种：第一种为直接论述慧远与鸠摩罗什的大小乘观，如横超慧日及 L. Hurvitz 的系列论文；②第二种则是间接论述二人的大小乘观，如塚本善隆关于鸠摩罗什以及慧远的系列论文，以及木村宣彰的个别论文。③

对以上通史或专题论文的具体研究进行概括的话，又可分为两类。一类是对慧远与鸠摩罗什的大小乘观的具体内容进行分析论证，如 L. Hurvitz 和横超慧日。L. Hurvitz 针对《大乘大义章》中慧远和鸠摩罗什关于阿罗汉、菩萨、佛的关系进行了论述。他首先指出，鸠摩罗什的大小乘观严格区分大乘与小乘的高低优

① 参见鎌田茂雄著，关世谦译：《中国佛教通史》第 2 卷，佛光出版社 1986 年版，第 394—395 页。福永光司：《慧遠と老荘思想——慧遠と僧肇》，载木村英一编：《慧遠研究——研究篇》，创文社 1962 年版，第 395—425 页，后收入氏著《魏晋思想史研究》，岩波书店 2005 年版，第 165—196 页。

② 参见横超慧日：《中国仏教における大乗思想の興起》，《東方学報》1943 年第 14 册之 2，后收入氏著《中国佛教の研究》，法藏馆 1958 年版，第 290—325 页；《教相判釈の原始形態》，塚本博士頌寿纪念会编：《塚本博士頌寿記念仏教史学論集》，1961 年，后收入氏著《中国佛教の研究》第二，法藏馆 1971 年版，第 145—161 页；《大乗大義章研究序説》，载木村英一编：《慧遠研究——研究篇》，创文社 1962 年版，后收入氏著《中国佛教の研究》第二，法藏馆 1971 年版，第 177—228 页；L. Hurvitz：《大乗大義章における一乗三乗の問題について》，载木村英一编：《慧遠研究——研究篇》，创文社 1962 年版，第 169—193 页。

③ 塚本善隆：《中国初期佛教史上における慧遠》，载木村英一编：《慧遠研究——研究篇》，创文社 1962 年版，第 1—87 页；《鳩摩羅什論——その佛教の江南拡大を中心として（1）》，载結城教授頌寿纪念论文集刊行会编：《佛教思想史論集——結城教授頌壽記念》，大藏出版社 1964 年版，第 359—378 页；《鳩摩羅什論—その佛教の江南拡大を中心として（2）》，载干潟博士古稀纪念会编：《干潟博士古稀記念論文集》，1964 年版，第 353—370 页；木村宣彰：《中国仏教初期の仏陀観——道安と慧遠の場合》，《日本仏教学会年報—仏陀観》1987 年第 53 号，第 125—151 页，后收入氏著《中国仏教思想研究》，法藏馆 2009 年版，第 39—64 页。

劣，且自己立足大乘，只承认大乘经典为佛的真实说法，认为小乘阿含经等为佛的方便说，小乘阿毗昙则是迦旃延等不懂佛的方便从而曲解佛说的妄说；而慧远则对所有大小乘佛教经典不加批判，承认其皆为佛的教说。L. Hurvitz 提出两点富有洞见但仍待论证的观点：其一，指出慧远对于一乘三乘的关系进行了实体论的说明；其二，指出鸠摩罗什与慧远二人理论立场的差异，鸠摩罗什的立场在于大乘般若学的"空"的真理，即佛教修行中"所观的实理"一面，而慧远的立场则几乎完全放在"能观的行者"一面。

横超慧日亦在《大乘大义章研究序说》中专列一章论述慧远与鸠摩罗什的大小乘观。其中，他指出慧远利用阿毗昙的知识解释般若大乘的意图，但作者更多的篇幅是用来阐明鸠摩罗什的大小乘观，认为鸠摩罗什坚定立足于《般若》大乘及《大智度论》的立场，极力排斥迦旃延的阿毗昙学说。

第二类即如横超慧日所言，是对慧远和鸠摩罗什二者的大小乘观的表面化历史经纬的论述，而对其具体内容所涉不深。[1] 这一类研究也分别对鸠摩罗什与慧远的大小乘观作出了一定的结论。如镰田茂雄认为慧远的目标是想要统一地理解大小乘（阿毗昙与《法华经》、《般若经》），鸠摩罗什则立场分明，明确区分大小乘间的差别。这是作者吸取横超慧日观点的结果。他还指出，在中国佛教中"依罗什所传译的《法华经》，再加上其弟子僧叡的《喻疑》，确立了大小乘所分别的教判原型"[2]。这一点横

---

[1] 参见横超慧日：《中国仏教における大乘思想の興起》，《東方学報》1943 年第 14 册之 2，后收入氏著《中国佛教の研究》，法藏馆 1958 年版，第 290—325 页。

[2] 镰田茂雄著，关世谦译：《中国佛教通史》第 2 卷，佛光出版社 1986 年版，第 395 页。

超慧日亦持有相同意见。①

另外，横超也认为，慧远在追求大小乘之间统一的解释。② 他还指出道安与慧远大小乘观的差别所在。道安的大小乘观认为，大小乘经典同为佛陀所说并由阿难所传，一切经典只是传承形式有别。道安认为安世高所译《阴持入经》为"大乘之舟楫，泥洹之关路"③，由此可见，道安并未把握大小乘间根本基调的差异。而慧远一方面继承了道安的大小乘形式有别的观点，另一方面又在《庐山出修行方便禅经统序》中指出大小乘的差别不在于二者之间客观的差异，而在于佛陀殁后佛教徒各取立场，忘本逐末，从而导致大小乘的不同主张产生。这是从修行者主观的态度出发来确定大小乘之名。④

横超认为，鸠摩罗什虽然以大乘之教为己任，立场坚定，每以大乘立场批判《阿毗昙》的观点，但他并非完全破斥小乘，而是承认小乘也对应一部分根机的众生，在佛意中大小乘并无本质

---

① 参见横超慧日：《教相判释の原始形態》，载塚本博士颂寿纪念会编：《塚本博士颂寿記念仏教史学論集》，1961 年，后收入氏著《中国佛教の研究》第二，法藏馆 1971 年版，第 145—161 页。横超将僧叡的教判理解为初期中国佛教教判的三种原始形态之一，另两种分别为道生与慧观的观点。另外，亦可参考荒牧典俊：《南朝前半期における教相判釈の成立について》，载福永光司编：《中国中世の宗教と文化》，京都大学人文科学研究所 1982 年版，第 239—414页；堀内伸二：《羅什門下の教相論——〈喻疑〉及び僧叡を中心として》，《東方》1993 年第 9 期。

② 参见横超慧日：《教相判釈の原始形態》，载塚本博士颂寿纪念会编：《塚本博士颂寿記念仏教史学論集》，1961 年，收入氏著《中国佛教の研究》第二，法藏馆 1971 年版，第 151 页。

③ 道安撰：《阴持入经序》，载僧祐撰：《出三藏记集》卷 6，《大正藏》第 55 册，第 45 页上栏。

④ 参见横超慧日：《中国仏教における大乘思想の興起》，《東方学報》1943 年第 14 册之 2，后收入氏著《中国佛教の研究》，法藏馆 1958 年版，第 292—294 页。

的差别。①

塚本善隆认为，鸠摩罗什的大小乘观在于：一方面立足《般若经》、《法华经》、《维摩诘经》等大乘经典，认为其为佛陀的正确教说；另一方面对于小乘之说又有所区别，即尊崇《阿含经》为真实佛说，但对基于《阿含经》成立的阿毗昙学则明确声称其为迦旃延之徒误解佛说，应当断然排斥。

木村宣彰认为慧远对于《般若经》等大乘教理和《阿毗昙》等所说的差异不甚明了，慧远只是在使用大乘小乘的名称上，而对二者之间内容上的优劣深浅不加考虑。作者进一步根据《庐山出修行方便禅经统序》，论述慧远只是在"人"和"时"两方面区别大小乘，但并没有明确理解大小乘之间的优劣差别。作者最终认为，慧远接受了鸠摩罗什的回答之后，仍不能明确区分大小乘之间的关系。②

另外，福永光司亦言及慧远的大小乘观，认为慧远无视大小乘经典的历史性及成立情况，试图在同一个层次上疏通诸经说之间的矛盾。这是慧远的佛教立场。而慧远持这种态度的原因或有两个方面：一方面慧远认为大小乘经典同为佛说，安得不信；另一方面慧远疏通诸经的态度，可以认为是当时的中国读书人共通的思考方法，如郑玄疏通三礼以及魏晋经学中的义疏之学。③

----

① 参见横超慧日：《教相判释の原始形態》，塚本博士颂寿纪念会编：《塚本博士颂寿記念仏教史学論集》，1961 年，收入氏著《中国佛教の研究》第二，法藏馆 1971 年版，第 151 页。

② 参见木村宣彰：《中国仏教初期の仏陀観——道安と慧遠の場合》，《日本仏教学会年報——仏陀観》1987 年第 53 号，后收入氏著《中国仏教思想研究》，法藏馆 1987 年版，第 58—60 页。

③ 参见福永光司：《慧遠と老荘思想——慧遠と僧肇》，载木村英一编：《慧遠研究——研究篇》，创文社 1962 年版，395—425 页，后收入氏著《魏晋思想史研究》，岩波书店 2005 年版，第 178 页。

综上所述，可以看出各位前贤或主要根据慧远与鸠摩罗什的问答集成的《大乘大义章》，对两人的大小乘进行思想分析，或稍参考两人的其他著述，而仅从历史发展概述其观点。对于慧远的大小乘观，可以说各位学者均指出慧远意在会通大小乘的佛说，其立场是无批判地接受所有佛教经典皆为佛陀的真实教法。而对于鸠摩罗什的大小乘观，L. Hurvitz、横超慧日及塚本善隆的观点大致相同，即认为鸠摩罗什首先区别大小乘的存在，进而在不完全否定小乘（《阿含经》）的基础上批判小乘阿毗昙，坚定立足大乘佛教，阐扬般若空观。另外，L. Hurvitz 所指出的鸠摩罗什的大小乘观是一种认识论的看法也具有重要的意义。然而，鸠摩罗什究竟是否不遗余力地排斥和批判小乘阿毗昙学说呢？笔者认为此处尚有进一步探讨的余地。

以上各种对慧远和鸠摩罗什的大小乘观的研究，可以说是一种相对静态定型的观点，它们没有将慧远思想变化演进的过程考虑进去。即使如横超慧日、木村宣彰等人虽较为突出慧远的思想变化，但仍没有细致考虑其变化的具体过程和思想走向，因而对慧远大小乘观的最终历史定位产生了一些偏差。本章试图在前贤研究的基础上，综合考虑慧远不同时期的思想差异，以及慧远与鸠摩罗什生存的现实背景，对慧远和鸠摩罗什的大小乘观进行重新定位。

第一节　鸠摩罗什的大小乘观

由上文可见，先贤已对鸠摩罗什的大小乘观做了比较充分的研究。① 下面我们选择先行研究的两个要点进行检讨。

首先，L. Hurvitz 指出，鸠摩罗什关于真假二谛以及一乘三乘的思想都是一种认识论的观点。其次，塚本善隆关于鸠摩罗什区分小乘经与小乘阿毗昙的观点。

L. Hurvitz 的观点不仅符合般若学的立场，即对真假二谛的认识是观照，而非执取有无等进行本体论的解读，而且在能观的修行者方面也相应地因认识程度的不同而产生了高低阶段的差异。所谓鸠摩罗什的认识论的观点，即如下：

　　　而大小之称，根有利钝，观有深浅，悟有难易，始终为异，非实有别。②

---

① 日本学者苅谷定彦通过对鸠摩罗什译《法华经》与现行《法华经》梵文本中"大乘"用语的比较，探讨了鸠摩罗什的大乘观。他认为鸠摩罗什在翻译《法华经》时，可能存在多处对梵本原文有意变更甚至改窜的情况，从而使得汉文本《法华经》更加符合自己的大乘观。现行梵本《法华经》的大乘观是要克服小乘与大乘的对立和矛盾，在"一切众生本为菩萨"的佛知见的观点基础上，批评从前声闻不成佛的大乘、菩萨乘的差别观，从而将小乘与大乘平等地统合及扬弃在佛乘之中。而鸠摩罗什译《法华经》中，则只强调大乘（菩萨乘）佛乘的优越性，这正是鸠摩罗什的二乘方便说的立场。但作者也首先指出，并不能肯定现行梵本《法华经》是否就是鸠摩罗什翻译所依原本，所以以上观点仍有很大的推测性质。参见苅谷定彦：《〈妙法華〉における大乘の語について——羅什訳妙法華の問題点（5）》，《大崎学報》1988 年第 145 期。另可参看其相关论文《羅什訳妙法華の問題点（1）—羅什の法華経理解をさぐる》，《密教学》1985 年 20、21 合并号；《羅什訳妙法華の問題点（2）——〈嘱累品〉の位置と〈化城喩品〉という品名について》，《大崎学報》1985 年第 139 期；《羅什訳妙法華の問題点（3）》，《印度学仏教学研究》1986 年通号 69；《羅什訳妙法華の問題点（4）》，《印度学仏教学研究》1988 年通号 73。另外，笔者认为苅谷定彦应与竺法护译《正法华经》相应之处进行比较，或许可以对鸠摩罗什译本中体现的大乘观有更合乎实际的认识。

② 木村英一编：《慧遠研究——遺文篇》，创文社 1960 年版，第 47 页；《大正藏》第 45 册，第 139 页上栏至中栏。

即鸠摩罗什的认识论可以表述为，大乘与小乘的差别只在于修行者的根机有利有钝，所观的实理程度有深有浅，对实理的领悟能力有难有易，二者修行的开始和结果有所差别，但从本质来说大乘与小乘并没有根本的差别，只是随着修行者的认识能力、程度的差别而方便设立阶段名号。用 L. Hurvitz 的话来说，即"所观的实理"没有差别，但"能观的行者"自身由于根机、领悟能力的不同，而对"所观的实理"认识程度有浅深之别，最终导致二者修行的开端与结果的差异。

对于大小乘修行者开端的不同，鸠摩罗什在各章分别有所涉及。如：

> 什答曰，有二种论。一者大乘论，说二种空，众生空法空。二者小乘论，说众生空。①
>
> 如《杂阿含》中，一比丘问佛，世尊，是十二因缘法，为佛所作，为余人所作？佛言，比丘，是十二因缘，非我所作，亦非彼所作。若有佛，若无佛，诸法如法性法位（住），常住世间。②

即小乘学者根据众生空、十二因缘等教理开始修行，而大乘学者则由我法俱空，直指诸法实相开始修行，从而二者之间所得修行果亦有不同。即：

---

① 木村英一编：《慧遠研究——遺文篇》，创文社 1960 年版，第 41 页；《大正藏》第 45 册，第 136 页下栏。

② 木村英一编：《慧遠研究——遺文篇》，创文社 1960 年版，第 39 页；《大正藏》第 45 册，第 136 页上栏。

声闻法中，但说三界事及小涅槃门。大乘中，过凡夫法及小涅槃门，更说清净大乘事。①

另外，对于这种没有本质差别的所观的实理，鸠摩罗什在之前另有较为详细的表达：

所谓断一切语言道，灭一切心行，名为诸法实相。诸法实相者，假为如、法性、真际。……如是诸法性，性自尔，是名法性。入如法性也，更不求胜事，尔时心定，尽其边极，是名真际。是故其本是一，义名为三。如道法是一，分别上中下故，名为三乘。初为如，中为法性，后为真际。真际为上，法性为中，如为下，随观力故而有差别。②

由此可见，鸠摩罗什非常重视和强调"所观的实理"即诸法实相的同一性。诸法实相的本质是一，不可分别戏论，语言道断，心行处灭，只是在方便假设的立场上，相应于修行者的观力而分别名为如、法性、真际。这点表明鸠摩罗什对于"能观的行者"也有关注。但在能观的行者与所观的实理之间，鸠摩罗什通过对大乘教理的认识论的说明将二者联系起来。然而，鸠摩罗什最终的立足点毕竟在于"所观的实理"，这种倾向应当是针对慧远注重"能观的行者"而确立的。③ 他每每最终以大乘般若实相的立场来解释慧远的

① 木村英一编：《慧遠研究——遺文篇》，创文社1960年版，第18页；《大正藏》第45册，第127页下栏。
② 木村英一编：《慧遠研究——遺文篇》，创文社1960年版，第38—39页；《大正藏》第45册，第135页下栏至第136页上栏。
③ 参见 L. Hurvitz：《大乘大義章における——乘三乘の問題について》，载木村英一编：《慧遠研究——研究篇》，创文社1962年版，第187页。

提问，这也体现了鸠摩罗什经常自言传承般若大乘的使命。如他对慧远"问实法有"的回答中，即明确否定小乘实法之说，宣扬大乘的众生与法皆空的道理。①

通过以上论述，可以明确看出鸠摩罗什的大小乘观：小乘法对应着一部分根机的众生，虽然小乘修行者根机较为低劣迟钝，慈悲心弱，但与大乘众生都处在同一的法性实理中，不可全然否定；而大乘法更为卓越，其修行者根机明利，慈悲心深厚，悟入诸法实相更为深入，大乘佛教是鸠摩罗什最终坚持的立场。

先行的研究观点亦大致与此相同，然而鸠摩罗什对于小乘法中《阿含经》与《阿毗昙》的区分尤为值得注意。如前所述，诸位先贤皆认为鸠摩罗什尊崇小乘《阿含经》，但极力排斥小乘《阿毗昙》学说。笔者认为此点仍存在进一步探讨的余地。

确实，在鸠摩罗什的回答中，他首先区别摩诃衍法（大乘）与阿毗昙法，之后屡屡破斥小乘阿毗昙为误解佛陀真实说法的错误言论。② 但我们若将鸠摩罗什的回答中明确论及阿毗昙学说的地方全部检出并加以分析的话，则可以看出他对于阿毗昙学说的态度并非如此决绝地极力排斥。

---

① "有人于名色不惑众生相，惑于法相，贪著法故，戏论名色。为是人故说色，名色虚诳，如幻如化，毕竟空寂，同如众生，因缘而有，无有定相。……今观名色二法无常苦空，苦心厌离，不待余观。"木村英一编：《慧远研究——遗文篇》，创文社 1960 年版，第 41 页；《大正藏》第 45 册，第 136 页下栏至第 137 页上栏。

② 参见横超慧日：《大乘大義章研究序说》，载木村英一编：《慧远研究——研究篇》，创文社 1962 年版，后收入氏著《中国佛教の研究》第二，法藏馆 1971 年版，第 221—222 页。或木村英一编：《慧远研究——遗文篇》，创文社 1960 年版，第 12 页；《大正藏》第 45 册，第 125 页上栏。第 17 页；《大正藏》第 45 册，第 127 页中栏。第 18 页；《大正藏》第 45 册，第 127 页下栏。第 37 页；《大正藏》第 45 册，第 135 页中栏。第 41 页；《大正藏》第 45 册，第 136 页下栏至第 137 页上栏。

　　（二、次重问法身并答）但阿毗昙法摩诃衍法，所明各异。如迦旃延《阿毗昙》说，幻化梦响镜像水月，是可见法，亦可识知，三界所系，阴界入所摄。大乘法中幻化水月，但诳心眼，无有定法①

此中鸠摩罗什首先区分了大小乘法，然后分别说明。他认为小乘法的着眼点在于，迦旃延《阿毗昙》中"幻化梦响镜像水月等"属于阴界入所摄的可以见到可以感知的实法，和四大五根一样。而鸠摩罗什认为大乘法中水月等只是幻化，没有定相。此处是他回答慧远关于法身与化身关系的提问。鸠摩罗什对于法身的一个观点就是，法身和神通变化一样，没有四大五根，如水中月、镜中像之类。② 如果像慧远理解的，法身具有四大五根，那么作为大乘修行者理想的法身就如同色身一样，有漏有烦恼，完全失去了宗教的神圣性。因此，鸠摩罗什在此断然区分阿毗昙法和大乘法。

　　（五、次问修三十二相并答）A. 所问三十二思者，迦旃延弟子，自以意说耳，非佛所说。③

　　B. 迦旃延《阿毗昙》中，无漏法无有果报。何以故？声闻法中但说三界事，及小涅槃门。大乘法中，过凡夫法及小涅槃门，更说清净大乘事。④

---

① 木村英一编：《慧遠研究——遺文篇》，创文社 1960 年版，第 12 页；《大正藏》第 45 册，第 125 页上栏。

② 参见木村英一编：《慧遠研究——遺文篇》，创文社 1960 年版，第 6 页；《大正藏》第 45 册，第 122 页下栏。

③ 木村英一编：《慧遠研究——遺文篇》，创文社 1960 年版，第 17 页；《大正藏》第 45 册，第 127 页中栏。

④ 木村英一编：《慧遠研究——遺文篇》，创文社 1960 年版，第 18 页；《大正藏》第 45 册，第 127 页下栏。

首先，此章中 A 处关于法身三十二相的产生原因，鸠摩罗什断然区分迦旃延《阿毗昙》与佛说。因为他主张"法身可以假名说，不可以取相求"①，如果执着各种相好追求法身的话，就容易混淆法身、色身的关系。

其次，B 处关于迦旃延《阿毗昙》中所说声闻法的无漏果报问题，鸠摩罗什并没有表现出极力排斥的态度，只是表明小乘法的境界较低，大乘法则超越于此，更加值得追求。

（八、次问法身佛尽本习并答）又如三十四心九无碍道九解脱道，皆非佛说。何以故？《四阿含》、《毗尼》及《摩诃衍》中无此说故。但《阿毗昙》者，作如是分别。若佛有此说者，当求本末。而来难以之为过，不受所论。又三十四心九无碍九解脱道，以人通议故，是以于《大智论》中说，为分别佛与二乘为异耳。②

此章是针对慧远关于法身佛如何断尽本来习气的问题而答。慧远提出，是否真法身佛以三十四心九无碍道九解脱道等断尽本习，而鸠摩罗什只以《摩诃般若波罗蜜经》等大乘经典教理来回答，认为佛以一念慧，断尽一切烦恼习气，所有应知应见，也都全部通达无碍。③ 对于慧远试图以小乘阿毗昙理论贯通解释佛法身时的疑难，鸠摩罗什则釜底抽薪，化解了对方的提问。

---

① 木村英一编：《慧远研究——遗文篇》，创文社 1960 年版，第 16 页；《大正藏》第 45 册，第 127 页上栏。

② 木村英一编：《慧远研究——遗文篇》，创文社 1960 年版，第 26 页；《大正藏》第 45 册，第 131 页上栏。

③ 参见木村英一编：《慧远研究——遗文篇》，创文社 1960 年版，第 26 页；《大正藏》第 45 册，第 131 页上栏。

另外，由此也可看出，鸠摩罗什对于小乘阿毗昙中三十四心九无碍道九解脱道等说法并非完全否定，而且指出《大智度论》亦加以采用，以此区分声闻乘与菩萨大乘的关系，突出大乘的优越性。①

（九、次问答造色法）A. 是故佛言，色非唯四大而已。因四大故，更有色生，是名四大所生色。是色有三种，善不善无记。以善身口业色，能生天人报四大。不善身口业色，能生三恶处报四大。无记色自然因共生因。《阿毗昙》中亦如是说。若然者，云何言四大不自生也！……从四大生者，皆是四大所生色。如《阿毗昙》分别，四大，一阴一入界所摄。若但四大，则无别阴界入。以四大少故。四大所生色阴，十一入、十一界所摄。若但四大所生色，则无别阴也，十入十界所摄。如是四大四大所生色，虽复自生，生彼无咎。所以者何？生生之大，以有空名。②

B. 如前说水月镜像，阿毗昙人有法相者，谓是阴界入所摄。……而佛法为度众生故，说水月镜像影响炎化喻等，使人终不贪著，谓之为有，是故以为空喻。③

此章为鸠摩罗什针对慧远四大造色疑问的回答。在 A 处，鸠摩

---

① 参见木村英一编：《慧遠研究——遺文篇》，创文社 1960 年版，注 188，第 239 页。另参见鸠摩罗什译：《大智度论》卷 84，《大正藏》第 25 册，第 650 页中栏。

② 木村英一编：《慧遠研究——遺文篇》，创文社 1960 年版，第 30 页；《大正藏》第 45 册，第 132 页下栏。

③ 木村英一编：《慧遠研究——遺文篇》，创文社 1960 年版，第 30—31 页；《大正藏》第 45 册，第 132 页下栏至第 133 页上栏。

罗什对小乘《阿毗昙》表现出了另外一种态度，即不仅没有极力驳斥《阿毗昙》的教理，甚至用《阿毗昙》中教理论证佛说。然而鸠摩罗什终究以般若空宗为自己的立场，在用缘起无我等解释完四大及四大所生色之后，立即将其从根本上统之以空。①

B 处所说水月镜像之类，立意与前面"二、次重问法身并答"相同。

（十二、次问四相并答）言有为法四相者，是迦旃延弟子意，非佛所说。众经大要有二，所谓有为法、无为法。有为法有生有灭有住有异，无为法无生无灭无住无异。而佛处处说，但有名字耳，尚不决定言有生相，何况生生也。此是他人意，非所信受，何得相答。如他人有过，则非所知。②

此章中鸠摩罗什的态度如前面"八、次问法身佛尽本习并答"一样，区别小乘《阿毗昙》为非佛说之后，即将慧远的提问化解。对此，鸠摩罗什只以般若大乘立场，阐述毕竟空的道理，即"大乘经中说，生是毕竟空，如梦幻，但惑凡夫心耳。大乘之法，是所信伏故，以之为论。诸法无生，求生定相，不可得故"③。

（十八、次问住寿并答）又修如意章中言，若人欲劫寿者，

---

① 此处鸠摩罗什的论述方式，和佛驮跋陀罗在长安与罗什谈论极微的论述方式大致一样。参见慧皎撰：《高僧传》卷 2，《大正藏》第 50 册，第 335 页上栏。
② 木村英一编：《慧远研究——遗文篇》，创文社 1960 年版，第 37 页；《大正藏》第 45 册，第 135 页中栏。
③ 木村英一编：《慧远研究——遗文篇》，创文社 1960 年版，第 37 页；《大正藏》第 45 册，第 135 页中栏至下栏。

便得如意，不言住寿也。如《阿毗昙》中说，有阿罗汉，以施
得大福德愿力，转求增寿，便得如愿。所以者何？是人于诸禅
定，得自在力，愿智无诤三昧顶禅等，皆悉通达。①

此章中鸠摩罗什为了说明已经获得无生法忍，但尚未到达十住的菩
萨，修行四如意足就可随意获得劫寿，而引用小乘《阿毗昙》中
阿罗汉的相应事宜。此处鸠摩罗什丝毫没有排斥小乘阿毗昙的
意图。

综上所述，鸠摩罗什对小乘《阿毗昙》的态度大致可以分为
三类：

第一，区分小乘《阿毗昙》与大乘经典，坚决排斥以小乘
《阿毗昙》的色法实有等教理来会通理解般若大乘经典中的法身
观，如二、五（A）、九（B）。其原因应该在于菩萨与佛的法身观
只是属于大乘佛教中的问题，而小乘的法身观只是将佛陀的教法或
三藏经典等视为法身。所以，在小乘中并不会产生将法身与色身、
化身等混淆的问题，而在大乘中混淆法身与色身的话，就将与般若
大乘的教义相违背，损害般若空宗的学说。

第二，区分小乘《阿毗昙》与大乘经典，否定会通二者，强
调大乘优于小乘，但表现出允许二者共存的方面。如五（B）、八、
九（A）、十二。其原因在于，在这些大小乘的观点中，二者并非
完全不可共存，鸠摩罗什可以通过佛陀随机方便说法的方式区分大
小乘，从而最终宣扬般若大乘的优越性。

第三，并未区分小乘《阿毗昙》与大乘经典，且引用《阿毗

---

① 木村英一编：《慧遠研究——遺文篇》，创文社1960年版，第56页；《大正藏》
第45册，第143页上栏。

昙》之说支持自己的大乘论点，如十八。①

由此可见，塚本善隆等诸学者关于鸠摩罗什对待小乘《阿毗昙》的观点稍显笼统，太过武断。若具体分析，则鸠摩罗什对小乘《阿毗昙》的态度随着其面对问题的不同而产生差别，这并非仅仅是鸠摩罗什针对慧远的提问而随机作出的应对措施，而是反映了他对于小乘阿毗昙的态度并非完全极力地否定与批判，表现了他基于般若大乘佛教立场上相对包容的态度。即鸠摩罗什一方面在维护般若大乘的关键问题"法身"之时，坚决反对慧远随意会通大小乘教说，从而维护般若大乘学说的优越性与纯粹性；另一方面，在不涉及这些关键问题时，鸠摩罗什提出佛陀对机说法的观点以解决二者之间的矛盾，但仍然维护般若大乘的优越性。总之，鸠摩罗什尊崇般若大乘佛教的观点与热情是始终如一的，而对小乘经典的态度则是应机变化从而起到支持和宣扬般若大乘的作用。

关于佛陀应机说法，鸠摩罗什有着明确的表述。

> 是故佛佛随众生所解，于一义中三品说道。为钝根众生故，说无常苦空，是众生闻一切法无常苦已，即深厌离，即得断爱得解脱。为中根众生故，说一切法无我，安稳寂灭泥洹，是众生闻一切法无我，唯泥洹安稳寂灭，即断爱得解脱。为利根者，说一切法，从本已来，不生不灭，毕竟空，如泥洹相。是故于

---

① 另外可资参考的还有《大智度论》中的相关文字，如"烦恼名一切结使。结有九结，使有七，合为九十八结。如迦旃延子《阿毗昙》义中说，十缠，九十八结，为百八烦恼。犊子儿《阿毗昙》中结使亦同，缠有五百。如是诸烦恼，菩萨能种种方便自断，亦能巧方便断他人诸烦恼"。此处亦非拒斥小乘《阿毗昙》的学说，只为突出菩萨的优越而引为例证。参见鸠摩罗什译：《大智度论》卷7，《大正藏》第25册，第110页中栏。

一义中，随众生结使心错，便有深浅之异。①

这里对于众生根机的说明已经较具体系，应该是中国佛教中"机"的思想的一个重要展开。关于"机"的思想，横超慧日已有论述。② 在此基础之上，菅野博史对道生的"机与感应"思想作出了更为深入细致的论述。③ 横超在论述机的理论展开时，注意到鸠摩罗什所译《法华经》、《维摩诘经》的说法，认为这些观点比道安（《阴持入经序》）、支遁（《大小品对比要钞序》）的个别相关言论影响更加直接和深远。但横超似乎并未注意到鸠摩罗什在《大乘大义章》里有着更加明确的表达。虽然鸠摩罗什关于众生根机的观点不如后世智顗等对机的阐发更加具有深度，但他这种对机说法的表述已经较具体系，可以视作当时佛教学者的最早表述。这种"机"的观点对于后来中国佛教的判教思想具有重要的理论意义。

总而言之，鸠摩罗什的大小乘观可以表述为，在"佛陀随机说法"的理论基础上，相对包容性地肯定小乘阿含经及部分小乘阿毗昙教法，同时也站在般若大乘的立场，宣扬大乘学说的优越性与纯粹性。这也正是鸠摩罗什由小乘转习大乘的佛学经历所决定的。

那么，鸠摩罗什并非完全排斥小乘阿毗昙，但却实质贬低其地

---

① 木村英一编：《慧远研究——遗文篇》，创文社 1960 年版，第 41 页；《大正藏》第 45 册，第 137 页上栏。这种"三品说道"观在鸠摩罗什译《法华经》、《大智度论》等中都有类似表达，参见《妙法莲华经》卷 1，《大正藏》第 9 册，第 6 页上栏；《大智度论》卷 10，《大正藏》第 25 册，第 132 页中栏。

② 参见横超慧日：《仏教における宗教的自覚——機の思想の歴史的研究—》，《日本仏学論叢》1944 年第 1 辑，后收入氏著《中国佛教の研究》第二，法藏館 1971 年版，第 9—85 页。

③ 参见菅野博史：《竺道生における機と感応について》，《印度学仏教学研究》1983 年通号 63；氏著《中国法華思想の研究》，春秋社 1994 年版，第 79—86 页。

位的观点，在其生存的历史环境中有何地位和影响呢？

众所周知，鸠摩罗什到达长安之后，在姚秦皇室的支持下最初所翻的经典并非是之前未传的佛教经典，而是在皇室成员恳请之下重新翻译了之前已译并且广为中国佛教学者流传讲说的《般若经》、《法华经》及《维摩诘经》等。这些经典也和鸠摩罗什的般若学立场一致，所以他非常自信地指摘旧译之误，亲自讲说新译经典。同时，这些译场的参加人数相当之多，达五百、八百、一千二百或两千多人①，由此可见，当时中国佛教徒对这些经典的重视。

然而，反观般若学的那些根本论书《中论》、《百论》、《十二门论》等的序文，则无一记载翻译起因及译场人数。唯一一处言及译场情况的是僧肇的《百论序》，"大秦司隶校尉安城侯姚嵩……集理味沙门，与什考校正本，陶练覆疏，务存论旨"②。由于姚嵩的邀请，一些通达经论的僧人和鸠摩罗什一起译校文本。所以，塚本善隆也由此推测认为这些论书的翻译可能大都是鸠摩罗什与身边亲近门人的个人翻译，当时并未广为传播。③ 由此，也可窥

① 僧叡《大品经序》记为"五百余人"，参见僧佑撰：《出三藏记集》卷8，《大正藏》第55册，第53页中栏；《法华经后序》记为"八百余人"，《出三藏记集》卷8，《大正藏》第55册，第57页下栏；《思益经序》记为"两千余人"，参见《出三藏记集》卷8，《大正藏》第55册，第58页上栏；僧肇《维摩诘经序》记为"千二百人"，参见《出三藏记集》卷8，《大正藏》第55册，第58页中栏；慧观《法华宗要序》记为"两千余人"，《出三藏记集》卷8，《大正藏》第55册，第57页中栏。

② 僧佑撰：《出三藏记集》卷11，《大正藏》第55册，第77页下栏。

③ 归纳塚本善隆的观点，大概有两个原因：一者因为这些论书理论性更强，要求接受者具有较高的智力，所以普通僧人不易接受；二者鸠摩罗什大概晚年重新校正过这些论书，论序的写作时间也可能较晚，那时长安佛教界已有其他新来译经僧，所以人数有所分流。参见塚本善隆：《鸠摩罗什论—その佛教の江南拡大を中心として（2）》，载干潟博士古稀纪念会编：《干潟博士古稀记念論文集》，1964年，第361—362页。

见鸠摩罗什在当时长安佛教界的影响大多表现在《般若经》等经典的新译方面，他的般若空宗学说在多大程度上普遍为中国佛教徒所接受和理解是值得怀疑的。

与鸠摩罗什翻译般若大乘经典的影响情况相对的是，长安佛教界之前就存在小乘学说的传播。道安在长安时，曾经请昙摩难提译出《中阿含》、《增一阿含》等经，僧伽跋澄、僧伽提婆等人译出《鞞婆沙论》、《阿毗昙八犍度论》等。道安主持的翻译，以小乘一切有部学说最为显著。① 另外，鸠摩罗什晚年时，长安佛教界又新来了几位与他学说不同的外国僧人，如佛驮跋陀罗、佛陀耶舍、昙摩崛多及昙摩耶舍等。其中，后面两人在姚秦皇室诏令之下于石羊寺译出《舍利弗阿毗昙论》。② 这些应该都影响着鸠摩罗什在长安佛教界的地位。由此可见，一方面，这些新来译经僧的翻译肯定在一定程度上分流了鸠摩罗什的译场人数，这可以在一定程度上说明鸠摩罗什后期重新校正《中论》等时译场人数不明的情况；另一方面，也可证明当时长安佛教界存在着大乘与小乘各种佛教学说。这种状况真实反映了鸠摩罗什的大小乘观的历史处境。

鸠摩罗什相对性地包容小乘学说，但实际将其贬低在大乘之下，与此相对应，当时长安佛教界也存在一些排斥大乘经典的思想，如慧导与昙乐。其后昙摩耶舍的弟子法度也执着于小乘之学，不听读诵大乘经典。③ 另外，在建康佛教界，僧伽提婆的弟子慧义等也是强烈排斥

---

① 参见汤用彤：《汉魏两晋南北朝佛教史》，《汤用彤全集》第 1 册，河北人民出版社 2000 年版，第 167—173 页。

② 道标：《舍利弗阿毗昙序》，载僧祐撰：《出三藏记集》卷 10，《大正藏》第 55 册，第 70 页下栏至第 71 页中栏。

③ 《小乘迷学竺法度造异仪记》及僧叡《喻疑论》，参见僧祐撰：《出三藏记集》卷 5，《大正藏》第 55 册，第 40 页下栏至第 42 页下栏。

大乘佛教，斥大乘经为魔书。① 众所周知，初期中国佛教中，大小乘并传共重的局面延续了相当长的时间。大小乘佛教之间在理论和实践上的相互关系，以及这两个概念的具体内涵和交叉，在初期佛教中大多呈现出界限不明的混合性特征。而鸠摩罗什看似包容实则叹大斥小的明确立场，在中国佛教史的大小乘观上具有里程碑的意义。因为鸠摩罗什立场明确的思想冲击下，可能才导致慧导、昙乐、法度等愈加坚定的小乘观，中国佛教的大小乘观亦由此进一步趋向明晰和分化。

最后，鸠摩罗什相对包容性的大小乘观应该对其弟子们产生了影响。以号称"解空第一"的僧肇为例，他在追随鸠摩罗什之前即已"学善方等，兼通三藏"，这种学力和境界也是当时佛教界一致追求的目标。即使僧肇追随鸠摩罗什多年之后，他在为弘始十五年（413）译出的《长阿含经》所作之序中说："是以如来出世，大教有三。约身口则防之以禁律，明善恶则导之以契经，演幽微则辩之以法相。然则三藏之作也，本于殊应，会之有宗，则异途同趣矣。禁律，律藏也，四分十诵。法相，阿毗昙藏也，四分五诵。契经，四阿含藏也，增一阿含四分八诵，中阿含四分五诵，杂阿含四分十诵，此长阿含四分四诵。合三十经，以为一部。"② 在这里，僧肇毫

---

① 参见范泰：《与生观二法师书》，载僧祐撰：《弘明集》卷 12，《大正藏》第 52 册，第 78 页中栏。对于范泰所说"义观之徒"，学术界有两种观点，一者认为是指慧义和慧观等人，参见京都大学人文科学研究所编：《弘明集研究》卷下（訳注篇下），1975 年，第 639 页；一者认为是指研究义学和禅学之人，如宣方《慧远禅学思想的基调、内涵与特质》，载释大安主编：《超越千载的追思——纪念慧远大师诞辰 1670 周年》，宗教文化出版社 2008 年版，第 107 页。本书认为范泰既然是给慧观写信，按情理应当不会直接贬低对方。但后文涉及踞食问题时，又明白指出慧义之人，且这是当时范泰讨论踞食的系列文章之一。在踞食问题上，慧观固守天竺之法，范泰在他处公开批判慧观，主张应当入乡随俗，遵从中国礼法。所以，本书认为"义观之徒"应该是指慧义和慧观。

② 僧祐：《阿含经序》，载僧祐撰：《出三藏记集》卷 9，《大正藏》第 55 册，第 63 页中栏。

无排斥小乘阿毗昙的意图，相反，他把所有佛教经典都作为佛陀适应不同时机、众生而作的教说。在这一点上，僧肇与慧远有相似之处。

第二节　庐山慧远的大小乘观

一、《大乘大义章》中慧远的大小乘观

如上所言，慧远的大小乘观主要集中表现在《大乘大义章》中。相比于其他著作，慧远在《大乘大义章》中涉及大小乘观的提问更具有针对性，在论述方法上相对于鸠摩罗什而言也更具有自己的特点。[①]这些都决定了《大乘大义章》对于慧远的大小乘观研究的重要性。

通观《大乘大义章》，可以看出在两个方面明显地体现了慧远的大小乘观。其一，慧远对法身的提问，表明他试图用小乘阿毗昙中的观点（四大、五根等）来理解大乘法身的倾向。[②]不仅在关于法身的性质上，在其他关于法身的感应、相好等方面，慧远亦屡屡用小乘教法会通理解大乘的相应观点。如前贤所说，这些论述都可

---

① 参见福永光司：《慧遠と老荘思想——慧遠と僧肇》，载木村英一编：《慧遠研究——研究篇》，创文社 1962 年版，第 395—425 页，后收入氏著《魏晋思想史研究》，岩波书店 2005 年版，第 173—175 页。其中指出慧远与僧肇在思考方法上的不同。僧肇运用辩证法的逻辑追求矛盾的高层次的统一，与此相对应，慧远则屡屡运用因果律、排中律等分析的逻辑的思考方法。这种方法的来源或许有二：一为中国传统的名家及魏晋名理学的分析的逻辑；一为接近于阿毗昙学说的可以说是一种自然科学的思考方法。

② 参见横超慧日：《大乘大義章研究序説》，载木村英一编：《慧遠研究——研究篇》，创文社 1962 年版，第 121—168 页，后收入氏著《中国佛教の研究》第二，法藏馆 1971 年版，第 177—228 页；《大乘大義章における法身説》，《大谷大学研究年报》1965 年第 17 集，后收入氏著《中国佛教の研究》第二，法藏馆 1971 年版，第 229—306 页。

以一言以蔽之，即慧远未加区分大小乘，在同一的层次上会通不同经典的矛盾。这些观点大多是在所观的实理方面（色身与法身、色身与神通感应等）的统一概括，而实际更能体现慧远的大小乘观的地方在于其对大小乘中能观的行者的思考。其二，如 L. Hurvitz 所说，慧远更加关注能观的行者的方面，即注重阿罗汉等二乘道与菩萨道的关系。L. Hurvitz 指出，慧远对一乘三乘的关系进行了实体论的说明，但他并未对"实体论"给予一个确切的定义，而只是与鸠摩罗什的认识论的观点相对而提出的。

鸠摩罗什的认识论已如上述，由此对比而推论之，则 L. Hurvitz 所指慧远的实体论，似乎就是慧远将阿罗汉、辟支佛及菩萨等每个单独作为实体存在。或如其所说，慧远最关心的问题是成佛。慧远深受当时玄学界清谈的影响，其成佛的期望可以说是一种带有佛教色彩的羽化登仙术。慧远的理想就是永远舍掉世间的污垢，获得成为圣人的秘法。[①] 这与慧远对真俗二谛的实体论理解相对应，即慧远在《大智论抄序》之前的文章表现出的，都是在追求有分别的世界之后，经过戒、定、慧的努力而达到无分别的境界。[②] L. Hurvitz 的这些论点，比如"佛教色彩的羽化登仙术"等相当直截了当，但却缺乏具体论证。

慧远对大小乘修学者（阿罗汉、辟支佛二乘与菩萨、佛）之间关系的思考主要体现在《大乘大义章》"十、次问罗汉受决并答"以及"十七、次问遍学并答"中，他章中亦有所涉及，如在第二章询问法身时即曾涉及阿罗汉与菩萨的关联性问题。从具体问

---

① 参见 L. Hurvitz：《大乗大義章における——乗三乗の問題について》，载木村英一编：《慧遠研究——研究篇》，创文社 1962 年版，第 187 页。

② 参见 L. Hurvitz：《大乗大義章における——乗三乗の問題について》，载木村英一编：《慧遠研究——研究篇》，创文社 1962 年版，第 177—178 页。

题来说，第十、第十七两章主要涉及罗汉成佛以及菩萨与二乘道的关系。但从慧远思想发展历史的角度来看，我们应当首先关注"二、次重问法身并答"中他的大小乘观。慧远在提问中说：

> 今所问者，谓法性生身妙行所成。《毗摩罗诘经·善权品》云，如来身者，法化所成。来答之要，似同此说。此一章所说列法，为是法性生身所因非？若是前因者，必由之以致果。问，致果之法，为与实相合不？若所因与实相合，不杂余垢，则不应受生。请推受生之本，以求其例。①

慧远由鸠摩罗什的回答得知，法身的产生必然由"妙行"等列法生成。慧远认为这些列法就像《维摩诘经·方便品》里所说。其经文如下：

> 佛身者即法身也；从无量功德智慧生，从戒、定、慧、解脱、解脱知见生，从慈、悲、喜、舍生，从布施、持戒、忍辱、柔和、勤行精进、禅定、解脱、三昧、多闻、智慧诸波罗蜜生，从方便生，从六通生，从三明生，从三十七道品生，从止观生，从十力、四无所畏、十八不共法生，从断一切不善法、集一切善法生，从真实生，从不放逸生；从如是无量清净法生如来身。②

结合以上经文，慧远认为菩萨法身应当是从这些清净法出生

---

① 木村英一编：《慧远研究——遗文篇》，创文社 1960 年版，第 7 页；《大正藏》第 45 册，第 123 页上栏至中栏。

② 鸠摩罗什译：《维摩诘所说经》卷 1，《大正藏》第 14 册，第 539 页下栏。

的。而要细致分析的话，这些清净法大多为声闻人与菩萨共通的法门。因此，慧远推求受生之本时，作出如下推论：

> 从凡夫人，至声闻得无著果最后边身，皆从烦恼生，结业所化也。从得法忍菩萨受清净身，上至补处大士坐树王下取正觉者，皆从烦恼残气生，本习余垢之所化也。自斯以后，生理都绝。……就令法身菩萨，以实相为己任，妙法为善因，至于受生之际，必资余垢以成化。……今所未了者，谓止处已断，所宅之形非复本器，昔习之余，无由得起。何以知其然？烦恼残气，要从结业后边身生。①

推究此时慧远之意，乃认为从声闻至菩萨至佛应该是一个连贯的过程。即在诸清净法的基础上，阿罗汉的最后身、菩萨的清净身以及佛的最终涅槃法身，都是由烦恼或烦恼残气而生成。而慧远疑惑的是从阿罗汉至菩萨之间的存在过程。如果阿罗汉的最后边身灭尽之后，转为菩萨的形体，那么以前声闻时所积累的烦恼习气，由于所寄托的形体产生转换又如何继续存在呢？而菩萨的烦恼残气，又是从阿罗汉的结业后边身产生的。这两者之间的转换究竟是如何发生的呢？

从慧远的疑问可见，他认为声闻与菩萨是前后相连的两个阶段，声闻的成就结果正是菩萨阶段的根据和基础，这是一个修行连贯的过程。所以，此时慧远对大小乘圣者的理解应该不是如 L. Hurvitz 所说的一个个单独孤立的实体，而是统一在三乘共有的

---

① 木村英一编：《慧远研究——遗文篇》，创文社 1960 年版，第 7 页；《大正藏》第 45 册，第 123 页中栏。

清净法基础上的生成过程。在此，慧远几乎没有表示出声闻与菩萨
在功德、性质等方面的差异。

随着与鸠摩罗什书信问答的推移，在"十、次问罗汉受决并
答"中，慧远开始关注阿罗汉成佛的问题。慧远是在《法华经》
的影响下而提及此说，然而对于慧远来说，疑难之一即在于阿罗汉
的烦恼残气是否存在。他之前追问菩萨的妙行法性生身的产生之
时，已从鸠摩罗什那里确认烦恼残气为菩萨法身生成的一个重要根
据①，慧远认为，阿罗汉成佛的一个重要条件也和菩萨一样，即烦
恼残气的生起。慧远问道：

> 三谓临泥洹时，得空空三昧时，爱著之情都断，本习之余
> 不起，类同得忍菩萨，其心泊然，譬如泥洹后时。必如此，爱
> 习残气，复何由而生耶？②

对比前后两处关于阿罗汉的烦恼问题，可以看出慧远的思想已经发
生了变化。在"二、次重问法身并答"的提问中，慧远认为阿罗
汉的后边身依赖烦恼，菩萨的法身依赖烦恼残气，而此处慧远改问
阿罗汉的烦恼残气是否存在。其意图俨然是将阿罗汉与菩萨放在平
等的地位，可以同时趋向佛道的样子。在慧远眼中，阿罗汉成佛的
另外两个条件，分别如下：

> 经说，罗汉受决为佛。又云，临灭度时，佛立其前，讲以

---

① 参见木村英一编：《慧遠研究——遺文篇》，创文社 1960 年版，第 7—12 页；
《大正藏》第 45 册，第 123 页下栏至第 125 页中栏。
② 木村英一编：《慧遠研究——遺文篇》，创文社 1960 年版，第 31 页；《大正藏》
第 45 册，第 133 页上栏。

要法。……一谓声闻无大慈悲。二谓无沤和般若。……又大慈
大悲，积劫之所习，纯诚著于在昔，真心彻于神骨。求之罗汉，
五缘已断，焦种不生，根败之余，无复五乐。慈悲之性，于何
而起耶？又沤和般若，是菩萨之两翼故，能凌虚远逝，不坠不
落。声闻本无此翼。临泥洹时，纵有大心，譬若无翅之鸟，失
据坠空。正使佛立其前，羽翮复何由顿生？若可顿生，则诸菩
萨无复积劫之功。此三最是可疑。虽云有信，悟必由理。理尚
未通，其如信何？①

首先，从本文可见，慧远认为"信仰寻求理解"，只在信仰上
相信阿罗汉可以成佛是不够的，必须能够融会贯通不同经典之间的
义理。

其次，由于《法华经》中说佛临灭度时宣说罗汉成佛，从而
慧远认为罗汉若具足菩萨的残气、慈悲以及沤和般若，就可以顿时
进入佛道。若如此，那么，菩萨积累数劫才具有的福德利根似乎就
没有必要了。

在此，慧远并未言及阿罗汉具足菩萨的这些条件之后是否就成
为菩萨。然窥其意，则每个成佛条件下都将菩萨和阿罗汉作对比，
似乎就认为阿罗汉只要获得了佛的受决就可成佛。这或许因为之前
关于菩萨受决的问答中，鸠摩罗什大力强调佛的福德智慧不可思
议②，从而使得慧远产生这种想法。

不管怎样，这里都可看出慧远对于所有经典的真诚信仰，尤其

① 木村英一编：《慧远研究——遗文篇》，创文社 1960 年版，第 31—32 页；《大
正藏》第 45 册，第 133 页上栏至中栏。
② 参见木村英一编：《慧远研究——遗文篇》，创文社 1960 年版，第 21 页；《大
正藏》第 45 册，第 129 页上栏。

是面对大乘《法华经》的思想，认为"若此之流，乃出圣典，安得不信"①。然而，慧远毕竟要在信仰之外寻求理性的理解。这种追求使得此时他的大小乘观表现出与之前渐续进化的生成论不同的特点，即声闻乘与菩萨乘的地位模糊，最终的佛乘高高在上。换而言之，在慧远的疑问中，在佛陀的教导下，小乘与大乘的界限趋向模糊。然而，这对于慧远来说也是一种不确定的形态。即使是这种模糊二者界限的意图，也仍然表现出了声闻与菩萨在功德、慈悲及沤和般若等方面的差异。这些差异正是慧远接受鸠摩罗什的影响所在。这也是与"二、次重问法身并答"相比重要的变化点。

如果结合此章鸠摩罗什的回答来看，则更可明了慧远的观点。鸠摩罗什表明阿罗汉也有相当于菩萨的残气、慈悲及沤和般若，而且因为佛不可思议的神通教化，阿罗汉是肯定可以发心作佛的。但鸠摩罗什也明白地区分了阿罗汉发心作佛与直修菩萨道的菩萨的优劣差异。② 这点应该恰好针对着慧远的困惑。

进而在"十七、次问遍学并答"中，慧远受到鸠摩罗什影响的迹象越来越明显。在这章中，慧远关心的主要问题是菩萨的遍学以及菩萨的退转。这其中又可分为遍学或退转的原因和过程等。然而略去这些具体问题不谈，仅看慧远的提问方式，就可以发现与之前有明显的差异：

①远问曰，如菩萨观诸法空，从本以来不生不灭，二乘道

---

① 木村英一编：《慧遠研究——遺文篇》，创文社 1960 年版，第 31 页；《大正藏》第 45 册，第 133 页上栏。
② 参见木村英一编：《慧遠研究——遺文篇》，创文社 1960 年版，第 33 页；《大正藏》第 45 册，第 133 页下栏。

者观诸法生灭，何得智及断是菩萨无生法忍。①

如经文所示，慧远首先区分了菩萨道与二乘道的观法的差异，其次对于《摩诃般若波罗蜜经·遍学品》中声闻道的智与断等是菩萨的无生法忍的观点提出疑问。另外，

⑥又问，经云，四道与辟支佛智及灭智，皆是菩萨之忍。寻意，似是学彼灭智以成此忍。彼学本自不同，法忍云何而成？若必待此而不证，即诸佛世尊大会说法，其中应不俄尔之顷顿至法忍者。推此而言，反复有疑。②

从此问也可看出，慧远一方面对菩萨遍学的目的产生疑问，即这个过程的目的是否是要通过学习声闻道的智及灭智才可以成就菩萨的无生法忍。另一方面，慧远又已了解到声闻道与菩萨道的不同，因此对这两个不同性质的修行教法何以可以互通又产生疑问。并且，有些经典的说法似乎表明声闻道的教法和菩萨的无生法忍没有什么关联。这就是一种运用排中律而表现出的困惑。因而可以推测说，通过之前的书信交流，慧远已渐渐自觉倾向于鸠摩罗什的分析立场，即首先从教法上区分大小乘的不同。然而由于不同经典中存在一些暧昧不明甚至互相抵牾的说法，慧远又无法独自完全理解菩萨遍学的目的、过程以及方法等。这就使得他残存了一些用生成论方式会通大小乘二者的痕迹，即认为在某些教法上声闻道应该是菩萨

---

① 木村英一编：《慧遠研究——遺文篇》，创文社 1960 年版，第 46 页；《大正藏》第 45 册，第 139 页上栏。

② 木村英一编：《慧遠研究——遺文篇》，创文社 1960 年版，第 49 页；《大正藏》第 45 册，第 140 页中栏。

道的成立基础。

如同前问①一样，慧远在③④问中亦明确区分声闻道与菩萨乘。

　　③问曰，无漏圣法，本无当于二乘。二乘无当，则优劣不同，阶差有分。分若有当，则大乘自有其道。道而处中，其唯菩萨，乘平直往，则易简而通。复何为要经九折之路，犯三难以自试耶？又三乘之学，犹三兽之度岸耳。涉深者不待于假后。假后既无功于济深，而徒劳于往返。若二乘必是遍学之所经，此又似香象先学兔马之涉水，然后能蹈涉于理深乎？如其不尔，遍学之义，未可见也。①

　　④又问，声闻缘觉，凡有八辈，大归同趣，向泥洹门。又其中或有次第得证，或有超次受果。利钝不同，则所入各异。菩萨云何而学般若耶？心利者不可挫之为钝，钝者不可锐之令利。菩萨利根，其本超此。而甫就下位之优劣，不亦难乎。若云能者为易，于理复何为然。其求之于心，未见其可。而经云遍学，必有深趣。②

从这两处可见，慧远有意在教法和修行者的根机上区分声闻道和菩萨道。区分的结果就是菩萨道不管在教法还是在修行者方面都要优于声闻道。如此一来，慧远就对菩萨遍学二乘的目的产生疑问。另如③中香象、兔、马的比喻，也是同上述之⑥一样，慧远认为声闻

---

① 木村英一编：《慧遠研究——遺文篇》，创文社 1960 年版，第 47 页；《大正藏》第 45 册，第 139 页中栏。

② 木村英一编：《慧遠研究——遺文篇》，创文社 1960 年版，第 48 页；《大正藏》第 45 册，第 139 页下栏。

道或许是菩萨道的基础，只是在③尚且只是比喻的表达，至⑥问中则直接表达了这种想法。由此可知，在慧远看来，菩萨遍学必然不是一个徒劳无谓之举，他将声闻道及菩萨的遍学等完全看成是具有前后因果生成关系的修行。

鸠摩罗什随后给他的两次回答，都分别解释了菩萨遍学的目的所在：菩萨为了度脱众生，先遍学一切法。因为众生中不乏贪著二乘法之人，菩萨就用遍学时所修二乘道度脱此类众生。鸠摩罗什不认为遍学二乘是为了成就无生法忍。①

自此，慧远应当理解了菩萨遍学的目的，此后的追问中不再提及此事。慧远后面的提问主要是针对菩萨如何遍学、遍学的具体过程与方式、遍学与退转以及证与取证关系的诸多问题。这些提问几乎都是属于对大乘之内教理的理解，如菩萨遍学是从方便开始还是直接顿入无漏道，菩萨不证入涅槃是因为无生灭观力还是因为度人心力等。

其中值得注意的有两点。

第一，慧远试图会通不同类的大乘经典。他认为《十住除垢经》与《大智度论》，"是乃方等之契经，于理者所共信。若不会通其趣，则遍学之说，非常智所了之者，则有其人"②。虽然限于遍学的题材，只可能存在于大乘的经典之间。但慧远言外之意似乎特意针对鸠摩罗什而说，这些都是大乘的经典，不再是用小乘法来理解大乘道，那么这些大乘经典之中总应该可以会通解释。由此可见，慧远对于大小乘的区分已经非常自觉，并且已经接受了鸠摩罗

---

① 参见木村英一编：《慧远研究——遗文篇》，创文社 1960 年版，第 51 页；《大正藏》第 45 册，第 140 页下栏。
② 木村英一编：《慧远研究——遗文篇》，创文社 1960 年版，第 53 页；《大正藏》第 45 册，第 141 页下栏。

什对有些小乘阿毗昙的批判。

第二，慧远在证与取证的问题中，论及声闻道与菩萨道的关系。

⑩又问……若以尽为证，三结尽时则是须陀洹，下分尽时则是阿那含，二分尽时则是阿罗汉。若三处皆尽而非三道，则有同而异者矣。其异安在乎？若先同而后异，直是先小而后大耳。若先异而后同，直是先大而后小耳。若都不同不异，则与来答违。①

这里慧远对经中的证与取证用法产生疑问，鸠摩罗什回答他说这二者之间并无不同。慧远认为，如果是以断尽烦恼来定义"证"的话，那么断尽了欲界中的三结（见结、戒取结、疑结）就证得须陀洹，断尽了五下分结（上述三结、贪结、嗔结）就证得阿那含，断尽了五下分结与五上分结（色爱结、无色爱结、掉结、慢结、无明结）就证得阿罗汉。而菩萨这三种烦恼都已经断尽，不再处于三界之中。正如鸠摩罗什之前所说，菩萨尚未断尽烦恼残气，那在断烦恼这一点上声闻道和菩萨道是相同的。但菩萨应该还有不同于声闻的修行存在。这个差异又在哪儿呢？如果是菩萨先修与声闻道相同的部分而后做自己独特差异的修行的话，那就是先修小乘后修大乘了。如果恰好相反，那就是先修大乘后修小乘了，如菩萨遍学。如果声闻道与菩萨道既不相同也不相异，那就与鸠摩罗什的回答相违背了。

---

① 木村英一编：《慧遠研究——遺文篇》，创文社 1960 年版，第 53—54 页；《大正藏》第 45 册，第 142 页上栏。

由此可见，慧远对于证的理解就是断烦恼，这是基于小乘断烦恼而得来的结论。这与鸠摩罗什对般若大乘中证的理解并不一样。鸠摩罗什认为证不是断，也不是修，而是观察到诸法的无生无灭无作无相的道理，从而舍弃执着，止息入定，不再畏惧三界的苦恼。也就是说，证是一种对于诸法实相的理解。① 从慧远对证的理解，虽然可以看出他是用小乘法理解大乘的教理，认为小大乘之间具有一致的部分，也有差异的地方。但这并不能够认定此时慧远仍然持有小乘法与大乘法是前后因果生成关系的想法。因为，他此时对菩萨修行过程的可能性提出两种理解，先小后大或先大后小。我们只能从他对两种可能性的分析中看出，慧远承认了大小乘的区分，虽然他不理解这种"证"的差异是什么。

总而言之，由⑩的提问可见，慧远自觉区分了大小乘教法，并且承认二者之间存在联系，既有相同的部分，也有不同的地方，即大乘有超出小乘的部分。但这种联系未必可以理解为小大乘之间的前后因果生成关系。相对于③和⑥中慧远对大小乘前后因果生成关系的疑惑，这里的变化比较明显。

另外在这些提问中，慧远的分析非常详细，如菩萨在声闻道是否可以同时思维声闻法与菩萨无生法忍，菩萨具体在十住中的哪一阶段遍学等。这种分析问题的方式正如福永光司所指出的，是一种因果律或排中律的逻辑分析。慧远的这种思考方法贯穿《大乘大义章》的始终，直到最后"十八、次问住寿义并答"中也可见到。② 而相应的鸠摩罗什的回答，由于不同的思考方式，有时和慧

---

① 参见木村英一编：《慧远研究——遗文篇》，创文社 1960 年版，第 54—55 页；《大正藏》第 45 册，第 142 页上栏至中栏。
② 参见木村英一编：《慧远研究——遗文篇》，创文社 1960 年版，第 55 页；《大正藏》第 45 册，第 142 页中栏至下栏。

远的提问并不十分符合。如在⑨的问答中。①

综上所述，可以看出慧远在《大乘大义章》中大小乘观的大致变化轨迹。他最初向鸠摩罗什提问之时，并未特意探讨大小乘修行者之间的关系，只是在对法身的追问中显示出他最初的大小乘观。即他认为声闻与菩萨是前后相连的两个阶段，声闻的成就结果正是菩萨阶段的根据和基础，这是一个修行连贯的生成论过程。

随着两人交流的深入，慧远在思考阿罗汉成佛的问题时，表现出了一定的变化，他开始承认大小乘在教法及修行者之间的差别。然而由于经中表述不明，并且或许持着对佛的神通智慧的信仰，慧远对声闻道与菩萨道的界限产生模糊，提高了声闻道的地位，使其与菩萨平等。然而这是不稳定的，随后通过鸠摩罗什的解说即遭舍弃了。

最后，他有关大小乘"能观的行者"的观点表现在他对菩萨遍学的目的的提问中。这时他已深受鸠摩罗什的影响，提问之际必先区分大小乘的优劣高低，认为菩萨道的教法及修行者都要优越于声闻道。而怀着菩萨既然优于声闻，却又要遍学二乘的困惑，他最初的提问倾向于认为声闻道或许是菩萨道的基础，菩萨遍学必然不是一个徒劳无谓之举，他将声闻道及菩萨的遍学等完全看成是具有前后因果生成关系的修行。这种生成关系与他最初的生成论的不同之处在于，此时他具有了明显的分别大小乘的观点，并且此时的生成关系的表述都是在疑惑的提问中表露出的，如有时是作为他所运用的排中律的一个支项提出。这都表明他此时的大小乘观也仍然是不稳定的，仍可产生变化。直到最后的⑩问中表明，慧远大概已经

---

① 参见木村英一编：《慧遠研究——遺文篇》，创文社 1960 年版，第 53 页；《大正藏》第 45 册，第 141 页下栏。

放弃了对大小二乘的生成关系的理解。他此时明确持有的观点就是虽然大小二乘优劣有别，大乘超出小乘，但二者之间必然存在联系。鸠摩罗什的回答否定了慧远对"证"的理解，但并不能完全否定慧远的大小乘之间存在联系的观点，因为菩萨遍学救度二乘本身就是一种大小乘的联系，这点慧远已经接受。①

通过对慧远思想变化的分析，可以总结出他在与鸠摩罗什思想交流之后最终沉淀下来的一些大小乘观的要素：并非一切佛教教理都是佛说，小乘《阿毗昙》中某些教法不是佛说，属于戏论；大乘在修行者根机与教法上都优于二乘，必须明确区分大小乘，但二者之间存在联系，即大乘菩萨为了救度众生必须遍学二乘之法。

另外，在鸠摩罗什的回答中体现出的大小乘观，有些并没有在慧远的提问中明显表达出来。比如鸠摩罗什通过佛陀对机说法，从而产生三乘的大小乘观。但是，从慧远的提问中可以看出已经分别接受了这种观点的两个要点，即教法优劣与众生根机不同。因此，我们可以推断慧远已经具有了这种对机说法的思想，但他对于某些具体细微的大小乘教理尚不能完全理解。

二、《大乘大义章》之后慧远的大小乘观

最后，我们可以检讨一下横超慧日及木村宣彰两位学者对慧远最终的大小乘观的论述。

横超慧日认为，在《庐山出修行方便禅经统序》中慧远的大小乘观表现为：他承认大小乘之间存在差异，但其差别不在于二者之间客观的差异，而在于佛陀灭后的佛教徒各取立场，忘本逐末，从而产生大小乘的主张，这也就是从修行者主观的态度出发来确定

---

① 参见⑧问及答，木村英一编：《慧遠研究——遗文篇》，创文社 1960 年版，第 52—53 页；《大正藏》第 45 册，第 141 页上栏至下栏。

大小乘之名。横超的这种观点为其弟子木村宣彰继承。木村也根据《庐山出修行方便禅经统序》，论述慧远只是在人和时两方面区别大小乘，并没有明确理解大小乘之间价值的优劣差别。二者最终都认为慧远接受了鸠摩罗什的回答之后仍不能明确区分大小乘之间的关系。

因此，我们有必要首先检讨慧远《庐山出修行方便禅经统序》中的相关论述。

> 如来泥曰未久，阿难传其共行弟子末田地，末田地传舍那婆斯。此三应真，咸垂至愿，冥契于昔。功在言外，经所不辩。必暗轨元匠，孱焉无差。其后有优波崛，……八万法藏，所在唯要。五部之分，始自于此。……自兹以来，感于事变，怀其旧典者，五部之学，并有其人。咸惧大法将颓，理深其慨。遂各述赞禅经，以隆盛业。其为教也，无数方便，以求寂然。寂乎唯寂，其揆一耳。而寻条求根者众，统本运末者寡。或将暨而不至，或守方而未变。是故经称满愿之德，高普世之风。原夫圣旨，非徒全其长，亦所以救其短。若然，五部殊业，存乎其人。人不继世，道或隆替。废兴有时，则互相升降。小大之目，其可定乎。①

这是鸠摩罗什去世之后，慧远于411年迎来佛驮跋陀罗后所译《达摩多罗禅经》（以下简称《禅经》），慧远为之作序。横超与木村都以这篇文章确定慧远最终的大小乘观。慧远最后的著作《佛影铭》

---

① 慧远：《庐山出修行方便禅经统序》，载僧祐撰：《出三藏记集》卷9，《大正藏》第55册，第65页下栏。

中没有涉及大小乘观的地方，所以这篇《禅经序》确实可以作为表现慧远大小乘观的证据，但是否就是他最终形成的大小乘观则有待商榷。

首先，从此序可以看到横超所说慧远继承了道安的观点，认为阿难传承佛陀所说，然而这个观点也正是《禅经》本身明白表述的看法。①其次，对于佛教典籍分为五部之后，五部的后学之人都传承各自的枝末之学，并不追本溯源，遵循佛陀的根本教法等，这就是所谓"人不继世，道或隆替。废兴有时，则互相升降。小大之目，其可定乎"。由此，横超与木村或认为慧远立足人与时，或只强调主观的差异，从而确定慧远最终的大小乘观。笔者认为未可遽然下此断言。理由如下。

首先，从文体来说，这是一篇序言，具有文学性，并非是逻辑严明的论证性文字。既是序言，就必然要在很大程度上与序的对象密切相关。所以，横超所谓阿难传承说，绝大程度上只是慧远对于《禅经》内容的叙述。并且《禅经》对于本经的传承过程是一种历史性纵线条的叙述，这种叙述方式也制约着慧远的表达。所以，他才会在序中用人与世的更替变换来说明大小乘名称的产生。但只是名称是这么确定下来的，那么大小乘的实质是怎样的呢？推测慧远之意，就应该全是佛陀所说。因为慧远认为，在佛教分为五派之前的传承者，都"冥契于昔，功在言外，经所不辩，必暗轨元匠，孱焉无差"。这些传承者忠实继承了佛陀的真意，即使是那些佛陀没有明确阐释的思想。因此，大小乘经典都可以说是产生于佛陀之世。只是由于"序"的文学性，并非特就大小乘观作理论推演，所以慧远在此没有明确提出众生根机及教法优劣的观点，但这些思

①　佛驮跋陀罗译：《达摩多罗禅经》卷1，《大正藏》第15册，第301页下栏。

想与本"序"并无任何矛盾之处。所以，横超和木村仅仅依靠此序的个别文字就断定为慧远最终的大小乘观，实难令人信服。

其次，从"序"的内容来看，慧远把《禅经》看成是大乘禅经。他认为本经"出自达磨多罗与佛大先"，而这两人都是"劝发大乘"的。而且翻译此经的佛驮跋陀罗也被认为是大乘禅师，因此慧远认为其为大乘经典，应该没有什么疑问。

但是从《禅经》本身的性质来看，它出自说一切有部的中心地罽宾，以三贤、四善根、四圣的行位为中心，详细地说明了数息观、不净观、界分别观、慈悲观、因缘观的五门行相等，仅在经的末尾出现了一些大乘思想。① 因此，这部禅经可以说是在小乘禅观的基础上混入了大乘思想的禅经。② 慧远非常重视这部禅经，因为这与其自身所学相当契合。从慧远的修禅经历来看，慧远一方面承继道安，重视安世高系的小乘禅经，另一方面又提倡般舟三昧，接受支谶的大乘禅观。③ 这种统合的禅修实践思想，正与这部禅经的性质相符合。

因此，限于自身的禅修实践，以及《禅经》的性质，慧远在序中又怎么可能表达出强烈的区分大小乘价值优劣的思想呢？相反，这里表现出的是他对大小乘之间相同点的重视，即二者之间的联系。因此，慧远对小乘的态度或许要比鸠摩罗什更加具有包容性。

---

① 参见安藤俊雄：《廬山慧遠の禅思想》，载木村英一编：《慧遠研究——研究篇》，创文社 1962 年版，第 254—255 页。

② 参见汤用彤：《汉魏两晋南北朝佛教史》，《汤用彤全集》第 1 册，河北人民出版社 2000 年版，第 233 页。汤用彤认为这部禅经属于大乘有宗，其教法上接有部是很自然的事。

③ 参见安藤俊雄：《廬山慧遠の禅思想》，载木村英一编：《慧遠研究——研究篇》，创文社 1962 年版，第 252 页。

最后，在"序"的内容中还表达出对佛陀圣旨的统一性或全面性的赞美之词。即"是故经称满愿之德，高普世之风。原夫圣旨，非徒全其长，亦所以救其短。"所谓"长"与"短"，就是慧远对于佛教分为部派的评论，其中不乏委婉的批评。他所引述的"满愿之德"（富楼那分别义理说法第一，此处可作为小乘阿毗昙的代表）与"普世之风"（常不轻菩萨礼拜众生，可以作为大乘菩萨的代表），① 其中前者所源经典或大乘或小乘②，后者则出自《法华经》。③ 这两者都指出，佛教部派的固执己见，于佛法有损。慧远这样运用大乘经典的说法来委婉批评佛教宗派分裂、大小乘定名的历史，正是表明其对佛教大小乘的统一性的态度，即不可因为私见分裂统一的佛说。

因此，通过对《禅经序》的分析可以看出，慧远最终的大小乘观并非如横超、木村二位学者所言，只是主观的差异，或从人与时方面只认识到大小乘只是名称的区别。而是此时限于文体、题材等，慧远没有必要专门就大小乘的关系进行逻辑清晰的说明。究竟来说，对于慧远最终形成的大小乘观必须要结合这篇序言以及《大乘大义章》中逐渐沉淀下来的观点来进行判定。

这篇"序"表现出的大小乘观，较之《大乘大义章》最为明显的一点就是，慧远虽然认为所有佛教经典都为佛说，或与佛意暗合，但在部派佛教发展阶段，统一的教理在部派思想的表现形式上产生差异（涉粗生异），部派之人亦固守派别之见，遂有所短。这

---

① 参见木村英一编：《慧远研究——遗文篇》，创文社 1960 年版，注 38、39，第450 页。

② 或出自鸠摩罗什译：《妙法莲华经》卷 4，《大正藏》第 9 册，第 27 页中栏至下栏；或出自僧伽提婆译：《增一阿含经》卷 3，《大正藏》第 2 册，第 557 页下栏。

③ 参见鸠摩罗什译：《妙法莲华经》卷 6，《大正藏》第 9 册，第 50 页下栏。

里似乎可以理解为慧远接受了鸠摩罗什的思想，认为部分小乘阿毗昙教法并非真实佛说。

总而言之，慧远的大小乘观是处于变化之中的，但他逐渐接受了鸠摩罗什的一些观点。虽然他自己没有关于大小乘观的明确表述，但结合前后有关文献来看，慧远应该是倾向于认为，虽然在佛教分裂阶段产生了部分并不符合佛陀真意的小乘阿毗昙教法，但基本上来说小乘与大乘经典都是佛陀随机说法的产物，大乘在修行者根机及教法方面都要高于小乘。而且由于慧远自身兼习大小乘的佛学经历，他更注重大小乘二者之间的联系，而非单独宣扬般若大乘的优越性，从而其对小乘阿毗昙经典持有较鸠摩罗什更加包容的态度。

以上分别探讨了鸠摩罗什与慧远的大小乘观，大致可得出如下结论。

一、鸠摩罗什认为并非所有佛教经典都是真实的佛说。他认为对小乘经论需要进一步区分。首先，他肯定小乘中的《阿含经》之类是佛的真实说法，对于小乘的阿毗昙学说则表现出一定的批判性。但也并非全部否定，他认为有些小乘阿毗昙教法不是真正的佛说，而是误解了佛的本意的错误言论。鸠摩罗什本人以宣扬般若大乘经典为己任，从而使得其大小乘观始终以大乘为本位。他认为佛陀宣说所有佛教经典的方式是随机说法，即佛陀根据听法众生根机的或利或钝而宣说或浅或深的不同性质的教法。

但也应看到，鸠摩罗什对小乘阿毗昙的批判之处都表现出针对慧远混同大小乘教说的应变意图。所以，应该也存在一种可能性，即鸠摩罗什只是出于应答策略而警示慧远要明确区分部分小乘阿毗昙教法与般若大乘思想。如果能够明确区分大小乘思想之差异，并不妄自会通，那么鸠摩罗什对小乘阿毗昙的观点或许更多的是一种包容的态度，将其置于大乘之下，以此来凸显自身般若大乘教法的优越性。

二、慧远的大小乘观呈现出前后变化的样态。慧远最初认为一切佛经（包括所有经与论）都是佛陀所说，都符合佛陀真意。[①] 并且他认为，在二乘的最后身与菩萨的清净身的获得方面，修行要素应该具有一致连贯性的，如妙行加烦恼或烦恼残气的修行结构。由此他试图会通大小乘之间的不同教法，而其中许多隔阂不通之处，使他产生种种疑惑。随着与鸠摩罗什的交流，他逐渐自觉到大小乘之间在修行者根机以及教法上优劣高低的差别，开始区别二者，并在一定程度上接受了鸠摩罗什对小乘阿毗昙的批判。但他仍然在个别教理上认为小乘之学是大乘之道的产生基础。这种观点最后可能出现了变化，但由于没有明确的相关表述，所以，我们无法确定最终他的大小乘观是否已经和鸠摩罗什完全一致。

然而，由于鸠摩罗什的大小乘观中的各个构成因素，如部分小乘阿毗昙非佛说，大乘在修行者根机及教法上优于小乘等，都分别在慧远的提问中显现出来，因此，我们可以推断说他最终的大小乘观是非常接近鸠摩罗什的。然而，由于两人在修学经历以及禅修实践上的不同，或许慧远在对待小乘的态度上要比鸠摩罗什更加包容。

鸠摩罗什与庐山慧远的大小乘观都对中国佛教产生了深远影响。鸠摩罗什随机说法的观点，以及慧远重视阿毗昙的态度都在后来的中国佛教中有所发展。

一方面，对于小乘阿毗昙的重视是自道安以至慧远的传统，在

———————————

① 此处所说佛陀真意，并不涉及此后大乘佛教所说"究竟意"与"秘密意"。慧远最初并未有此观念，他仅认为所有佛教经论，不管是否佛陀亲口所说，都是佛教真理。

两人的支持下多位外国译经僧人翻译了阿毗昙经典。道安于北方长安，慧远于南方庐山，分别主持译场。其中的译经僧人如僧伽提婆等也大都遍历二地，且在建康广宣小乘经典。此后，晋末宋初北方动乱之际，大批长安僧人南徙，以至宋齐之世，善讲毗昙学者大都处在南方。梁陈之间，北方毗昙也大为盛行，一直到了隋唐之际，各大宗派陆续产生，各宗大都提出自身的判教说。在这些判教思想中，小乘阿毗昙大都作为佛陀初级的说教而被定位在各种大乘思想之下，各宗派僧人最关心的地方是各种大乘教法之间的优劣差异，想要以判教的方式确立各自宗派在教法上的优异性。所以，可以说中国佛教中大小乘佛教的关系因为各种判教学说的出现才得到了比较一致的解决。

另一方面，鸠摩罗什对大小乘地位的判别方法，很明显是基于众生根机差别以及教法优劣不同的对机说法的方式。这种方式对中国佛教中的判教产生了深远的影响。中国佛教的判教方式大致由两种因素构成，即"时"与"机"。"机"基本是指众生的根机，对应着不同的教法内容。"机"的要素在鸠摩罗什这里已经较具体系，其弟子道生与慧观的判教思想直接继承并发展了他的"机"的思想。而"时"的说法则与后来译出的《涅槃经》以及《华严经》具有更加直接的关系。所以，鸠摩罗什的大小乘观不仅在长安佛学界产生影响，而且通过与慧远的交流及其弟子的传播应该也深深地影响了南方庐山及建康的佛教僧团，为初期中国佛教的发展作出了一定的贡献。

第 三 章

庐山慧远的法性、法身思想

第一节　慧远的法性思想

本章主要探讨慧远的法性思想，拟通过对慧远思想的内部逻辑及不同时期法性思想的结构和背景的考察，来把握慧远法性思想演变的历史轨迹。在慧远那里，法性的概念在不同时期具有不同内涵，时而与法身的概念紧密结合，时而单独作为实法的本性。但其根底，或隐或显都反映了慧远在佛教修行层面上对法身的持续关注。所以，通过考察其法性思想，我们可以更加深刻地理解慧远的法身思想，由此也可以更加具体地理解当时中国佛教思想的发展现状。

对慧远法性思想的研究，以国内学者的研究成果最为显著。其中，最先对慧远的法性思想作出专题研究的是方立天先生，他在1965 年发表《试论慧远的佛教哲学思想》①，其后 1984 年出版《慧

① 　方立天：《试论慧远的佛教哲学思想》，《哲学研究》1965 年第 5 期。

远及其佛学》①，都专题论述了慧远的法性本体论，主张慧远的法性为实有不变的至极，是万物之实体。后学大多继承其说。其后华方田、张志强、冯焕珍等也都对慧远的法性思想作出专题论述。华方田虽然在个别文献的解读上有异于方立天先生，但其基本主旨没有变化。② 冯焕珍提出，必须在厘清慧远所使用的各种概念内涵的基础上，来分析慧远的"神"的概念，这具有一定的借鉴意义。③ 最近对此进行研究的有解兴华，她认为慧远追求因缘而得的"法有"之外的"实法"，也即不变之"一"。④ 海外研究则有台湾学者赖鹏举的《东晋慧远法师〈法性论〉义学的还原》，其虽然尝试动态地分析慧远的法性思想，但又无意中将《法性论》作为纲领，试图以此统摄慧远一生的法性思想，不免有削足适履之嫌。⑤ 以上学者在文献处理和历史研究方法上尚有值得商榷之处，因而其结论也需要进一步梳理和验证。

一、《大乘大义章》之前慧远的法性思想

首先，本章以《大乘大义章》为界限探讨慧远的法性思想。因为通过《大乘大义章》中与鸠摩罗什的往复问答，慧远的佛教

---

① 方立天：《慧远及其佛学》，中国人民大学出版社 1984 年版；另参见方立天：《魏晋南北朝佛教》，《方立天文集》第 1 卷，中国人民大学出版社 2006 年版，第 49—194 页。

② 参见华方田：《出入于有无之际——简析庐山慧远法身观的理论矛盾》，载释大安主编：《超越千载的追思——纪念慧远大师诞辰 1670 周年》，宗教文化出版社 2008 年版，第 84—90 页。

③ 参见冯焕珍：《慧远大师的法性思想探微》，载释大安主编：《超越千载的追思——纪念慧远大师诞辰 1670 周年》，宗教文化出版社 2008 年版，第 69—83 页。

④ 参见解兴华：《"法性"、"法身"与"神"——庐山慧远"法性"思想析论》，《世界宗教研究》2011 年第 3 期。

⑤ 参见赖鹏举：《东晋慧远法师〈法性论〉义学的还原》，《东方宗教研究》1993 年第 3 期。

思想在各个层面都产生着变化，法性思想也不例外。并且，在与鸠摩罗什问答之前，慧远的法性思想可以说是作为法身本体论而存在①，因为此时它与法身紧密相关。慧远上承道安，将《般若经》对法性的侧重，转换为关于法身的表述，这表明他更加重视宗教修行层次上的法身问题。而法性思想，更大程度上代表了之前佛教界对《般若经》中"空"思想的探讨，这表现为格义佛教的六家七宗的各种表述。

其次，我们在慧远和鸠摩罗什的初次问答中也可看出，他对法身和法性并没有明确的区分观念，或者说，之前他可能在混合使用这两个概念。

> 远领解曰，寻来答要，其义有三。一谓法身实相，无来无去，与泥洹同像。二谓法身同化，无四大五根，如水月镜像之类。三谓法性生身是真法身，能久住于世，犹如日现。此三各异，统以一名，故总谓法身。而传者未详辨，徒存名而滥实，故致前问耳。君位序有判，为善。②

其中，第一所谓法身实相，就可以等同于法性；第二法身同化，即涉及法身的感应性质，进而就可衍生出佛的变化身；第三之法性生身，与第一的法身实相具有直接联系，即法性是法性生身（真法身）的生成论根据。

---

① 法性作为法身的本质与根据而存在，这似乎是不言自明的。但在慧远的场合，在《大乘大义章》之前，如《法性论》中，慧远实际上将二者混合起来论述，不加区分。但在《大乘大义章》中，慧远明确将法身与法性分离开来讨论，这在某种程度正反衬了他前期的法性思想。

② 木村英一编：《慧远研究——遗文篇》，创文社 1960 年版，第 6 页；《大正藏》第 45 册，第 123 页上栏。

由此可见，在继承道安的立场和领解鸠摩罗什的思想下，慧远比较偏爱法身这一概念，认为法身是总称，其中包含了法性，法性是法身的实相和生成根据。这种修辞偏好，实际上透露出慧远重视实践、修行念佛三昧的佛教立场。在下面研究慧远的法性和法身思想时，应该时刻谨记这一点。

（一）《法性论》中的法性思想

在《大乘大义章》之前，慧远确实没有明确区分法性与法身，或者说，他将二者紧密结合起来考虑，这就表现在他的《法性论》中。《法性论》全篇现今不存，仅零星散存于后世著作中。如慧皎撰《高僧传·慧远传》中：

> 先是中土未有泥洹常住之说，但言寿命长远而已。远乃叹曰，佛是至极，至极则无变。无变之理，岂有穷耶！因著《法性论》曰，至极以不变为性，得性以体极为宗。罗什见论而叹曰，边国人未有经，便暗与理合，岂不妙哉！①

此处对慧远《法性论》的记述，不免有慧皎自己的立场，即在《涅槃经》盛行之时，由"法身常住"的立场解读慧远的法性思想。② 但慧皎也未必是无的放矢，贸然将慧远的法性观与《涅槃经》的法身常住思想捏造联系在一起，或许慧远在《法性论》中

---

① 慧皎撰：《高僧传·慧远传》，《大正藏》第50册，第360页上栏。慧远《法性论》的著作时间不详，难以确定。但据此处引文及唐元康《肇论疏》的引文来看，慧远大致是从般若学的立场出发来论述法性与法身问题，较少表现出小乘阿毗昙学说的影响。所以《法性论》著作时间或许可以定在《阿毗昙心论》（391）译出之前，慧远入庐山之后（381或382）。参见木村英一编：《慧遠研究——遗文篇》，创文社1960年版，《法性论》注1，第287页。
② 汤用彤已经对此发疑。参见汤用彤：《汉魏两晋南北朝佛教史》，《汤用彤全集》第1册，河北人民出版社2000年版，第471—473页。

已经有相似的思想表达。因而，若结合慧皎的记述，可知慧远所说"至极"就是佛教修行的理想存在——佛法身，这种存在的本性是不变的，要获得这种不变的本性就必须体得至极的存在。由此可见，在法性的问题意识下，慧远表达出的是对法身的关注。这种推理能否成立，需要结合慧远的思想背景进行考察。

接着，慧皎又想要通过鸠摩罗什的赞叹之词来称颂慧远的远见卓识。前贤学者大多对此不加分析即以为历史事实①，但笔者认为鸠摩罗什的话尚有待商榷之处。

首先，我们假定鸠摩罗什确实见过慧远的《法性论》并作出上述肯定的评价，那么鸠摩罗什所说当时中国尚且没有见到的"经"到底是什么经呢？有两种可能性，其一《涅槃经》，其二《般若经》。若是后者，则显然不合历史事实。因为在鸠摩罗什之前中国已经传译了多种大小品《般若经》，尤其在《放光般若经》中，关于法或法性常住的表达所在多有，并且也在唯一一次关于法身的表述中，将其等同于法性。② 而之后鸠摩罗什所译《摩诃般若波罗蜜经》中的相关表述并无根本性的差异。所以，鸠摩罗什所说"经"应该不是指《般若经》。而若是前者，则更加不可能。因为从慧叡《喻疑论》的记述来看，鸠摩罗什本人未曾见过《涅槃经》，并且不敢确认佛有真我常住不变的教义。③ 所以，此处鸠摩罗什所说的"经"也肯定不是指《涅槃经》。

其次，推测慧远传记的记叙语境，慧皎是从《涅槃经》的立场追叙慧远的法性思想的，则慧皎所谓的鸠摩罗什所说的"经"

---

① 参见如玉城康四郎：《羅什と慧遠》，《精神科学》1980 年第 19 期。

② 参见无罗叉译：《放光般若经》，《大正藏》第 8 册，第 64 页下栏、第 67 页下栏、第 98 页中栏、第 101 页中栏等处。

③ 参见僧叡：《喻疑论》，载僧祐撰：《出三藏记集》，《大正藏》第 55 册，第 41 页中栏至第 42 页下栏。

指向《涅槃经》的倾向更加明显。但这显然是一种时代误置。因而，此处鸠摩罗什的评价肯定不是真实的，应该是在《涅槃经》译出之后，宋齐之际世人附加的。

那么，慧远所说具有不变本性的法性又究竟是什么样的存在呢？唐元康在其《肇论疏》中还保存有另一段《法性论》的语句：

> 又且远法师作《法性论》。自问云，性空是法性乎？答曰，非。性空者即所空而为名。法性是法真性，非空名也①

这是元康在对《肇论》的注疏中引用的一段话。元康在从不同角度会释《宗本义》中"本无、实相、法性、性空、缘会"的五种教义时，特意列出竺法汰的"本无义"、道安的"性空论"与慧远的《法性论》作为反面例证，认为上述五种教义并非是指慧远等五家教义。这就表明了元康是将慧远的《法性论》作为潜在的批判对象，并不认为其与《肇论》的中观"不真空"思想一致。

由此立场，元康所引《法性论》与慧皎所引章句表现出不同的旨趣。如果说前文侧重对佛的理想存在状态的表述的话，此处则强调对法性的本质、实体的论述。即慧远否定了性空是法性的观点，认为法性是法的真实本性，不是空名。这实际上是肯定了法性本体的实有论。这也可以说是元康对慧远《法性论》的理解。

结合这两段引文，我们或许可以窥见慧远创作《法性论》的思想背景及其动机。

首先，如前文注释所说，慧远创作《法性论》的时间大概在381—391年之间。此前，慧远大都致力于大乘《般若经》等经典

---

① 元康：《肇论疏》，《大正藏》第45册，第165页上栏。

的学习。① 因此，《法性论》应该是他在般若学思考的背景下创作
而成的。这一点可由元康所引章句得到辅证。其中，慧远自问自
答，假设一方以"性空"思想相问，慧远随即批判之，以成立自
己的法性实有论。如果按照元康的记述来看，持有"性空论"的
正是道安。目前，学术界对于道安的"本无义"持有不同意见，
本书在此无意深究，但慧远直接对道安的思想提出批判，似乎不合
情理。无论如何，由此可以表明，慧远是在当时佛教界对般若学中
"空"的思想进行多样化玄学解读的背景下创作《法性论》的。因
此，也可以说这是他对"六家七宗"的各种观点作出的某种反省。

其次，慧皎的引文表现出慧远对法身的关注。这是否完全是慧
皎的过度诠释？事实可能并非如此。如前所说，这种重视法身的倾
向可能承自道安。道安在《合放光光赞略解序》中省略了《般若
经》中极力强调的法性，而代之以法身为重要德目，此将于下文
论述。

再次，慧远对法身的关心或许和他的禅观实践，即念佛三昧的
修行具有密切关系。众所周知，慧远于元兴元年（402）成立念佛
结社，同刘遗民等居士专门修行念佛三昧。但慧远本人对念佛三昧
的修行未必限于此年。慧远在375—377年间代道安撰写的《晋襄
阳丈六金像赞序》② 中已经表现出某种念佛三昧修行的迹象。

> 末年垂千祀，徒欣大化，而运乖其会。弗获叩津妙门，发

① 如《慧远传》、《道安传》中所载，慧远最初因听道安讲《般若经》而投簪出
家，年24时讲实相义，后因道安之命下荆州向竺法汰问疾时，曾破斥道恒的
"心无义"。
② 慧远创作《晋襄阳丈六金像赞序》的时间，参见木村英一编：《慧遠研究——
遺文篇》，创文社1960年版，注3，第274页。

明渊极。魍魉神影，餐服至言。虽欣味余尘，道风遂迈。拟足逸步，玄迹已邈。每希想光晷，仿佛容仪，寤寐兴怀，若形心目。冥应有期，幽情莫发。慨焉自悼，悲愤靡奇。①

据玉城康四郎研究，这篇序代表了慧远修习念佛三昧不久，尚未能定中见佛的情景。② 文中作者感叹自己不值佛世，尚未获得很好的修行佛法的门径，以明了佛法的根本之理。自己想要"魍魉神影，餐服至言"，即效法佛的影迹，信服佛的优越教法，然而才刚欣喜地体味佛的遗法，想要学习佛的神逸步伐，佛却道风已去，玄迹已远。自己日夜不停地追慕思念佛的影像仪容，好像佛的身影已显现在了自己的心目中。虽然期待自己与佛可以冥相感应，但终究自己的幽闷之情无法排遣，所以只能感慨自伤，悲愤至极。

　　这里慧远表述了自己对佛的想象和追慕，虽然不能肯定，但或许受到了《般舟三昧经》的影响。据其描述，若他已经开始修行念佛三昧，肯定尚未成功地达到定中见佛的境地。但不管怎样，慧远这种对佛身的关注由来已久。这不仅和他的修行实践有关，也对他思考法性问题产生了影响。所以，他在之后创作《法性论》的时候，表现出对于佛的法身的关注就是极其自然的了。

　　综合以上两点，可见慧远是在修行念佛三昧与反思六家七宗等对空的理解的思想背景下创作了《法性论》的。所以，在现存《法性论》的两段文字中，可以看出他对这两个方面的思考。但结合其修行实践来考虑的话，慧远对法身的关注应该处于更加重要的地位。

----

① 木村英一编：《慧遠研究——遺文篇》，创文社 1960 年版，第 61 页；另参见道宣撰：《广弘明集》卷 15，《大正藏》第 52 册，第 198 页中栏。
② 参见玉城康四郎：《廬山慧遠における念仏三昧の特徴》，《精神科学》1982 年第 21 期。

（二）《阿毗昙心序》中的法性思想

僧伽提婆抵达庐山，和慧远在 391 年共同译出法胜的《阿毗昙心论》。慧远的法性思想在《阿毗昙心序》中也有相应的表述。

> 发中之道，要有三焉。一谓显法相以明本；二谓定己性于自然；三谓心法之生，必俱游而同感。俱游必同于感，则照数会之相因。己性定于自然，则达至当之有极。法相显于真境，则知迷情之可反。心本明于三观，则睹玄路之可游。然后练神达思，水镜六府，洗心净慧，拟迹圣门。寻相因之数，即有以悟无；推至当之极，动而入微矣。①

慧远总结《阿毗昙心论》的要点有三：

第一，是显示事物的法相以明了其本质。这主要是指《阿毗昙心论》第一卷"界品第一"里以论述法相来开篇。而所谓法相就是一切有为法的相状是无常、苦、无我、不净的，众生执迷不悟以之为常、乐、我、净，由此而生烦恼。法相又可以分别说为阴界入，这是构成事物的本质。如果明了事物的本质之后，众生就可以反迷及悟，"知迷情之可反"。

第二，是确定事物的自性于其本然的状态，其表达亦源于"界品第一"：

> 诸法离他性，各自住己性。
> 故说一切法，自性定所摄。②

---

① 木村英一编：《慧遠研究——遺文篇》，创文社 1960 年版，第 62 页；《大正藏》第 55 册，第 72 页下栏。
② 僧伽提婆、慧远译：《阿毗昙心论》，《大正藏》第 28 册，第 810 页中栏。

即事物的自然状态就是自性，自性远离他性，一切有为法都在自性的基础上存在。所以慧远认为，通过自性的本然状态就可以达到"至当之有极"，即前文《法性论》所说的"至极"，这是事物的根本状态，也就是法性。《阿毗昙心论》因为文简辞略，虽然没有明确说出自性是空是有的问题，但其注释书《杂阿毗昙心论》的相应部分明确表明，"说一切法自性之所摄义，谓自性自性不空，非余如色色不空"①，即诸法自性实有不空。慧远虽未曾见到《杂阿毗昙心论》，但他和僧伽提婆共同翻译《阿毗昙心论》，应该可以充分理解其思想。

诸法的自性虽然不空，但诸法却不是自力所生，需要"一切众缘力，诸法乃得生"②。这就是第三点所谓"心法之生，必俱游而同感"。即《阿毗昙心论》的"行品第二"：

> 若心有所取，是心必有俱。
> 心数法等聚，及不相应行。③

慧远认为，通过心与心所有法的同时生起，可以明了"数会之相因"，即诸法相互因缘而生的状态，并进而"即有以悟无"，由事物的因缘之有来领悟诸法的无。但这里的无并非是指诸法自性的空，而是指"非余如色色不空"中现象世界的空。所以至此为止，慧远的法性思想都是一种法性实有论的观点。

另外，由于作序的对象为小乘说一切有部的《阿毗昙心论》，所以文中几乎没有对于法身的表述。仅有关于"至当之有极"一点，

---

① 僧伽跋摩等译：《杂阿毗昙心论》，《大正藏》第 28 册，第 880 页中栏。
② 僧伽提婆、慧远译：《阿毗昙心论》，《大正藏》第 28 册，第 810 页中栏。
③ 僧伽提婆、慧远译：《阿毗昙心论》，《大正藏》第 28 页，第 810 页中栏。

但也可以理解为事物的本然法性。但由慧远的用语习惯来推测的话，这里的"至当之有极"未尝不可以看作究极的存在状态，即不仅作为事物的本性，也可以作为佛教修行者的理想存在的法身状态。

二、《大乘大义章》及之后慧远的法性思想

鸠摩罗什于 402 年入关，慧远于 405 年左右开始向鸠摩罗什提问。这些问题涉及佛教的各个方面，但也正如现在使用的《大乘大义章》的名字所示，其主要关注方向在于大乘法身等教义。但在这些有关法身的问题中，慧远也略微涉及法性的方面。这些为数不多有关法性的论述，其各自的问题出发侧重点也并不相同，其中或由于大乘《般若经》等的影响，或出自小乘阿毗昙立场。但综合来看，慧远提问的思想背景都出于其对大小乘佛教思想不加区别而意图会通的倾向。

（一）《大乘大义章》中的法性思想

在现存《大乘大义章》之"十三、次问如法性真际"中，慧远的提问涉及了法性问题。

> 远问曰，经说法性则云，有佛无佛，性住如故；说如则明，受决为如来；说真际则言，真际不受证。三说各异，义可闻乎？又问，法性常住，为无也，为有也？若无如虚空，则与有绝，不应言性住；若有而常住，则堕常见；若无而常住，则堕断见；若不有不无，则必有异乎有无者。辨而诘之，则觉愈深愈隐。想有无之际，可因缘而得也。①

---

① 木村英一编：《慧遠研究——遺文篇》，创文社 1960 年版，第 38 页；《大正藏》第 45 册，第 135 页下栏。

如前文所述，本章的问答时间大概在 406 年慧远见到《大智度论》之前。此时慧远已经明确区分了法性与法身的概念。所以在众多关于法身的问题中，只在此处提出两个关于法性的问题。这里慧远主要就两个方面提问：其一是关于如、法性以及真际之间互相关系的问题；其二是特别关于法性是有是无、常住与否的问题。尤其是后者，可以看出慧远对自己之前的法性思想产生了一定的疑问，他由之前的法性实有发展到此时在有无之际徘徊不决，表明他思想变化的轨迹。但不论是有是无，还是非有非无，慧远都在追求某种本质的存在。虽然慧远此时未能确定法性是否有无的问题，但他的观念中非常明确的一点是关于"因缘"的思想。即他在否定了法性的有、无、非有非无的状态之后，最终推测可能处在有无范畴之间的法性，应该可以依据因缘法而得以成立。这种因缘的概念，也正和他之前在《阿毗昙心序》中所说"寻相因之数，即有以悟无"是一脉相承的，只是因缘法之下得以理解的对象发生了变化。关于因缘法与性空的关系，此时慧远并未涉及，但根据慧远对因缘的理解，这里认为法性为空的可能性更大。

慧远思想产生变化的原因，推测起来，很有可能是由于他在般若学的"空"与小乘阿毗昙的"有"之间产生疑问并且自己难以取决。当然慧远的这种疑问肯定自《阿毗昙心论》译出之后由来已久，但他直到与鸠摩罗什问答数番之后方才提出了这个问题，也可以表明此时他对此问题不是那么的重视。与此相对应，他对菩萨和佛的法身等问题表现出持续不断的追问，可见法身对他来说具有更加紧迫的重要性。这种状况可以说和他的念佛三昧的修行具有密不可分的关系。如前所说，慧远对念佛三昧的兴趣可以追溯到他的襄阳时期，后来在 402 年他又和一些知识分子居士群体组成了念佛结社。他自己作为宗教领袖亲自指导居士群体的念佛修行。在慧远命刘遗民所撰《立誓愿文》中说：

> 惟岁在摄提格七月戊辰朔二十八日乙未。法师释慧远，贞感
> 幽冥，霜怀特发。乃延命同志息心清信之士百有二十三人，集于
> 庐山之阴般若台精舍阿弥陀佛前，率以香花，敬荐而誓焉。①

这里形容慧远是"贞感幽冥，霜怀特发"，意谓慧远已经获得了定
中见佛的体验，因而发扬高尚的情怀，聚集息心清信的居士集体修
行念佛三昧。所以，慧远是在已经获得念佛三昧的成就之下，进而
追问与佛法身相关的法性的有无问题。这应该不止是慧远一人的疑
问，可以说是代表了修行念佛三昧的集体成员的心声。②

另外，慧远追问"如、法性、真际"的互相关系的问题，当
然其直接根源来自于《放光般若经》。这个问题在其老师道安那里
已经遇到，但道安的表述并不足够清晰。道安在《合放光光赞略
解序》中说：

> 般若波罗蜜者，无上正真道之根也。正者等也，不二入也。
> 等道有三义焉：法身也，如也，真际也。故其为经也，以如为
> 始，以法身为宗也。如者尔也，本末等尔，无能令不尔也。佛
> 之兴灭，绵绵常存，悠然无寄，故曰如也。法身者一也，常净
> 也，有无均净，未始有名。故于戒则无戒无犯，在定则无定无
> 乱，处智则无智无愚。泯尔都忘，二三尽息，皎然不缁，故曰
> 净也，常道也。真际者，无所著也，泊然不动，湛尔玄齐，无

---

① 僧祐：《出三藏记集》，《大正藏》第 55 册，第 109 页下栏。
② 参见张风雷：《从慧远鸠摩罗什之争看晋宋之际中国佛学思潮的转向》，《中国人
民大学学报》2010 年第 3 期。

为也无不为也，万法有为而此法渊默。故曰，无所有者是法之真也。①

我们已经说过，道安在此用法身替换了法性的概念。并且他在对法身的解释中，完全是一种对于佛的理想存在状态的描绘。这和法性的意涵，作为诸法本性之物的是否有无等关系相距较远。并且，道安将法身描述为常净为一，在戒、定、慧三学的情况下都是脱离有无的执着，是一种独立存在的理想状态。至于道安关注法身问题的原因、背景等，本书不予讨论。但慧远受了道安的影响是不言而喻的。②

道安虽然说以如为始，以法身为宗，真际是无为无不为，似乎三者是由浅入深的次第关系，但他始终没有明白地表达出这种观点。另外，道安的论述是从真理的层面出发，认为正真之道有这三种意思。但他又是在戒、定、慧三学的修行中解释法身的意涵。由此看出，道安的评价标准前后不太一致。

反观慧远的问题表述，不论是法性的有佛无佛都如其本然，还是如的受决为如来、真际的不受证，都明显可以看出他是站在佛教修行论的层面，追求对如、法性及真如的相互关系的理解。所以，慧远的这种思考倾向肯定是和他念佛三昧的实践密不可分的。因而，此时慧远的法性思想虽然处在一个犹豫疑问的阶段，但其思想背景中的念佛实践仍然主导着他的提问方式以及渴望法性存在的

---

① 道安：《合放光光赞略解序》，载僧祐撰：《出三藏记集》，《大正藏》第 55 册，第 48 页上栏至中栏。
② 横超慧日亦以道安此文推论慧远追问法身问题之所由，参见横超慧日：《大乘大義章における法身説》，《大谷大学研究年報》1965 年第 17 集，后收入氏著《中国佛教の研究》第二，法藏館 1971 年版，第 232—233 页。

追求。

其后，鸠摩罗什完成《大智度论》的翻译（405 年 12 月），姚兴将其送与慧远，并请求作序。慧远从此正式接触到《大智度论》，这对他的般若学理解产生了很大的影响。慧远在《大乘大义章》中有关有为法的提问部分，就是他研究《大智度论》时所遇到的问题，这也反映了他的法性思想的部分因素。在"十四、问实法有并答"中，慧远问道：

> 远问曰，《大智论》以色香味触为实法有，乳酪为因缘有。请推源求例，以定其名。夫因缘之生，生于实法。又问，实法为从何生？《经》谓，色香味触为造之色，色则以四大为本。本由四大，非因缘如何？若是因缘，复云何为实法？寻实法以求四大，亦同此疑。何者，《论》云，一切法各无定相。……故曰，不见有法无因缘而生，不见有法常生而不灭。如此则生者皆有因缘，因缘与实法，复何以为差？寻论所明，谓从因缘而有，异于即实法为有。二者虽同于因缘，所以为有则不同。若然者，因缘之所化，应无定相，非因缘之所化，宜有定相。即此《论·神通章》中说，四大无定相。定相无故，随灭而变，变则舍其本。色香味触出于四大，则理同因缘之所化，化则变而为异物。以此推，实法与因缘，未为殊异。①

在这段提问中，慧远想要追究实法有与因缘有两种事物的存在关系。这里的"因缘之生，生于实法"，是指乳酪等因缘法的存在，

① 木村英一编：《慧遠研究——遺文篇》，创文社 1960 年版，第 40 页；《大正藏》第 45 册，第 136 页中栏至下栏。

是由色、香、味、触的实法而构成。另外其他经典又说，即使是色、香、味、触，也是由四大而构成。所以，慧远对于因缘与实法的关系产生疑问，以致他依次得出两个结论。第一，因缘有与实法有的共同点是基于因缘，但前者是缘起和合的存在，后者是有实在本质的存在。但这种表述其实是自相矛盾的，所以慧远立刻通过法相的分析否定了这种推论。于是得出了第二种结论，即实法有与因缘有没有什么差异。

通过和鸠摩罗什的回答相对比，可以明显看出慧远的问题是由于想要会通大小乘教法的意图而产生。结合不同经论的不同观点进行互相诠释，正是慧远处理佛教教理之间矛盾的方法。但通过这种方法所做的分析往往产生诘屈不通之处。即使这时慧远最终推论出实法与因缘的相同，但从其总体的分析来看，仍然表现出某种承认实法有的倾向，即使它可能只是概念上的存在。

另外，通观慧远的提问来看，他不断对实法的存在提出质疑，而对于缘起法的确信和运用则贯彻始终。

接着，在"十五、次问分破空并答"中，慧远问道：

> 远问曰，《大智论》推氍求本以致毛分，推毛分以求原，是极微。极微即色、香、味、触是也。此四于体有之，色、香、味、触则不得谓之假名。然则极微之说，将何所据，为有也，为无也？若有实法，则分破之义，正可空氍，犹未空其本。本不可空，则是尺捶之论，堕于常见。若无实法，则是龟毛之喻，入乎断见。二者非中道，并不得谓之假名。设令十方同分，以分破为空，分焉讪有，犹未出于色。色不可出故，世尊谓之细色非微尘。若分破之义，唯空因缘有，不及实法故，推氍至于毛分尽，而复知空可也。如此，复不应以极微为假名。极微为

假名，则空观不止于因缘有，可知矣。然则有无之际，其安在乎！不有不无，义可明矣。①

首先，通过慧远所引《大智度论》之文②，可知第十四、十五两章的问答时间极为接近，或许就是同一次书信中的两个提问。

其次，在这次提问中，慧远细致分析了极微的实有与无，自己主动破除了常断二见的窠臼，追求中道。接下来，他在分析极微与空之时，仍然使用"实法"这一概念，并与因缘法相对举。因缘法本性为空是不言自明的，但实法不应该是空，这是慧远表现出来的倾向。在整个过程中，慧远一直强调极微不应该是假名，但若将其作为实法，其是有是无又成为问题。所以慧远最终通过设问的方式，否定有或无的窠臼，主张极微这种实法的性质应该是不有不无。这里慧远对于极微的分析仍然是基于会通大小乘教法的立场之上。鸠摩罗什的回答同第十四章一样，是在区分大小乘教法的基础上来讨论慧远的问题的。

综合这两章来看，第十四章中慧远在分析论述实法有与因缘有的同异关系，第十五章中他加入空观角度的分析，否定了实法有无两边的观念，认定其不有不无的性质。因此，不论这两章的问答时间如何，慧远都在改变着自己的观点。但整体来看，此时慧远关于法的分析，仍然表现出认定实法存在的倾向，这也就是认定实法法性的实在性。然而，此时慧远的提问还没有表现出受到鸠摩罗什大小乘观的影响。这种影响要到后来的"十七、次问遍学并答"中

---

① 木村英一编：《慧远研究——遗文篇》，创文社 1960 年版，第 42 页；《大正藏》第 45 册，第 137 页中栏。
② 第十四、十五两章最初关于《大智度论》的引文来自同一段落，参见鸠摩罗什译：《大智度论》，《大正藏》第 25 册，第 147 页下栏至第 148 页上栏。

才开始变得明显。

综合《大乘大义章》中慧远的法性论述来看，由于提出问题侧重点的不同，其表述的法性概念的内涵也略有差异。最初的第十三章中，慧远主要针对大乘般若学等的法性概念，即一切事物共通的根本本性来提问。这时的法性概念并没有明确区分有为无为或因缘实有等范畴，而是慧远在关注法身修行的思想背景下追问法性的常住与否。在之后的十四、十五章中，慧远提问的出发点主要是在《大智度论》的思想冲击下，追问小乘阿毗昙所说的实有法与因缘法的存在关系。所以，这时的法性概念主要是指小乘实有法的存在，并非涉及世间一切事物，这表明慧远对于某种实有不变的存在的追求。但此时的问题表述中对于法身的关注微乎其微，可以略而不言。《大乘大义章》中慧远的法性思想，都是以问题的形式提出，其本身还处于不确定的状态，所以慧远的法性思想仍在发展中。

（二）《大智论抄序》中的法性思想

在进行《大乘大义章》问答的同时，慧远对《大智度论》进行了深入研究。其后，慧远因《大智度论》过于繁广，初学难行，将其抄撰为二十卷，并为之作序。这应是与鸠摩罗什往复问答后，慧远加以参酌吸收的结果。[1] 虽然《大智论抄》已佚，但此时慧远的法性思想仍可由《大智论抄序》得窥一斑，这可以说代表了他最终的法性观。其序文曰：

> 有而在有者，有于有者也。无而在无者，无于无者也。有有则非有，无无则非无。何以知其然？无性之性，谓之法性。

----

[1]　参见木村英一编：《慧遠研究—遺文篇》，創文社 1960 年版，注 1，第 439 页。

> 法性无性，因缘以之生。生缘无自相，虽有而常无。常无非绝
> 有，犹火传而不息。夫然，则法无异趣，始末沦虚，毕竟同净，
> 有无交归矣。故游其樊者，心不待虑，智无所缘，不灭相而寂，
> 不修定而闲。不神遇以期通，焉识空空之为玄。斯其至也，斯
> 其极也。过此以往，莫之或知。①

这里必须注意的是，此处引文中的"法性无性，因缘以之生"和
前面《大乘大义章》第十四章引文中所说"因缘之生，生于实法"
相对比，虽然二者结构极其相似，但实际所指并不相同。另外，主
张慧远的法性思想自始至终都是实体论的前贤学者，认为这段话虽
然表明法性的无性本质，但是仍然作为某种根据使得"因缘"得
以生起，即法性是缘起法的存在根据。② 但笔者对此持保留态度。
因为慧远的这个表述应该是源自《大智度论》的相关经文：

> 若法因缘生，是法性实空；
> 若此法不空，不从因缘有。③

根据此处《大智度论》的原文，可以很明显地看出，法性并非因缘
的存在根据。相反，因为诸法因缘而生，所以导向法性实空的结论。
论中的第二句也并非肯定不空法的存在，而是反证诸法皆为缘起性

---

① 木村英一编：《慧远研究——遗文篇》，创文社 1960 年版，第 99—100 页；《大
　正藏》第 55 册，第 76 页上栏。
② 作此解释的主要有方立天：《魏晋南北朝佛教》，《方立天文集》第 1 卷，中国人
　民大学出版社 2006 年版，第 81 页；宣方：《慧远禅学思想的基调、内涵与特
　质》，载释大安主编：《超越千载的追思——纪念慧远大师诞辰 1670 周年》，宗
　教文化出版社 2008 年版，第 91—110 页。
③ 鸠摩罗什译：《大智度论》，《大正藏》第 25 册，第 105 页上栏。

空的道理，即缘起法是法性的论述根据和基础。如果认为慧远误读了《大智度论》的观点，将"因缘以之生"解释为"因缘以法性而生"，那么与后文结合来看的话，"生缘无自相，虽有而常无"等就是在解释"因缘"的生无自相虽有而无。如此一来，前后文理不通。因为后文实际上是接着前文论述诸法由因缘而生所以无性的原因。所以，慧远所用的"以"字，应该是将因缘一词倒装前置，表示诸法以因缘而生起，而非因缘从法性生起。① 因而此时慧远的法性思想，应该是基于缘起法的基础上而主张法性无性的观点。

还应看到，慧远在对法性作出界定之前，先批判了执着于万事万物的有、无的观点，随而认为执着于事物的有就是非有，执着于事物的无又是非无。这实际上表达了事物的即有即无、非有非无的性质，也就是事物无性的法性。

另外，由《大智论抄序》的引文还可以看出慧远的论述特点及其思想背景。慧远在论述完诸法毕竟空虚、有无相即的本质状态之后，接着表达了"游其樊者"，即深入诸法本性的存在者的理想状态。那是一种心智的无虑绝缘，同时相与寂、非定与闲的当体不二

---

① 持此意见的则有华方田：《出入于有无之际——简析庐山慧远法身观的理论矛盾》，载释大安主编：《超越千载的追思——纪念慧远大师诞辰1670周年》，宗教文化出版社2008年版，第84—90页；冯焕珍：《慧远大师的法性思想探微》，载释大安主编：《超越千载的追思——纪念慧远大师诞辰1670周年》，宗教文化出版社2008年版，第69—83页；日本学者志村良治：《慧遠における法身の理解——〈仏影銘〉を中心として》，收入氏著《中国詩論集》，《志村良治博士著作集Ⅰ》，汲古书院1986年版，第339—361页。吕澂亦持此种解释。然吕澂仍认为慧远将"无性之性"作为实在的法性，与其《法性论》中的观点相同，没有完全理解般若中观学的空的思想。参见吕澂：《中国佛学源流略讲》，中华书局2006年版，第84—85页。张志强也承袭吕说，认为虽然慧远受到般若学的影响，但仍将无为的法性执为实体。参见张志强：《〈大乘大义章〉研究》，《原学》1995年第4辑，第145—146页。另外"以"字还有使动的用法，如《战国策·秦策一》："泠向谓秦王曰：'向欲以齐事王，使攻宋也。宋破，晋国危，安邑王之有也。'"高诱注："以，犹'使'也。"备注于此。

的理想存在状态，是有为与无为、现象与本质的融合统一。这是慧远对佛教理想存在状态的一种向往。然而通向这种理想状态，认识到空亦是空的真理的方法和途径，慧远认为需要"神遇以期通"，即需要见佛并获得感应。这正是慧远念佛三昧的实践立场所在。他认为只有通过念佛三昧的修行才可以达到佛教认识与存在的理想状态。① 所以，对于佛教修行论的关注，一直是慧远思想的中心所在。

最后，结合以上各个时间段的讨论，可以看出慧远对法性和有无等关系的描述处于不断变化的轨迹。最初，在《阿毗昙心序》中，慧远主张"寻相因之数，即有以悟无"，即通过缘起法的理解达到认识诸法现象层面的无；其后，在《大乘大义章》之"十三、次问如法性真际并答"中，慧远分别通过对法性的有、无、不有不无等否定表述之后，追求的是一种可能处于有无之间的本质的存在，并且他试图在缘起法基础上来理解这种存在；在"十五、次问分破空并答"中，慧远分别否定了对极微这种实法的有、无，最后主张实法是不有不无的性质，并且通过新立场空观的论述，倾向于实法不空的观念；最后在《大智论抄序》中，慧远通过对有、无、非有、非无等的互相贯通的肯定的论述，表达的是一种对于佛教理想状态的包容一切性质的追求。

通过慧远有无概念的使用，可以看出他在不同时期对法性的界定并不相同，甚至不同时期的有无的表述互相矛盾，这表现了慧远法性思想的演变轨迹。慧远最后放弃在有、无、非有非无的分别情况中表述法性，选择在融合和肯定有、无、非有、非无的立场之上

---

① 玉城康四郎亦注意到此段序文的两个方面，既有作为认识对象的法性问题，又有作为认识主体的论述。作者认为这是慧远对道的追求中的一个特点，即认识主体融没在认识世界之中，超形绝迹。参见玉城康四郎：《廬山慧遠における道の究極》，《宗教研究》1963 年第 37 号（1），第 96—98 页。

界定法性，这实际上同《大智度论》等论典中界定法性的超四句绝百非的立场①刚好相反。慧远这种肯定融合的立场，结合考虑他的修行论立场及其对法身的感应神通等的重视，就可以得到比较合理的解释。如下文将要论述的一样，慧远认为法身有两种状态，即法身独运与会应群物，他更加重视后者。这正是作为佛教修行者的慧远，期待见佛感应与佛沟通而得拯救的信仰者的立场所决定的。若是作为独立隔绝而存在的法身，它和佛教信仰者之间的联系纽带完全断绝，因而它就仅适合作为形而上学层面的独立存在，失去了宗教救济维度的拯救者的特性。

因而，综上所述，作为慧远法性思想的最终表现，《大智论抄序》中对于法性的论述，一方面是慧远基于对佛教修行论的重视，在念佛三昧的宗教实践立场上而形成的肯定融合性的法性论；另一方面，是慧远基于佛教的根本教法"缘起"而理解的法性无性。这两方面互相结合，综合构成了慧远最终的带有佛教修行意义的法性思想。

第二节　慧远的法身思想

在探讨了庐山慧远的法性思想之后，下面进一步讨论其法身观。如前所述，慧远对法身的关注由来已久，相对于法性的有无实在等问题，他对法身的生成、修行过程以及法身具有的相好、感应等性质怀有更大的关注与疑问。这种问题意识一方面来自于慧远对大小乘佛教

---

① 如"以是故因缘中果，不得言有，不得言无，不得言有无，不得言非有非无，诸法从因缘生，无自性，如镜中像。"参见鸠摩罗什译：《大智度论》，《大正藏》第 25 册，第 105 页上栏。

经典不断深入的理解，另一方面又表明了慧远对佛教修行论的重视。

在系统探讨慧远的法身思想之前，我们有必要首先了解一下鸠摩罗什的法身观。处于长安的鸠摩罗什的佛学思想具有一定的稳定性，其法身观前后也并未表现出明显的差异，只是针对慧远的不同问题而有些随机变通之处。在与鸠摩罗什的书信问答中，鸠摩罗什的法身观在一定程度上对慧远产生了影响。

一、鸠摩罗什的法身思想

鸠摩罗什的法身思想在其修行论和境界论中具有非常重要的地位。在汉语学界的鸠摩罗什研究中，自汤用彤开始，不仅细致考证了其生平学历及译经活动，还深入探讨了其般若中观学的"实相"、"性空"思想。① 但至今为止，少有学者专门研究鸠摩罗什的法身观。2008 年，吴丹在其博士论文《〈大乘大义章〉研究》中虽有单节介绍了鸠摩罗什的法身思想，但并未注意到鸠摩罗什因应慧远的提问，其法身观也产生前后变化的情况。②

海外研究中，对于鸠摩罗什的法身思想，最早进行论述的是横超慧日的《大乘大義章研究序説》与《大乘大義章における法身説》两篇论文。横超研究《大乘大义章》时，通过与庐山慧远的思想对比，分析探讨了鸠摩罗什的法身观。鸠摩罗什思想具有系统性和稳定性，横超慧日其法身观的分析也最为细致，非常值得参考。③

---

① 参见黄夏年：《四十五年来中国大陆鸠摩罗什研究的综述》，《佛学研究》1994年第 3 期。

② 参见吴丹：《〈大乘大义章〉研究》，苏州大学 2008 年博士学位论文，第 40—44 页。

③ 参见横超慧日：《大乘大義章研究序説》，载木村英一编：《慧遠研究——研究篇》，创文社 1962 年版，第 121—168 页，后收入氏著《中国佛教の研究》第二，法藏馆 1971 年版，第 177—228 页；《大乘大義章における法身説》，《大谷大学研究年报》1965 年第 17 集，后收入氏著《中国佛教の研究》第二，法藏馆 1971 年版，第 229—306 页。

但同时如其主题所限，作者仅限于《大乘大义章》的文本来讨论鸠摩罗什的法身观，没有考虑到《注维摩诘经》中鸠摩罗什的法身思想。

玉城康四郎的《羅什の仏身観》主要从鸠摩罗什与庐山慧远的交流所产生的影响这一问题意识出发，通过《大智度论》中的相关文献，对鸠摩罗什的佛身观作了论述。此文指出鸠摩罗什的佛身观具有两个特征，即对释迦佛的三分法和强调了法身佛的释迦牟尼的超越性。[①] 其后，坂本廣博在《〈注維摩経〉に見る羅什の法身観（1）（2）（3）》中，对鸠摩罗什《维摩诘经》注疏中的法身观进行了分析。但坂本这一系列论文的着眼点并不在于探求作为佛身的法身，而是为了探讨菩萨的法身等思想。此文指出，鸠摩罗什重视六地与七地菩萨的差别，鸠摩罗什提出了"烦恼生"、"法性生"、"结业身"等概念，这可以说是自觉主动的中国佛教形成的转换点。[②] 结合《大乘大义章》中鸠摩罗什与慧远的交流来看，"法性生身"[③] 等概念确实对慧远的思想产生了一定的影响。

鸠摩罗什的法身思想大致由两个方面构成，其一即法身的不同形态或阶段，其二即法身的本质问题。

关于第一个方面，法身的不同形态或阶段，鸠摩罗什是为了应对慧远的问题而在不同章节进行了逐次应答。如在"一、初问答

---

① 参见玉城康四郎：《羅什の仏身観》，载佐藤密雄博士古稀纪念论文集刊行会编：《佐藤博士古稀記念——仏教思想論叢》，山喜房佛书林 1972 年版，第 529—544（L）页。

② 参见坂本廣博：《〈注維摩経〉に見る羅什の法身観（1）》，《叡山学院研究紀要》2006 年第 28 期；《〈注維摩経〉に見る羅什の法身観（2）》，《叡山学院研究紀要》2007 年第 29 期；《〈注維摩経〉に見る羅什の法身観（3）》，《叡山学院研究紀要》2008 年第 30 期。

③ 关于"法性生身"概念的出现及其至萧梁时期在经论中大致的变化发展，参见坂本廣博：《法性生身について》，《天台学報》2004 年第 47 期。

真法身"中，为了回答庐山慧远关于法身与色身的关系问题，鸠摩罗什引用经说而区分了三种法身：

> 又经言法身者，或说佛所化身，或说妙行法性生身。妙行法性生身者，真为法身也。如无生菩萨，舍此肉身，得清净行身。……真法身者，遍满十方虚空法界，光明悉照无量国土，说法音声常周十方无数之国。具足十住菩萨之众，乃得闻法。……如来真身，九住菩萨尚不能见，何况惟越致及余众生。所以者何？佛法身者，出于三界，不依身口心行，无量无漏诸净功德本行所成，而能久住似若泥洹。……若言法身无来无去者，即是法身实相，同于泥洹，无为无作。①

即法身有三种形态：第一是佛方便现化出来的化身；第二是妙行法性生身，或简称为法性生身；第三是作为法身实相的真法身。而鸠摩罗什在《注维摩诘经》中又说：

> 当知，阿难！诸如来身即是法身！
>
> 什曰，法身有三种。一、法化生身，金刚身是也；二、五分法身；三、诸法实相和合为佛，故实相亦名法身也。②

在此，鸠摩罗什又区分了三种法身。与前者对比之下，似乎只有第一、第三两种与前文所说的"法性生身"和"法身实相"相符。两种分类中的"佛所化身"与"五分法身"并无丝毫相同之处。

---

① 木村英一编：《慧远研究——遗文篇》，创文社 1960 年版，第 6 页；《大正藏》第 45 册，第 122 页下栏至第 123 页上栏。
② 《注维摩诘经》卷 3，《大正藏》第 38 册，第 359 页下栏。

进一步推敲鸠摩罗什的使用语境，即可知道他在两处说明的法身并非具有同样的内涵。在《注维摩诘经》中，鸠摩罗什在说明法身时，主要是为了说明"如来身"的存在状态，此处的三种区分都是指向如来之身。这里的"法化生身"也并不等于"法性生身"，如鸠摩罗什下面所言：

> 非思欲身。
>
> 什曰，非肉身即法化身也。非三界之形，故过于三界。虽有生灭而无老病众恼十事之患，故名无漏。无漏则体绝众为，故名无为。形超五道非物之数，故曰无数也。①

这些表述与其说和"法性生身"相似，不如说是对"如来真身"的"无量无漏诸净功德本行所成"的解释。而所谓"五分法身"，也是因为可依据戒、定、慧、解脱及解脱知见五种功德法成就佛身，而称此五法为法身。所以，鸠摩罗什在《注维摩诘经》中的法身分类其实是对"如来真身"的区分，而《大乘大义章》中的法身分类则不限于佛的法身，还包括有佛的化身和菩萨的法身。前者可以说是后者的再次细分。

另外，鸠摩罗什还区分了佛法身和菩萨法身，如"三、次问真法身像类并答"中：

> 什答曰，佛法身菩萨法身，名同而实异。菩萨法身，虽以微结如先说；佛法身即不然，但以本愿业行因缘，自然施作佛事。②

---

① 《注维摩诘经》卷3，《大正藏》第38册，第359页下栏。
② 木村英一编：《慧遠研究——遗文篇》，创文社1960年版，第13页；《大正藏》第45册，第125页下栏。

即佛法身是纯然无漏的，而菩萨法身仍有细微的烦恼。不论在《大乘大义章》中还是在《注维摩诘经》中，鸠摩罗什对此都有相同的表述。① 而慧远与鸠摩罗什交流伊始，并不能完全理解佛与菩萨法身的差别。所以，他才有了关于"真法身"的反复提问。

慧远领答鸠摩罗什的法身分类之后，再次就法性生身提问。鸠摩罗什即再次区分了各种法身。如"二、次重问法身并答"中：

> 什答曰，后五百岁来，随诸论师，遂各附所安，大小判别。小乘部者，以诸贤圣所得无漏功德，谓三十七品及佛十力四无所畏十八不共等，以为法身。又以三藏经显示此理，亦名法身。是故天竺诸国皆云，虽无佛生身，法身犹存。大乘部者，谓一切法无生无灭，语言道断，心行处灭，无漏无为，无量无边，如涅槃相，是名法身。及诸无漏功德并诸经法，亦名法身。所以者何？以此因缘得实相故。又大乘法中，无决定分别是生身是法身。所以者何？法相毕竟清净故，而随俗分别。菩萨得无生法忍，舍肉身，次受后身，名为法身。所以者何？体无生忍力，无诸烦恼，亦不取二乘证，又未成佛。于其中间所受之身，名为法性生身。②

---

① 如《注维摩诘经》卷6中："什云：问曰，菩萨结习亦未尽，云何不著耶？答曰，有二种习。一、结习；二、佛法中爱习。得无生法忍时结习都尽，而未断佛法爱习。亦云，法身菩萨虽有结习，以器净故习气不起也。"《大正藏》第38册，第387页中栏至下栏；另如《大乘大义章》中："如大乘论中说，结有二种。一者凡夫结使，三界所系；二者诸菩萨得法实相，灭三界结使，唯有甚深佛法中爱慢无明等细微之结，受于法身。"木村英一编：《慧远研究——遗文篇》，创文社1960年版，第10页；《大正藏》第45册，第124页中栏至下栏。

② 木村英一编：《慧远研究——遗文篇》，创文社1960年版，第8页；《大正藏》第45册，第123页下栏。

在此，鸠摩罗什首先根据大小乘佛教的分部而说明了两者的法身观。小乘部中以各种修行法，以及显示此法的三藏经论为法身。①大乘部中则以诸法实相、无漏功德及诸经法为法身。同时，鸠摩罗什也单独强调了菩萨得到无生法忍之后的法性生身也称作法身。把此处的分类和前文相比，鸠摩罗什一方面区分了大小乘法身的差别，另一方面，实际上又为大乘法身增加了"经法"这一项目。至此，在鸠摩罗什的概念中，大乘法中的法身已经合计增加至六种，即大乘经法、佛所化身、菩萨法性生身、法化生身、五分法身与实相法身。后三者可总名为如来真身。

但鸠摩罗什对菩萨法身的区分还不止于此，在"十八、次问住寿义并答"中，他又分别说：

> 摩诃衍中法身相，先已具说其因缘。今者略说，菩萨法身有二种。一者，十住菩萨得首楞严三昧，令菩萨结使微薄，是人神力自在，与佛相似，名为法身。于十方现化度人之身，名为变化身。随见变化身者，推求根本者，以为法身。是故凡小者名为变化身，如此之人神力无碍，何须善修四如意足也。二者，得无生忍已，舍结业身，得菩萨清净业行之身，而此身于自分意，能为自在，于其分外，不能自在无碍。是菩萨若欲善修习如意，亦可有恒河沙劫寿耳。②

这是鸠摩罗什为了回答慧远关于诸佛菩萨的住寿而说。值得注意的

---

① 鸠摩罗什另有相同表述，参见木村英一编：《慧远研究——遗文篇》，创文社1960年版，第16页；《大正藏》第45册，第127页上栏。

② 木村英一编：《慧远研究——遗文篇》，创文社1960年版，第56页；《大正藏》第45册，第143页上栏。

是，鸠摩罗什在此将得到无生法忍之后菩萨的法性生身细分为二，即七住到九住菩萨的法性生身与十住菩萨的法身，而后者与佛相似。这种区分是鸠摩罗什根据《首楞严三昧经》而言，经中说，"尔时佛告坚意菩萨，首楞严三昧，非初地二地三地四地五地六地七地八地九地菩萨之所能得，唯有住在十地菩萨，乃能得是首楞严三昧"①，而且"首楞严三昧如是无量，悉能示佛一切神力，无量众生皆得饶益"②。

虽然十住菩萨仍然是法性生身③，但从修习四如意足，发挥神通方面来说，十住菩萨的法身要比七至九住菩萨更加具有超越性，即十住菩萨不论对自分意还是分外事，都可以自在无碍，因而须另加区分。但是，这种对于法身的区分，并不能在其他佛教经典中找到文字依据，而是鸠摩罗什自己依据《首楞严三昧经》所作的发挥，是他因应于慧远的提问而展开的自己的观点。总体来看，鸠摩罗什的法身思想基本都有经可循，但也有他顺应慧远的问题而开展自己思想的地方。

综上所述，到鸠摩罗什与慧远的问答结束之时，鸠摩罗什所说法身的种类共有九种，即小乘教法中的诸功德法、三藏经法和大乘教法中的大乘经法、佛所化身、七至九住菩萨法性生身、十住菩萨法身、法化生身、五分法身与实相法身。可见下页图示。

鸠摩罗什在不断地展开分别法身的种类之时，也不断强调法身的本质问题。如前引文，鸠摩罗什一直向慧远强调，在大乘教法中，所谓法身和生身并没有决定性的分别，只是随顺世间的理解而

① 鸠摩罗什译：《首楞严三昧经》，《大正藏》第 15 册，第 631 页上栏。
② 鸠摩罗什译：《首楞严三昧经》，《大正藏》第 15 册，第 631 页下栏。
③ 十住菩萨入首楞严三昧则"自然而得无生法忍"，参见鸠摩罗什译：《首楞严三昧经》，《大正藏》第 15 册，第 631 页下栏。

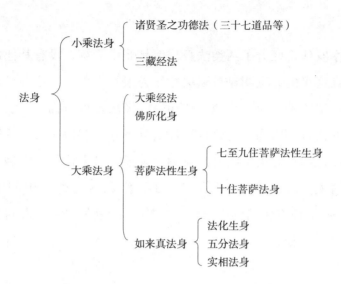

方便分别。这是从相的角度对法身和生身的说明，因为一切法相都是毕竟清净的，不可戏论是有是无，皆是寂灭之相，所以"法身可以假名说，不可以取相求"①。

从法相的角度解释了法身之后，鸠摩罗什还从法性的角度进行了分析。如"四、次问真法身寿量并答"中：

什答曰，今重略叙，法身有二种。一者，法性常住如虚空，无有为无为等戏论。二者菩萨得六神通，又未作佛，中间所有之形，名复为法身。法性者，有佛无佛常住不坏，如虚空无作无尽。以是法，八圣道分六波罗蜜等，得名为法；乃至经文章句，亦名为法。如须陀洹得是法分，名为初得法身，乃至阿罗汉辟支佛，名后得法身。所以者何？罗汉辟支佛，得法身已，

①　木村英一编：《慧遠研究——遗文篇》，创文社1960年版，第16页；《大正藏》第45册，第127页上栏。

即不复生三界。①

这里鸠摩罗什也区分了两类法身，但是非常简练，没有其他地方烦琐。并且这里的分别明显是以法性作为根本。事物的法性是常住不坏的，由于这种性质，其他一切功德、经法才得以称作为法。而有所修行的诸贤圣因为获得这种法性之分，才有初得法身、后得法身等。所以，这里分类中的菩萨得到六神通，又未作佛，也是因为这种法性才称为法身。而实际上，对于菩萨的这种"中间所有之形"，只是一种方便的说法而已。如鸠摩罗什在"五、次问修三十二相并答"也说：

> 又法身菩萨者，经亦不了了说有法身国土处所也。但以理推之，应有法身。若诸菩萨，灭诸烦恼，出于三界，既无生身，又不入涅槃，于是中间，若无法身，其事云何？是故诸论师言，于此中间，从无漏法性生身，名为法身。又此非徒一身而已，随本功力多少，而有其身。或有二身三身十身百千万无量阿僧祇身，乃至无量十方世界皆现其身，为具足余佛法，兼度众生故。②

所以，所谓菩萨的法身，只是一种理论上的推测，其根据也是建立在无漏法性的基础上。并且，菩萨法身的数量并不一定只有一身，而是随着修习其余佛法和兼度众生的目的，可以拥有不定数量的法身。而这种法身其实就和"佛所化身"大体具有相同的意义了，

---

① 木村英一编：《慧远研究——遗文篇》，创文社 1960 年版，第 15 页；《大正藏》第 45 册，第 126 页中栏至下栏。
② 木村英一编：《慧远研究——遗文篇》，创文社 1960 年版，第 18 页；《大正藏》第 45 册，第 127 页下栏。

不同之处就在于法身功力的多少差别。鸠摩罗什之所以每次分类都将菩萨法身单独区别，一方面在于其自身的大乘中观立场，另一方面也是相应地对慧远关于法性生身等疑问的回答。

再者，关于佛的真法身，虽然鸠摩罗什一直强调唯有十住菩萨才能见到①，但他也在"五、次问修三十二相并答"中说：

> 乃至真法身，十住菩萨亦不能具见，唯诸佛佛眼乃能具见。又诸佛所见之佛，亦从众缘和合而生，虚妄非实，毕竟性空，同如法性。②

即所谓佛的真法身也是由因缘和合而成，是和诸法实相、法性一样的毕竟空性，只有诸佛之眼才能够完全谛观到。③ 这种说法是鸠摩罗什吸收《法华经》中诸佛观察诸法实相的表达。④ 正是由于诸法实相毕竟性空，所以佛身才没有一异相、决定相，如"十一、次问念佛三昧并答"中说：

> 又诸佛身有决定相者，忆想分别，当是虚妄。而《经》说，诸佛身皆从众缘生，无有自性，毕竟空寂，如梦如化。若然者，如说行见诸佛身，不应独以虚妄也。若虚妄者，悉应虚妄。若不虚妄，皆不虚妄。所以者何？普令众生，各得其利，

---

① 参见木村英一编：《慧遠研究——遺文篇》，创文社 1960 年版，第 6 页；《大正藏》第 45 册，第 122 页下栏至第 123 页上栏。

② 木村英一编：《慧遠研究——遺文篇》，创文社 1960 年版，第 20 页；《大正藏》第 45 册，第 129 页上栏。

③ 类似表述另见木村英一编：《慧遠研究——遺文篇》，创文社 1960 年版，第 24 页；《大正藏》第 45 册，第 130 页中栏。

④ 参见鸠摩罗什译：《妙法莲华经》卷 1，《大正藏》第 9 册，第 5 页下栏。

种诸善根故。如《般舟经》中见佛者，能生善根，成阿罗汉阿惟越致。是故当知，如来之身，无非是实。①

即诸佛身虽是本性虚妄非实，但从修行人及众生的角度来看，不应该仅以虚妄之相来认识佛身，而应该理解到诸佛慈悲度世的方便感应之法，从众生获得救度的实际利益来看，如来的任何存在状态都是实在的。即如来之身虽然本性是空，但其作用却无非是实，因而应该在体用相即的维度上理解这虚与实的完美统一。

总而言之，一方面，鸠摩罗什在不同的书信中因应于庐山慧远的问题而区分了不同的法身种类；另一方面，又不断地针对慧远具有实体论倾向的法身提问而强调法身本性虚空，不可执着取相。结合其所有现存文字，可以说鸠摩罗什的法身分类是在大小乘判别的基础上进行的，他的理论重点毫无疑问放在大乘的法身上，其中尤以菩萨的法性生身和佛的真法身为要。这当然和慧远的提问相关，因为慧远不仅对法性生身的生成极其关注，并且对和法身相关的神通、感应及寿命都抱有疑问。所以，鸠摩罗什的法身观的本质可以说是在大乘般若学的基础上，强调法身的本性即空和方便为实的完美统一。

二、庐山慧远的法身思想

下面将在先贤研究的基础上，对庐山慧远的法身思想作一系统研究。在此，本章主要考察以下四个方面。其一，慧远的法身生成论。这主要是指慧远对"妙行法性生身"的关注。相关论述，充分体现了慧远初期的大小乘思想。其二，慧远法身思想的演变。这也和慧远的大小乘观密切相关。随着与鸠摩罗什的思想交流，慧远

---

① 木村英一编：《慧遠研究——遺文篇》，创文社 1960 年版，第 35 页；《大正藏》第 45 册，第 134 页下栏。

的大小乘观发生变化，他的法身观亦因之不断演变。其三，法身的各种性质，如相好、神通及感应等。三者之中，慧远最重视法身的感应性质。因为，关注法身的相好源于慧远修行念佛三昧的需要，这是期待佛感应的前提条件之一。另外，重视法身的神通，则是因为慧远认为神通是佛感应救度众生的工具。所以，在修行实践中，慧远始终强调法身感应的重要性。这也与后来道生的感应思想具有直接联系。其四，慧远对佛教修行论中特别阶段的重视。这主要是指基于对《般若经》、《法华经》等大乘经典的理解，慧远对七住、十住菩萨法身和阿罗汉成佛问题的追问。这些追问与后来竺道生的顿悟成佛说具有密切关系，可以说是顿悟成佛说提出之前的理论发展形态。

（一）法身生成论的界定

慧远的法身生成论主要体现在《大乘大义章》中。对于慧远的法身生成论，前文关于慧远大小乘观的讨论中已略有涉及，这里将继续深入讨论。

首先，慧远法身生成论的产生，应该说是在他与鸠摩罗什的问答中形成的。虽然慧远一直关注佛教的修行实践，并在道安的影响下开始关注法身问题，但他对于法身产生和形成的思考，则是受到鸠摩罗什在"一、初问答真法身"中所说"妙行法性生身"的刺激后而开始的。所谓"妙行法性生身"，即：

> 又经言法身者，或说佛所化身，或说妙行法性生身。妙行法性生身者，真为法身也。如无生菩萨，舍此肉身，得清净行身。[1]

---

[1] 木村英一编：《慧遠研究——遺文篇》，创文社 1960 年版，第 6 页；《大正藏》第 45 册，第 122 页下栏。

在"二、次重问法身并答"中，鸠摩罗什又说：

> 菩萨得无生法忍，舍肉身，次受后身，名为法身。所以者何？体无生忍力，无诸烦恼，亦不取二乘证，又未成佛。于其中间，所受之身，名为法性生身。[①]

即妙行法性生身是菩萨之法身，是菩萨在七住获得无生法忍之后到成佛之前所成就的清净行身。

其次，慧远的法身生成论是在未能完全区分大小乘教法，或者说是在试图会通大小乘教法的基础上产生的。所以，这时慧远的法身思想有着强烈的实体论倾向。这种倾向表现为慧远对法身和色身关系的疑问，以及对生身和法身的混同。

在"二、次重问法身并答"中，慧远问道：

> 今所问者，谓法性生身妙行所成。《毗摩罗诘经·善权品》云，如来身者，法化所成。来答之要，似同此说。此一章所说列法，为是法性生身所因非？若是前因者，必由之以致果。问：致果之法，为与实相合不？若所因与实相合，不杂余垢，则不应受生。请推受生之本，以求其例。
>
> 从凡夫人，至声闻得无著果最后边身，皆从烦恼生，结业所化也。从得法忍菩萨受清净身，上至补处大士坐树王下取正觉者，皆从烦恼残气生。本习余垢之所化也。自斯以后，生理都绝。夫生者，宜相与痴言。若大义所明，为同此不？若同此，

---

①　木村英一编：《慧遠研究——遺文篇》，创文社 1960 年版，第 8 页；《大正藏》第 45 册，第 123 页下栏。

请问所疑。得忍菩萨舍结业受法性生身时，以何理而得生耶？若由爱习之残气，得忍菩萨，烦恼既除，著行亦断，尚无法中之爱，岂有本习之余爱。设有此余，云何得起？而云受身，为实生为生耶？不生为生乎？若以不生为生，则名实生，便当生理无穷。若以生为生，则受生之类，皆类有道。就令法身菩萨，以实相为己任，妙法为善因，至于受生之际，必资余垢以成化。但当抚之，以论所有理耳！

今所未了者，谓止处已断，所宅之形非复本器，昔习之余，无由得起。何以知其然？烦恼残气，要从结业后边身生。请以效明之。向使问舍利弗，常禅定三昧，声色交陈于前，耳目无用，则受淡泊而过。及其在用，暂过鼻眼之凡夫，便损虚大业，失贤支想。所以尔者，由止处未断，耳目有所对故也。至于忘对，犹尚无用，而况绝五根者乎。此即烦恼残气要由结业五根之效也。假使慈悲之性，化于受习之气，发自神本，不待诸根，四大既绝，将何所构而有斯形？阴阳之表，岂可感而成化乎？如其不可，则道穷数尽，理无所出。水镜之喻，有因而像。真法性生，复何由哉？①

如前文所论，此时慧远尚未完全理解大小乘教法的差异，并且在会通三乘教法的意图下，欲以生成论的模式处理菩萨法性生身的生成问题。由第一段中文字可以看出，慧远误解了鸠摩罗什所说的"真法身"，即把鸠摩罗什所说的如来身的各种无漏功德法理解为菩萨法性生身的清净妙行。

① 木村英一编：《慧遠研究——遺文篇》，创文社 1960 年版，第 7—8 页；《大正藏》第 45 册，第 123 页上栏至下栏。

第二段引文中，关于从凡夫受生到一生补处菩萨取正觉成佛之时，都是以烦恼或烦恼残气作为产生根据。至于受生的方法是实生还是不生，显然像福永光司所言，慧远采用了排中律的方法进行分析①，最后他显然选择了"以生为生"的可能，因为这样才存在烦恼残气生出菩萨法性生身的可能性。所以，这里慧远的理论结构是根据凡夫至阿罗汉修行中的"烦恼+形（四大）→结业身"，推知菩萨也应该是"烦恼残气→妙行法性生身"的构造。并且，法身菩萨是在认识上达到了诸法实相，修行上以清净妙行为善因，从而在烦恼残气的土壤中生出"妙行法性生身"。但可以看到，此时慧远还没有言及菩萨之形的状态，只是肯定了菩萨法身断绝了四大。但没有了四大，又如何构成形体成为法身呢？这是慧远推论至最后面临的矛盾。

随而，鸠摩罗什在回答中涉及了此点：

> 又言，止处已断，所宅之形非复本器，昔习之余，无由得起者。三界外，形现妙，爱习之余亦微。是故设复异形，理相因发，即无过也。又此涅槃而为障。如大乘经，一切法从本以来常寂灭相。一切众生，所作已办，但无明等诸结使故，不能自知我等即是寂灭相。菩萨如是灭除障碍，尔乃自知我今作佛。若无菩萨结使障者，先已是佛。②

即法身菩萨可通过三界外之妙形，在烦恼残气（爱习之余）的基

---

① 参见福永光司：《慧远と老庄思想—慧远と僧肇》，载木村英一编：《慧远研究——研究篇》，创文社 1962 年版，第 395—425 页，后收入氏著《魏晋思想史研究》，岩波书店 2005 年版，第 173—175 页。

② 木村英一编：《慧远研究——遗文篇》，创文社 1960 年版，第 11 页；《大正藏》第 45 册，第 125 页上栏。

础上生成"妙行法性生身"。实际上，这是肯定了慧远所构想的菩萨法性生身的生成结构。然而，鸠摩罗什也随即强调，这种爱习之余的有害性和涅槃法不相兼容。若想获得最终的解脱，成就涅槃，就必须灭除尽烦恼残气的菩萨结使。

鸠摩罗什所补充的法身菩萨之三界外的妙形，虽然在慧远此后的追问中并没有完全一样地再现，但在"四、次问真法身寿量并答"中，慧远说"从法忍菩萨已还，法身暨于十住，精粗优劣，不可胜言"，应该就是对鸠摩罗什观点的回应。所以，可以认为慧远接受了这种"烦恼残气+形（三界外形）→妙行法性生身"的理论构造。

慧远的法身生成论的结构在和鸠摩罗什通信的开始阶段，即"二、次重问法身并答"中就已经形成。虽然他此时并未完全区别如来法身和菩萨法身，但在关于法身生成论的表述中，实际上，他完全是从修行论的角度探讨了菩萨的法性生身的形成问题。因而，慧远法身生成论的界定可以表述为：在会通大小乘修行法的意图下，以二乘修行中的存在状态"烦恼+形（四大）→结业身"为原型，认定大乘七住以上的菩萨法身，在理解诸法实相以及修行清净妙法的善因下，必须由烦恼残气生成。

（二）《大乘大义章》中的法身思想之变化

慧远的法身生成论形成于他的思想发展的中期。虽然，从中已经可以看出他在一定程度上吸收了鸠摩罗什关于四大五根和法身的看法，但毫无疑问，他仍然不能完全理解大小乘佛法的差异。下面即就其法身思想中的根本方面，即法身的性质重新进行探讨。

首先，我们要对涉及慧远法身思想的几个关键术语略作鉴别分析。它们总计有如下七个：法身、色身、真法身、变化身（或化身）、妙行法性生身、"神"及命根。

关于妙行法性生身，在慧远的法身生成论中已有界定。下面主要就其和法身、真法身等概念的相互关系中随文论述。

关于真法身，分别出现于一、三、四、五、六、八等章中。慧远和鸠摩罗什交流之初并未能完全理解"真法身"的含义，这使得他一度将"真法身"等同于菩萨的"妙行法性生身"。这种情况直到"四、次问真法身寿量并答"中都未明了。

关于色身，只在"一、初问答真法身"慧远的提问中出现一次。关于色身中的四大五根，虽然慧远总是否定地表述其和佛、菩萨的法身的关系，其影响则一直在慧远的思考中。

关于变化身，分别出现在一、三、四、五、六、十八等章中。

关于"神"，在《大乘大义章》中仅出现两次与法身相关的概念，见二、十章。但在慧远其他著作中，"神"出现多次。

关于命根，在《大乘大义章》中出现两次，见四、十八章。

关于法身，这是一个总称。在慧远的思想历程中，结合着上述概念，法身有着不同含义。因而，通过分析以上相关概念，将使慧远的法身思想明晰起来。

1. 法身与色身

在"一、初问答真法身"中，慧远关于法身与色身关系的唯一一次提问是：

> 远问曰，佛于法身中为菩萨说经，法身菩萨乃能见之。如此则有四大五根。若然者，与色身复何差别，而云法身耶？《经》云，法身无来无去，无有起灭，泥洹同像。云何可见而复讲说乎？①

① 木村英一编：《慧远研究——遗文篇》，创文社1960年版，第5页；《大正藏》第45册，第122页下栏。

慧远认为，佛与菩萨的法身之所以可见，是因为其由四大五根所构成。但如此一来，法身与色身的差别究竟何在？统观慧远的立论逻辑，应为以下三点：其一，可见之物必然为四大五根等组成，是可为感官感受到的实在物体；其二，《放光经》中明言不可以色身观如来，如来法身如同法性是无有来去起灭的，和泥洹同一像状，因而是不可见的究极存在；其三，佛法身可为菩萨所见，则佛法身应为可以感受到的现实物体。这和上面的前提互相矛盾，是以慧远对法身和色身的关系生疑。

在前文分析慧远《阿毗昙心序》中的法性思想时，我们已知其将法性或法身区别于现象世界的因缘和合之物，认为其是有独立自性的究极实体。而四大五根作为构成现象世界的根据①，不应该是如来法身的构成要素。所以，在慧远的逻辑中，大小乘经典中的矛盾似乎不可调和，但又都是佛陀所说，这导致他对此二三之说不知何从。所以这一提问显示出，慧远在调和大小乘教法的意图下，欲将法身与色身——可见的现实物体，相区分而不得的矛盾心理。但这个现实物体应该不是如法自性一样的究极实体。

其后，他在"二、次重问法身并答"、"七、问法身感应并答"中，都提出四大与法身的矛盾关系。显然，由于慧远不能完全区别对待大小乘不同的说法，导致其疑问重重。

2. 真法身与妙行法性生身

在《大乘大义章》中，慧远对"真法身"的理解前后有异。慧远最初接触"一、初问答真法身"之"妙行法性生身"部分后，他在"领解"中说：

---

① 参见《阿毗昙心论》卷 4："诸大谓有四，及与有漏识，亦色中间知，是界说生本。"《大正藏》第 28 册，第 827 页上栏。

远领解曰，寻来答要，其义有三。一谓法身实相，无来无去，与泥洹同像。二谓法身同化，无四大五根，如水月镜像之类。三谓法性生身是真法身，能久住于世，犹如日现。此三各异，统以一名，故总谓法身。而传者未详辨，徒存名而滥实，故致前问耳。君位序有判，为善。①

慧远总结的三种法身是：法身实相、变化身及法性生身（真法身）。他将法性生身认定为"真法身"，同时就意味着，他将前二者作为法身的用意减弱。因而，慧远在以后的提问中，如果要涉及前二者时，就另外使用法性②和变化身③的用语。

然而，慧远对于"真法身"的使用，实际上在一定程度上误解了鸠摩罗什的回答。鸠摩罗什原本回答说：

又经言法身者，或说佛所化身，或说妙行法性生身。妙行法性生身者，真为法身也。如无生菩萨，舍此肉身，得清净行身。④

在此，鸠摩罗什形容妙行法性生身"真为法身也"，实际上，这是

---

① 木村英一编：《慧远研究——遗文篇》，创文社1960年版，第6页；《大正藏》第45册，第123页上栏。

② 参见《大乘大义章》之"十三、次问如法性真际并答"，木村英一编：《慧远研究——遗文篇》，创文社1960年版，第38页；《大正藏》第45册，第135页下栏。

③ 慧远对于变化身的使用，从此以后贯穿始终，如从《大乘大义章》至《佛影铭》中皆有出现。但在此之前，或许由于慧远正面探讨法身的地方不多，即使谈及法身的应化方面，"变化身"一词也从未出现过。

④ 木村英一编：《慧远研究——遗文篇》，创文社1960年版，第6页；《大正藏》第45册，第122页下栏。

他的赞叹与强调之词，即一方面是相对于佛的化身的强调，另一方面是与菩萨获得无生法忍之前的肉身状态的对比而发的赞叹。所以，鸠摩罗什此时所说的"真为法身"，只是就菩萨获得无生法忍之后的存在状态而言。因为鸠摩罗什在第四章的回答中，再次明确说明了菩萨的妙行法性生身与真法身的区别：

> （四、次问真法身寿量并答）今重略叙，法身有二种。一者，法性常住如虚空，无有为无为等戏论。二者，菩萨得六神通，又未作佛，中间所有之形，名复为法身。……得无生法忍菩萨，虽是变化虚空之形，而与肉身相似故，得名为身。而此中真法身者，实法体相也。言无身口意业者，是真法身中说。①

这段文字的最后一句，是鸠摩罗什对慧远提问中"法身菩萨，非身口意业所造"的纠正。这是慧远对鸠摩罗什在第一章中"佛法身者，出于三界，不依身口心行"的再次表述。所以直到第四章的问答时，慧远都还没有注意并区别菩萨的法身与佛的真法身。②由此可见，鸠摩罗什前文所说的"真为法身"绝对不是"真法身"的意思。在鸠摩罗什的观念中，真法身只有"实法体相"与佛的真法身，并不包括获得无生法忍以后菩萨的妙行法性生身。如鸠摩罗什下文所说：

---

① 木村英一编：《慧遠研究——遺文篇》，创文社1960年版，第15页；《大正藏》第45册，第126页中栏至下栏。

② 虽然慧远在"三、次问真法身像类并答"的提问中说，"且如来真法身者，唯十住之所见，与群粗隔绝"，但这只是慧远引述鸠摩罗什在"一、初问答真法身"中的回答而已。并且此处所问又是关于法身三十二相所说，所以当然是指向佛的形相。参见木村英一编：《慧遠研究——遺文篇》，创文社1960年版，第12—13页；《大正藏》第45册，第125页中栏至下栏。

（一、初问答真法身）真法身者，遍满十方虚空法界，光明悉照无量国土，说法音声常周十方无数之国。具足十住菩萨之众，乃得闻法。……如来真身，九住菩萨尚不能见，何况惟越致及余众生。①

（五、次问修三十二相并答）乃至真法身，十住菩萨亦不能具见，唯诸佛佛眼乃能具见。又诸佛所见之佛，亦从众缘和合而生，虚妄非实。毕竟性空，同如法性。②

即不管十住菩萨可不可以具见，都是佛的法身才可以称为"真法身"。并且佛的法身同法性是和合为一的，所以二者并称真法身。而关于妙行法性生身，鸠摩罗什又说：

（二、次重问法身并答）又大乘法中，无决定分别是生身还是法身。所以者何？法相毕竟清净故。而随俗分别，菩萨得无生法忍，舍肉身，次受后身，名为法身。所以者何？体无生忍力，无诸烦恼，亦不取二乘证，又未成佛。于其中间，所受之身，名为法性生身。③

即菩萨的法性生身只是在随俗分别的方便的立场而说，并非就是真法身。所以，使用"法身菩萨"一词并无任何不可。

除在最初几章错误使用了"真法身"的概念，其后慧远应该

① 木村英一编：《慧远研究——遗文篇》，创文社1960年版，第6页；《大正藏》第45册，第122页下栏至第123页上栏。
② 木村英一编：《慧远研究——遗文篇》，创文社1960年版，第20页；《大正藏》第45册，第129页上栏。
③ 木村英一编：《慧远研究——遗文篇》，创文社1960年版，第8页；《大正藏》第45册，第123页下栏。

已经正确理解了佛法身与菩萨法身的区别。在此后的所有问答中，凡是使用"真法身"之时，全部都是正确无误地指向佛的法身，如第五、六、八章等发问中；凡是涉及佛与菩萨二者的法身时，慧远就只使用"法身"而非"真法身"，如第七、十八章的发问中。由此可见，慧远对于菩萨的妙行法性生身和佛法身的理解存在着一个历史的渐进过程。

3. 变化身、真法身、妙行法性生身与相好

当慧远在第一章领解中总结了三种法身后，他就注意到"法身同化"——变化身的存在。但在尚未完全理解"真法身"的含义时，他在第三、四章中分别使用了"佛变化之形"及"变化形"的概念。如：

（三、次问真法身像类并答）远问曰，众经说佛形，皆云，身相具足，光明彻照，端正无比，披服德式，即是沙门法像。真法身者，可类此乎？若类于此，即有所疑。何者？佛变化之形，托生于人，人中之上，不过于转轮圣王。是故世尊，表出家之形，殊妙之体，以引凡俗。此像类大同，宜以精粗为阶差耳。且如来真法身者，唯十住之所见，与群粗隔绝。[1]

在此，慧远提出了"佛变化之形"，很显然是对鸠摩罗什第一章回答的吸收，如"从是佛身方便现化，常有无量无边化佛，遍于十方，随众生类若干差品，而为现形。光明色像，精粗不同"[2]。

---

[1]　木村英一编：《慧遠研究——遺文篇》，创文社 1960 年版，第 12—13 页；《大正藏》第 45 册，第 125 页中栏至下栏。

[2]　木村英一编：《慧遠研究——遺文篇》，创文社 1960 年版，第 6 页；《大正藏》第 45 册，第 123 页上栏。

慧远接受了鸠摩罗什的另一种观点——佛变化身的相好的精粗不同，这种不同的出发点在于佛随机应化众生的需要。但慧远从众多经典中皆说佛形的相好庄严出发，推测佛的真法身是否也与此相似。如果相似的话，那么真法身只有十住菩萨可以看见，因此，作为纯精无粗①的真法身只能是为了引导十住菩萨的修行。这和慧远"十住无师"的观点相矛盾。

对此，鸠摩罗什回答说："又诸大菩萨，不分别是粗是细。能观一切法皆细，能观一切法皆粗。……如是法身菩萨所能行，无量不可思议。若有果报生身五根者，可有此难，精粗不同。然体平等者，身心无复差别之相"②。即对于十住菩萨来说，佛真法身的相好无所谓精粗差别，并且佛的真法身并不是果报生身，所以本身也不可以用精粗等词去评论。

但一方面，由于此时慧远尚未完全区分真法身与菩萨的妙行法性生身；另一方面，由于鸠摩罗什说"有果报生身五根者"具有形象的精粗不同，所以在第四章中，慧远再次对法身菩萨的法身相好精粗作出表述。

（四、次问真法身寿量并答）远问曰，凡夫寿皆行业之所

---

① 笔者将这里的"纯精无粗"作为慧远所说"与群粗隔绝"的解释，是在法身的相好层面上而言。但慧远在"七、问法身感应并答"中也使用了"群粗"一词，即"若法身独运，不疾而速；至于会应群粗，必先假器"。这里的"群粗"应该是指具有粗大的四大五根的众生。参见木村英一编：《慧遠研究——遺文篇》，创文社1960年版，第23页；《大正藏》第45册，第129页下栏。同样的还有"六、次问受决法并答"中，"若受真法身决，后成佛时，则与群粗永绝，唯当十住菩萨共为国土"。参见木村英一编：《慧遠研究——遺文篇》，创文社1960年版，第21页；《大正藏》第45册，第129页上栏。

② 木村英一编：《慧遠研究——遺文篇》，创文社1960年版，第14页；《大正藏》第45册，第126页上栏。

成，成之有本。是故虽精粗异体，必因果相承。来答云，法身菩萨，非身口意业所造。若非意业，即是无因而受果，其可然乎？如其不然，妙体之来，由何而得？又问，从法忍菩萨已还，法身暨于十住，精粗优劣，不可胜言。其中所受，皆有命根长短，亦应随精粗而为寿量。自十住已还，不复精论。

今所问者，旨在十住。《十住经》说，十住菩萨，极多有千生补处，极少至一生补处，此即是法身生非？若是者，必为功报转积渐造于极，以至一生也？为余垢转消，生理转尽，以至一生乎？若余垢转消，即同须陀洹七生之义，以圣道力故不至于八。今十住不过于千生者，为是何力耶？若是遍学时道力所制者，即生理有限，不得至千。以是而推，即不同七生可知。若功报转积理极故，唯一生者，一生即是后边身，身尽于后边，即不得不取正觉。若不得不成，何故菩萨有自誓不取正觉者。自誓之言，为是变化形，为真法身乎？若变化形者，便是权假之说，若是真法身者，数有定极，即不得有自誓无穷之言也。①

这段提问中有两点值得注意：其一，菩萨自誓不取正觉的主体是变化形还是真法身；其二，法身菩萨法性生身的精粗优劣问题。

关于第一个问题，慧远将菩萨可以成就的佛分为化身与真法身两种。但对于化身，他使用的是"变化形"一词，这是他接受鸠摩罗什观点的结果。即佛的真法身没有精粗之别，佛应化众生的变化之形则有光明精粗之不同。所以，他在理解这种分别之后，即刻采用"变化形"的表达也在情理之中。而在以后的提问中，慧远

---

① 木村英一编：《慧遠研究——遺文篇》，创文社1960年版，第14—15页；《大正藏》第45册，第126页中栏。

又开始使用"变化身"的概念了，如第五、第十八章。

关于第二个问题，从文中可见，慧远对佛真法身的精粗有了理解。在第三章中，他尚且说如来真法身与群粗隔绝，这在某种程度上意味着如来真法身的纯精无粗。但在第四章中，他则改变表述，认为"自十住已还，不复精论"，即自十住菩萨以后的如来真法身不再可以精粗谈论。这是他吸收鸠摩罗什的回答以后的表现。

而对于菩萨的妙行法性生身，慧远仍认为其相好具有精粗优劣的不同，并且这种法身的命根也有长短之别，其相好精粗的不同相应于命根的长短之别。在此，慧远第一次提出法身菩萨的命根的概念，这不禁让人和其"形尽神不灭"的思想联系起来。

4. 妙行法性生身、"神"及命根

慧远"形尽神不灭"论主要是在《沙门不敬王者论》中提出的。历来学者对其中的"神"字作出过不同的解释。方立天先生在《中国佛教哲学要义》中将佛教中的"神"概括为数义：精神、灵魂、佛性与法身。① 冯焕珍征引方说，认为方立天主要认为慧远所说之"神"为法身义。为证成己说，冯焕珍将慧远所有涉及"神"之实义词筛检为 41 条，进而条分缕析为九部，认为慧远所说之神无不是从不同角度论述法身。② 但冯氏之说，因未考虑到当

① 参见方立天：《中国佛教哲学要义》（上下卷），中国人民大学出版社 2002 年版，第 130—133 页。

② 参见冯焕珍：《慧远大师的法性思想探微》，载释大安主编：《超越千载的追思——纪念慧远大师诞辰 1670 周年》，宗教文化出版社 2008 年版，第 73—75 页。而冯氏所筛检之"神"为实义词者，实仅为"神"作为名词充当主语或宾语之情况。但所谓"实义词"义不限于此，应当是在句中充当成分时有意义的这类词，如谓语动词、名词及形容词等，这是和语法词（虚词，如介词、冠词等）相对的一个概念。所以冯氏所举，遗漏者亦多矣，如其仅举《念佛三昧诗集序》中的"体神合变，应不以方"一句，而遗漏了《佛影铭》中"体神入化，落影离形"一说。

时历史与思想环境的变化，未免有独断之嫌。比如，他反证慧远所说神为法身的一个证据，即是取自宗炳《明佛论》中的相关概念。宗炳创作《明佛论》（432—435）之时，《涅槃经》法身佛性思想已然大张，宗炳自然将其等同起来。而慧远其时仍处于寻求经义会通之时期，是以其思想中具有复杂的矛盾性。

日本学者玉城康四郎亦对慧远"神"的思想作出研究。他认为慧远的"神"主要有两种意义，其一即作为内面的心或精神，其二代表着主体的根源，也可以说相当于如来藏或佛性。对作为主体的根源的神，玉城康四郎又认为慧远通过两条进路作出阐明。一条如《大智论抄序》中所说，通过认识万法的法性无性之理，消解掉主观意识的一切分别，达到空空闲寂之境界；另一条如《庐山出修行方便禅经统序》中所说，通过法身贯穿于自身的根源，从而进入如来的无尽法门。此二者并非互相对立，实际上第二条自然包含着第一条中主观意识根源的消解。而达到神不灭的自己的根源，绝对不止于自身，而是必然进入如来的无尽法门。①

玉城康四郎的论点具有启发性，如其同时注意到了慧远对于认识对象和认识主体合二为一的论述，但其不足之处也显而易见，首先，玉城康四郎的研究方法与其说是思想史的，不如说是哲学性的考察。所以，作者在处理慧远的著作文献之时，大都将其作为同一平面的物品予取予求，没有纳入历史的维度。其次，从玉城康四郎有关庐山慧远的论文题目也可看出，他分别从"道"、"自然"以

① 参见玉城康四郎：《廬山慧遠における道の究極》，《宗教研究》1963 年第 37 号（1）。实际上，玉城康四郎将其所说的主体的根源既认为是神，也认为是自然，同样也就是道的究极。可参见玉城康四郎：《廬山慧遠の自然観念》，载结城教授颂寿纪念论文集刊行会编：《佛教思想史論集——結城教授頌壽記念》，大藏出版 1964 年版，第 379—396 页；《中国仏教における主体の発端》，载干潟博士古稀纪念会编：《干潟博士古稀記念論文集》，1964 年，第 389—401 页。

及"主体"等方面研究慧远，其实质大同小异，互为阐明。这表明玉城康四郎非常重视从中国传统思想的进路对慧远进行哲学性的分析，而对于慧远和鸠摩罗什通信中表达出来的法身观等，几乎没有给予注意和重视。

日本学者鹈饲光昌认为，慧远在《三报论》、《明报应论》及《沙门不敬王者论》中所说之"神"，并非代表着般若空观方向的究极空性的智慧的完成，而更像是一种实体的、具有中国传统思想中所说的阴阳不测、不可思议的神明的要素。但作者同时也指出，慧远的"神"和中国传统的灵魂观亦有不尽相同之处。中国传统的灵魂观更加具有实体的性质，但慧远之"神"则神妙不可思议的要素更强，而不是永恒不变的实体，它既作为现象的主体发挥着作用，且最终又和究极的涅槃联系起来。①

鹈饲光昌显然没有注意到古田和弘对慧远的"报应说"和"神不灭论"的研究。古田和弘结合东晋时期历史环境与思想语境的分析，对慧远的"神不灭论"提出自己的看法。古田认为，在中国佛教初期的业论②和报应论中，慧远为了回应外界疑问而分别提出《三报论》（394）、《明报应论》（400—402）及《沙门不敬王者论》（404）。而"神不灭论"在这三者之间的发展是由微之著、因循渐进的。从《三报论》一直到《沙门不敬王者论》的一部分，慧远几乎都是在人类精神或灵魂的角度说明"神"的不灭，如《沙门不敬王者论》中说：

> 夫神者何耶？精极而为灵者也。精极则非卦象之所图，故

① 参见鹈饲光昌：《廬山慧遠の報応思想》，《中国言語文化研究》2001 年第 1 期。
② 参见古田和弘：《初期中国仏教における業論》，载雲井昭善编：《業思想研究》，平乐寺书店 1979 年版，第 619—638 页。

　　圣人以妙物而为言。……神也者，圆应无主，妙尽无名，感物而动，假数而行。感物而非物，故物化而不灭；假数而非数，故数尽而不穷。有情则可以物感，有识则可以数求。数有精粗，故其性各异；智有明暗，故其照不同。推此而论，则知化以情感，神以化传；情为化之母，神为情之根；情有会物之道，神有冥移之功。①

　　这时的"神"和"情"、"物"组合起来，在人类的业报轮回中发挥作用。所以，这种神的思想可以说是中国佛教中"报应说"的一种类型。而慧远如下所说：

　　　　是故反本求宗者，不以生累其神。超落尘封者，不以情累其生。不以情累其生，则生可灭。不以生累其神，则神可冥。冥神绝境，故谓之泥洹。②

　　这里"冥神绝境"所说的，又确实是具有超越性的佛教中法身的特性。这和上面所说与情结合在一起流转生死的神当然不是一个方面。所以，这也反映了慧远思想的复杂性。这有可能是他在佛教教义上的混乱，或许也是一种理论上的飞跃。③ 而台湾学者卢桂珍则认为慧远"神"之两方面，即向上超越与向下滑落的两种性质是完美结合在一起，很好地表达了慧远圣人学的工夫论，即祛除无明

---

①　木村英一编：《慧遠研究——遺文篇》，创文社1960年版，第89页；《大正藏》第52册，第31页下栏。

②　木村英一编：《慧遠研究——遺文篇》，创文社1960年版，第86页；《大正藏》第52册，第30页下栏。

③　参见古田和弘：《"報応論"と"神不滅論"——東晋仏教についての一考察》，《大谷大学研究年報》1978年第31期。

与贪爱，超越生死苦海而达到涅槃。①

但在和鸠摩罗什通信时，慧远很少使用"神"这一概念。除去和"神通"、"四神足"相关的概念之外，慧远只使用了两个与"神"相关的词语，即"二、次重问法身并答"中的"神本"② 和"十、次问罗汉受决并答"中的"神骨"③。

前者是慧远尚未确定菩萨法性生身之形的时候，认为由此"神本"可以发出慈悲之性。因此，这里的"神"也是和形相对的事物。所以，在慧远不能完全理解法身不可以执着于相状之时，"神"和法身并不能完全等同。或者可以说，"神"代表了法身之根本的部分，具有神妙不可思议的性质。

后者源于慧远强调菩萨的慈悲之性积累无数劫而修行，其纯粹的真心深入于菩萨的神韵风骨之中。所以，此处的"神"也是一种相对于形的内在的存在，若是和法身菩萨的法性生身联系起来，可以说是法身本自具有的气质。

再者，我们要考虑到慧远使用"神"一词的文献分布情况。除《大乘大义章》这两处之外，慧远在之前和之后使用"神"的地方，除冯焕珍所筛检之外，在《晋襄阳丈六金像赞序》、《佛影铭》等中所在多有。《晋襄阳丈六金像赞序》中有"神影"、"神模"等描述释迦佛像之词，按照当时慧远对于法身的理解，这些概念应该就是对法身形状的文学化描述。但在这篇序中，慧远完全没有使用"法身"一词，这也使我们的推测缺少了对照。在慧远

---

① 卢桂珍：《慧远、僧肇圣人学研究》，"国立"台湾大学出版委员会 2002 年版，第 46—58 页。
② 木村英一编：《慧遠研究——遺文篇》，创文社 1960 年版，第 7 页；《大正藏》第 45 册，第 123 页中栏。
③ 木村英一编：《慧遠研究——遺文篇》，创文社 1960 年版，第 31 页；《大正藏》第 45 册，第 133 页上栏。

最后的《佛影铭》中，他同时使用了"法身"与"神"两个概念，非常便于对比辨析。慧远在铭文之前的序中提及"法身之应"、"法身之运物"，在后面的铭文中提及法身的"廓矣大像，理玄无名；体神入化，落影离形"，以及佛应化之影的"仿佛镜神仪，依稀若真遇"等。对比来看，神或者就是法身的本质，或者代表着法身的变化之形。

因而综合来看，慧远对"神"的使用及分布情况非常值得思考。除《大乘大义章》之外，慧远的遗文或为赞序铭文①，或为应对世俗士人的回答。作为赞序，则不得不有文饰之需，作为酬答，则更需虑及对方的世俗学识等立场，或许这是其多使用"神"的概念的一个出发点。而在《大乘大义章》中，作为通信对象的鸠摩罗什深谙佛教教义，因而慧远紧扣佛教经说探讨法身思想，也不必过多考虑文学性的词语。

所以，鉴于慧远之"神"思想的复杂性，将《大乘大义章》中两处"神"的用语看作菩萨的法身，大致不会有错。因而，作为具有"冥移之功"的"神"是不灭的，在有形有情的人类身上发挥作用，但在得到无生法忍菩萨的法性生身和佛法身的场合下——它们已经脱离了三界桎梏，同时具有奇妙相好的形体，与其结合并主宰寿命长短的是什么呢？相较之下，显然就是慧远所说的"命根"。但"命根"显然又不同于"神"。因为，从慧远的使用语境来看，神具有冥移不灭的功能，不限于一个形体；而命根有长短，是七住至十住菩萨法身的寿命根据，随着菩萨修行地位的不断提高，菩萨的法身也处于完善之中，同时相好也愈加精纯。所以，这里所说的"命根"可以说是菩萨法性生身的存在

──────────

① 如《佛影铭》中更加文学化的铭文中。

根据。

慧远第二次提及"命根",则是在"十八、次问住寿义并答"中。

> 远问曰,《经》云,知四神足,多修习行,可得住寿一劫有余。又须菩提请世尊住寿恒沙劫。既有此法,宜行之有人。请问:诸佛菩萨竟有住寿者不?若果有者,为是法身,为是变化身乎?若是法身,法身则有无穷之算,非凡寿所及,不须住寿。若是变化身,化身则灭时而应,时长则不宜短,时短则不宜长,以此住寿将何为哉?又问:寿有自然之定限,寿之者与化而往,日应无陈,时不可留,云何为住?若三相可得中停,则有为之相暂与涅槃同像。不知胡音中竟住寿不?若以益算为住寿,则传译失旨。又得灭尽三昧者,入斯定时,经劫不变,大火不能焚,大海不能溺,此即是三昧力自在寿住。今所疑者,不知命根为何所寄?为寄之于心,为寄之于形,为心形两寄也?若寄之于心,则心相已灭,灭无所寄。若寄之于形,则形随化往,时不可留。何以明之?《力士移山经》云:非常之变,非十力所制。制非十力,则神足可知也。此问已备之于前章,若一理推释,二亦俱解。①

关于此章,横超慧日认为这并非因法身提起住寿,而是询问住寿之时涉及了法身。慧远关心住寿,是因为他的头脑中潜藏着中国神仙思想中益算延寿的观念,他的出发点是想要明白住寿和益算的

---

① 木村英一编:《慧遠研究——遺文篇》,创文社1960年版,第55页;《大正藏》第45册,第142页中栏至下栏。

根本差别何在。① 横超虽作此推论，但并无详细论证。此处亦姑留一说。但看慧远的问题背后，实际上，他是对佛菩萨为何住寿感到奇怪。

对于慧远的法身观，横超慧日认为，虽然慧远在《大乘大义章》有关法身的问答中，思想产生了一定的变化，但是至《大乘大义章》最后之"十八、次问住寿义并答"时，慧远都仍然未能完全理解鸠摩罗什所说般若中观学的法身思想。② 木村宣彰也继承了横超慧日的看法。③

但我们细究慧远在最后一章的提问，会发现其思想还是产生了一定的变化。

首先，慧远就佛和菩萨修行四神足住寿的主体发问。在此，慧远仍是采用排中律的方法，即如果诸佛菩萨是通过法身而住寿的话，那么法身的存在时间是无穷的，不需要修行四神足而住寿。这里慧远将佛的真法身和菩萨的法性生身统称为法身，如前所说，这是他认识到真法身与菩萨法身的差别所致。那么，佛的真法身自然是如同法性，不可以凡夫的寿命长短来限制的。而按照慧远在"四、次问真法身寿量并答"中的观点，菩萨的法性生身具有命根长短，似乎是有生灭的。但鸠摩罗什早就告诉慧远，菩萨的法身是

① 参见横超慧日：《大乘大義章における法身説》，《大谷大学研究年报》1965 年第 17 集，后收入氏著《中国仏教の研究》第二，法藏馆 1971 年版，第 295—296 页。
② 参见横超慧日：《大乘大義章における法身説》，《大谷大学研究年报》1965 年第 17 集，后收入氏著《中国仏教の研究》第二，法藏馆 1971 年版，第 229—306 页。
③ 参见木村宣彰：《中国仏教初期の仏陀観—道安と慧遠の場合》，《日本仏教学会年报—仏陀観》1987 年第 53 号，125—151 页，后收入氏著《中国仏教思想研究》，法藏馆 2009 年版，第 39—64 页。

变易身，没有一定实灭。① 鸠摩罗什还在"五、次问修三十二相并答"中回答慧远说："摩诃衍中说，菩萨得无生法忍，断诸烦恼，为度众生故，而为受身。诸论议师，名此为法身。何以故？是中无有结使及有漏罪业，但是无为清净六波罗蜜。此身常有，自在无碍，乃至成佛也。"② 慧远应当接受了这些观点，所以将佛与菩萨的法身合称，并称其为具有无穷寿命。因此，慧远认为从诸佛菩萨法身的角度来说，不需要修行住寿之法。

慧远自问自答否定了前者之后，接着推测佛与菩萨变化身的情况。而所谓化身，是诸佛菩萨为了应化众生而变化出来，其最初的动机和目的完成之后，自然也就消失了。所以，化身有一定时间期限，也不需要住寿。

其次，慧远又从世俗角度对"寿"进行了解说，即所谓寿命是具有一定的自然期限的。具有寿命的事物都是随着生生不息的自然造化而前进，每日都有新的状态产生，不可以逆转造化而停留。那么又怎么住呢？而且，从佛教的角度来讲，如果一个事物的生、异、灭三相可以中途停住不变的话，那么有为的事物暂时就和涅槃的性质相同了。这使慧远怀疑是经典翻译存在问题，还是佛菩萨的住寿和中国传统思想中神仙的益算，即延长寿命相同？所以，慧远就此再次提及"命根"的话题。

再次，经典之中确有提及修行灭尽三昧之人，可以水火不侵，

---

① 对于法身菩萨的变易身，鸠摩罗什早在"二、次重问法身并答"中即有明言。如"菩萨得无生法忍，舍生死身，即堕无量无边法中。……何以故？因缘故名为人。因缘散自然而息，无有一定实灭者，但名有变易身"，此处"变易"，原文作"变异"，应为误，今改正之。参见木村英一编：《慧远研究——遗文篇》，创文社 1960 年版，第 9 页；《大正藏》第 45 册，第 124 页中栏。

② 参见木村英一编：《慧远研究——遗文篇》，创文社 1960 年版，第 16—17 页；《大正藏》第 45 册，第 127 页上栏至中栏。

经历多劫也没变化。那么，这些人的命根所在是什么呢？慧远继续使用排中律的方法进行分析。如果说命根寄寓在心上的话，那么心相是寂灭的，无可为寄；如果命根寄寓在形上的话，形又是随着造化而消失的，其性无常。这种无常是佛的十力尚且不能制止的，何况修行四神足呢？综合来看，心形两寄的情况也就不可能了。

统观此章慧远的问题，实际上其关注点在于菩萨法身的修行。虽然慧远承认有请世尊住寿恒沙劫的经文根据，但实际上，他更关心的是修行佛法的菩萨如何住寿以及为何住寿的问题。

慧远在以上两个地方都使用了排中律的分析法，但实际上又是排除法。他既排除了诸佛菩萨法身住寿的可能性，又否定了其变化身住寿的可行性；既否定了命根寄寓在心的情况，也排除了命根寄寓在形的状态，因而心形两寄之为不可能也是不言自喻的了。

慧远如此提出疑问，同时自己又消除了问题，其原因何在？实际上，这正是慧远思想变化之所在。慧远最后说，"命根"这个问题前面已经有了，如果用同一个道理进行推理解释的话，那么前后两章的问题就都涣然冰释了。

慧远所说的"前章"，其实正是"四、次问真法身寿量并答"。在此，鸠摩罗什是如何回答有关"命根"问题的呢？实际上，鸠摩罗什仅将慧远的问题作为菩萨的一种情况，即：

> 又功德积满，唯有一生，不得不成正觉菩萨有二种。一者功德具足，自然成佛。如一切菩萨初发心时，皆立通愿言，我当度一切众生；而后渐渐心智转明，思惟筹量，无有一佛能度一切众生。以是故，诸佛得一切智，度可度已，而取灭度。我亦如是。二者或有菩萨，犹在肉身，思维分别，理实如此，必不得已，我当别自立愿，久住世间，广与众生为缘，不得成佛。

> 譬如有人，知一切世间皆归无常，不可常住，而有修习长寿业
> 行，住非有相非无相处，乃至八万劫者。又阿弥陀等清净佛国，
> 寿命无量。①

鸠摩罗什将慧远所说"命根长短"等，认为是一类留取肉身的法
身菩萨的情况。这些菩萨虽然明白"无有一佛能度一切众生"的
实际情况，但立下自己的别愿，普遍地与一切众生作缘救度，所以
不去成佛。这些菩萨虽然修行长寿业行，可是肉身所在，即"命
根"是一种处于非有相非无相的状态。这是鸠摩罗什运用般若中
观学有无不二的法门作出的解释。

因而，据此来推理解释第十八章慧远的疑问的话，修行四神足
获得长寿之人的命根，若其明白了诸法无常道理的话，那么他的命
根也是寄寓在非有相非无相处。

综合第四章和第十八章，可以看出慧远实际上主要在对菩萨的
法性生身进行提问，其中命根又是他关注的一个重点。只是，如果
不考虑慧远的论述方式的话，貌似慧远仍然未能完全明白鸠摩罗什
所说菩萨法身无常非实、不可取相的观点。但结合鸠摩罗什的回
答，以及慧远的论述方法来看，可知慧远对于菩萨法性生身的命根
问题，已经心有所明了。

5. 真法身与变化身

《大乘大义章》中慧远法身观的另一特点是他泾渭分明地划分
了佛真法身与变化身。关于变化身的观点，慧远已在第一、三、四
章略有表述，即变化身是佛为了救度众生而方便应化，且具有光明

---

① 木村英一编：《慧远研究——遗文篇》，创文社 1960 年版，第 16 页；《大正藏》
第 45 册，第 127 页上栏。

相好的形态。这与唯有十住菩萨才可见到的佛真法身截然有别。慧远在"七、问法身感应并答"中再次对此作了区分，如：

> 若法身独运，不疾而速；至于会应群粗，必先假器。①

即法身存在两种状态：一种是独自运化的神妙形态，即是佛的真法身；另一种是应化众生的方便形态，即是佛的变化身与菩萨的法性生身。关于菩萨的法性生身，鸠摩罗什早在"四、次问真法身寿量并答"中已有明言，"得无生法忍菩萨，虽是变化虚空之形，而与肉身相似故，得名为身"②，慧远应该早已明白此理，故本章以菩萨法身的感应出发，进而引出法身的两种状态。

至"五、次问修三十二相并答"中，慧远对于三十二相的修行提出疑问：

> 若思有三十二，种其一，不造身口业，而能修三十二相。问，所缘之佛，为是真法身佛，为变化身乎？若缘真法身佛，即非九住所见。若缘变化身，深诣之功，复何由而尽耶？若真形与变化无异，应感之功必同，如此复何为独称真法身佛妙绝于九住哉！③

慧远认为，如果可以通过思想已具有三十二相的佛的法身而一

---

① 木村英一编：《慧远研究——遗文篇》，创文社 1960 年版，第 23 页；《大正藏》第 45 册，第 129 页下栏。
② 木村英一编：《慧远研究——遗文篇》，创文社 1960 年版，第 15 页；《大正藏》第 45 册，第 126 页下栏。
③ 木村英一编：《慧远研究——遗文篇》，创文社 1960 年版，第 16 页；《大正藏》第 45 册，第 127 页上栏。

一获得三十二相的话，那么所思想的对象是真法身还是变化身呢？如果是真法身的话，那么九住菩萨以下的修行者都没有实践的可能；如果是变化身的话，变化身是方便应化的，不能够深入真实，则又没有办法彻底完成修行。如果真法身的形状和变化身没有差别的话，则其感应的功能必定相同，那么，又为什么单独说真法身佛的神妙超绝于九住菩萨的所见呢？

如前所说，这里慧远提问的依据来自《大智度论》中所批判的迦旃延弟子们的观点。① 这从根本上使慧远的问题产生偏误，因为慧远此时尚未能正确区分大小乘的教法。但由此却可看出，慧远在真法身与变化身之间的区分，也就是鸠摩罗什一直为他强调的，真法身佛只有十住菩萨方可得见。

到"六、次问受决法并答"中，慧远在就菩萨受决为佛的问题上，继续区分了真法身与变化身：

> 远问曰，受决菩萨，为受真法身决，为变化之决。若受变化之决，则释迦受决于定光，弥勒受别于释迦是也。斯类甚广，皆非真言。若受真法身决，后成佛时，则与群粗永绝，唯当十住菩萨共为国土。此复何功何德也？若功德有实，应无师自觉，复何人哉？如其无实，则是权假之一数。《经》云，或有菩萨后成佛时，其国皆一生补处。此则是十住共为国土，明矣。若果有十住之国，则是诸菩萨终期之所同，不应说云或有。或有而非真，则是变化之流。如此，真法身佛，正当独处于玄廓之境。②

---

① 参见鸠摩罗什的回答，"所问三十二思者，迦旃延弟子，自以意说耳，非佛所说"。木村英一编：《慧遠研究——遺文篇》，创文社 1960 年版，第 17 页；《大正藏》第 45 册，第 127 页中栏。

② 木村英一编：《慧遠研究——遺文篇》，创文社 1960 年版，第 21 页；《大正藏》第 45 册，第 129 页上栏。

在此章的问答中，慧远分析菩萨的受决有两种可能性，一是受决为真法身，一是受决为变化身。受决为变化身的例子，就像释迦牟尼受决于定光如来，弥勒菩萨受决于释迦牟尼。这些佛都是处在世间为救世而与众生同在，所以是真法身的方便应化之佛。受决为真法身的话，就只能和十住菩萨组成佛国了。那么，受真法身决需要什么样的功德呢？① 这种功德的有实无实，其实和慧远"十住无师"的观点相关联。慧远通过对《摩诃般若波罗蜜经》中所列举的一例菩萨成佛的分析，认为真法身佛不应该和十住菩萨一起组成佛国，而是应当自己独处于玄廓之境。

虽然慧远对《摩诃般若波罗蜜经》经文等的分析有偏差，但其结论却又得到了鸠摩罗什的肯定。在"五、次问修三十二相并答"中，鸠摩罗什已经说明了佛的真法身只有诸佛佛眼才能完全看见。但在本章，慧远的分析中完全没有表现，他反而通过另外的方式得到鸠摩罗什的赞同。鸠摩罗什在回答中说：

> 独处玄廓之境者，若以独处玄廓为本，来化众生，此复何咎。诸佛从无量无边智慧方便生，其身微妙，不可穷尽。众生功德未具足故，不能具见佛身。唯佛与佛，乃能尽耳。功德智慧等，皆亦如是。如四大河，从阿那婆多池出，皆归大海。人但见四河，而不见其源。唯有神通者，乃能见之。人虽不见，推其所由，必知有本。又彼池中清净之水，少福众生，不能得用。从彼池出，流诸方域，尔乃得用。其佛法身，亦复如是。

---

① 在功德一事上，鸠摩罗什对慧远产生了一些误解，慧远所说的"何功何德"是指菩萨受真法身决所需要的功德，而鸠摩罗什理解为如来的无量功德。参见木村英一编：《慧远研究——遗文篇》，创文社1960年版，第21页；《大正藏》第45册，第129页上栏。

> 当其独绝于玄廓之中，人不蒙益。若从其身，化无量身，一切
> 众生，尔乃蒙益。①

即佛的真法身就像慧远所说，在独自运化的情况下，独处于玄远空阔的境界，不与外界相往来；但诸佛因其慈悲之心，必然方便应化众生从而变现化身，众生也只能从这变化身上蒙受教益。

虽然在最后第十八章中，慧远也将住寿的论述进路分为法身与变化身，但却并非仅就佛的法身而言，也包括了菩萨的法性生身。所以不在此处论述之列。

因而，综合《大乘大义章》中慧远的法身思想来看，首先，慧远面对着法身和色身的同异关系问题。这一点，慧远很快就从鸠摩罗什的回答中有所领会，认定法身，包括变化身与法性生身，都没有色身一样的四大五根，和色身完全不同。

其次，对于菩萨的法性生身，其虽为变化虚空之形，而与肉身相似，从而得名为法身。这也引起慧远对法性生身命根的疑问。但通过对慧远在"十八、次问住寿义并答"中论述方式的分析，结合鸠摩罗什在"四、次问真法身寿量并答"中的解释来看，慧远以否定的表达方式，应该理解了菩萨住寿所谓"命根"的非有相非无相的本质。

最后，慧远对于佛的真法身和变化身的理解产生了一定的变化。关于真法身，慧远逐渐厘清了其与菩萨法性生身的差别，并可以正确使用佛的真法身的概念。关于变化身，其没有四大五根，如水月镜像的性质，随着其对大小乘教法的正确理解和区分，应该不再存在疑问。关于真法身，一方面，结合慧远至《大乘大义章》为止对

---

① 木村英一编：《慧遠研究——遺文篇》，创文社 1960 年版，第 22 页；《大正藏》第 45 册，第 129 页中栏至下栏。

法性的理解，慧远对其本质的认识或许还有实体论的残遗；另一方面，根据慧远对真法身和变化身泾渭分明的划分，似乎也可以看出他将真法身作为外在独立实体的倾向。区结成也主张慧远对法身和化身的截然二分，但认为慧远将法身等同于法性，终其一生将其作形上学的本体性理解，未能从客体真实回返主体之解脱意义，从而法身与化身始终未能相即圆融。① 事实上，这种观点过于重视慧远所谓"体极"的"法性论"理论思考，未能充分考虑慧远的念佛实践及其感应思想，遑论《大乘大义章》之后慧远思想的发展。

（三）庐山僧团与僧肇的交流

慧远与鸠摩罗什通信交流的同时，庐山僧团与长安僧肇之间亦多有书信往还。如在庐山隐居的刘遗民，即通过使者多与僧肇往复问候。② 408③年竺道生由长安南返经过庐山之时，将僧肇《般若

① 参见区结成：《慧远》，台湾东大图书公司 1987 年版，第 117—127 页。

② 参见《刘遗民书问》，载塚本善隆编：《肇論研究》，法藏馆 1964 年版，第 36—38 页；《大正藏》第 45 册，第 154 页下栏至第 155 页上栏。

③ 关于道生南返时间，众说不一。汤用彤等主张为 408 年，参见汤用彤：《汉魏两晋南北朝佛教史》，《汤用彤全集》第一册，河北人民出版社 2000 年版，第 459—460 页；而塚本善隆则认为是 407 年，参见塚本善隆：《仏教史上における肇論の意義》，载塚本善隆编：《肇論研究》，法藏馆 1964 年版，第 151—152 页；《肇论研究》后所附《东晋思想史年表》及《慧远研究》后所附《庐山慧远年谱》中皆认为道生于 407 年南返至庐山，参见塚本善隆编：《肇論研究》，法藏馆 1964 年版，第 11 页；及木村英一编：《慧遠研究—研究篇》，创文社 1962 年版，第 542 页。另外，日本学者桐谷征一通过考证鸠摩罗什、佛驮跋陀罗、佛陀耶舍、昙摩耶舍及昙摩掘多在长安活动时间，认为道生南归应在 409 年，刘遗民问书应在 410 年冬，僧肇于 411 年 8 月回信。参见桐谷征一：《肇論〈答劉遺民書〉の成立時期について》，《印度学仏教学研究》1966 年通号 29。然而《广弘明集》等记载，刘遗民于 410 年去世。（《大正藏》第 52 册，第 304 页中栏）虽然桐谷征一认为这并不必然矛盾，但未免过于仓促，且作者仅因道生义熙五年（409）还都，便认定道生 409 年方离开长安，或有不妥之处。想道生还都，途经庐山，或在此稍有停留，以便与慧远等众述说关中译事。以此，则刘遗民去世与问书僧肇亦可岔开，想来更为合理。虽为推测，本处仍暂取汤用彤之说。

无知论》转交给刘遗民。刘遗民于 409 年就《般若无知论》中的
疑问向僧肇请教：

> 《论》序云，般若之体，非有非无。……故其运物成功化世
> 之道，虽处有名之中，而远与无名同。斯理之玄，固常所弥昧者
> 矣。但今谈者，所疑于高论之旨，欲求圣心之异。为谓穷灵极
> 数，妙尽冥符耶？为将心体自然，灵泊独感耶？若穷灵极数，妙
> 尽冥符，则寂照之名，故是定慧之体耳。若心体自然，灵泊独
> 感，则群数之应，固已几乎息矣！夫心数既玄，而孤运其照；神
> 纯化表，而慧明独存。当有深证，可试为辨之。疑者，当以抚会
> 应机，睹变之知，不可谓之不有矣。而论旨云，本无惑取之知，
> 而未释所以不取之理。谓宜先定圣心所以应会之道，为当唯照无相
> 耶？为当咸睹其变耶？若睹其变，则异乎无相；若唯照无相，则无
> 会可抚。既无会可抚，而有抚会之功，意有未悟，幸复诲之。
>
> 《论》云，无当，则物无不当；无是，则物无不是。物无
> 不是，故是而无是。物无不当，故当而无当。夫无当而物无不
> 当，乃所以为至当；无是而物无不是，乃所以为真是。岂有真
> 是而非是，至当而非当，而云当而无当，是而无是耶？若谓至
> 当非常当，真是非常是，此盖悟惑之言本异耳。固论旨所以不
> 明也。愿复重喻，以祛其惑矣。
>
> 《论》至日，即与远法师详省之。法师亦好相领得意，但
> 标位似各有本，或当不必理尽同矣。顷兼以班诸有怀，屡有击
> 其节者，而恨不得与斯人同时也。①

---

① 塚本善隆编：《肇论研究》，法藏馆 1964 年版，第 38—42 页；《大正藏》第 45
册，第 155 页上栏至中栏。

由此问书末段可见，刘遗民在《般若无知论》到来之时，即和慧远等人详加探究。刘遗民认为，慧远虽然非常明白僧肇的论旨所在，但二者在目标、立场方面似乎各有所本。所以，此信中刘遗民的问题，可以说代表了慧远乃至庐山僧团的意见。

僧肇在《般若无知论》中运用般若中观学的不二之法，畅谈般若之体的非有非无、虚照不二以及用寂一如的思想。般若即是"圣心"，即是法身的智慧。刘遗民和慧远等对法身智慧的存在方式持有自己的见解，而其根据当然在于对法身存在状态的理解。

刘遗民将圣心分为两种状态，其一是穷灵极数，妙尽冥符，即穷尽真俗二谛，从而二者神妙地冥符在一起。① 此时圣心的寂照之名，其实际就是定慧。其二为圣心体会自然，神妙淡然地独处于玄廓之境。因而，此时圣心对于众生的感应，实际上就已经断绝了。

另外，刘遗民还将圣心的应会之道分析为两类，一类是圣心独自观照无相真理的状态，一类是圣心切会众生根机完全地照见各个分殊的情况。但刘遗民认为，这两种状态不能够并存，即圣心对于无相的观照和对众生根机的应化是截然不同的。

在书信第二段，刘遗民又对"当与是"、"非当与非是"乃至"至当与真是"发起疑问。从中可见，他虽然赞同僧肇所说的"当"与"无当"，"是"而"非是"的关系，但他更试图在此之

---

① 古人于此处注释多不同，如唐代元康认为应解释为"为当穷般若之灵照，极圣智之心数，妙能尽知冥符法性"（元康：《肇论疏》卷2，《大正藏》第45册，第183页中栏）；元代文才解释为"为谓（说）穷虚（真谛）极数（俗谛），妙尽冥符（合）邪？……《论》称寂用相即为一者，谓般若之用证穷真谛之虚，断尽俗谛之数，妙尽冥符为一邪？"（文才著：《肇论新疏》，《大正藏》第45册，第222页上栏）。案：元康所解"极圣智之心数"，则与前句之"般若之灵照"难以形成反义的对比，因而二者更无法说为冥符了；而文才将"穷虚极数"中的虚（或它本之灵）解释为真谛，数解释为俗谛，较之元康更为合理。但文才将"极"解释为断尽，未免有失。因为穷与极实际可以互训。

外建立一个"至当"与"真是"的存在。而且"至当"与"常当"、"真是"与"常是"具有根本性的差别，是解悟与迷惑的差异。

所以，综合以上刘遗民的论点来看，在他对圣心相关的各种二分法的分析中，他一直渴望或承认有一个独立存在的观照无相至真之圣心的状态。可以说，这种态度和慧远认为佛的真法身是独处于玄廓之境的外在实体的观点若合符节。因此，也可以反过来说明这篇书问正是代表了庐山僧团的观点。

对于刘遗民这种二而不一的分析倾向，僧肇具有很清晰的觉察，所以他对刘遗民的疑问也一一据以回答。僧肇认为，

> 意谓，妙尽冥符，不可以定慧为名；灵泊独感，不可称群数以息。两言虽殊，妙用常一。迹我而乖，在圣不殊也。何者？夫圣人玄心默照，理极同无。既曰为同，同无不极。何有同无之极，而有定慧之名？定慧之名，非同外之称也。若称生同内，有称非同；若称生同外，称非我也。又圣心虚微，妙绝常境，感无不应，会无不通，冥机潜运，其用不勤。群数之应，亦何为而息耶？①

首先，僧肇区别了两种观察圣心的方式，即如果是从世俗的立场来看，圣心是有两种不同的，但从佛的立场来看，二者又是不二的。因为佛陀默照万物之理与无相同，既然是等同于无的境地，又怎么能有定慧的分别称名呢？

---

① 塚本善隆编：《肇论研究》，法藏馆1964年版，第45—46页；《大正藏》第45册，第156页上栏。

其次，圣心虚玄微妙，超绝常境，但又对众生的感会作出应变会通，隐藏的能力暗自运行而又没有倦怠。所以圣心对于众生的感应又怎么会断绝呢？

再次，对于圣心的应会之道，僧肇认为刘遗民的观点是一种"即真之义"，是偏于一边不能融会的方法。僧肇从色空不二的角度出发，认为众生的各个不同与无相之真理也是不二的。所以，圣心在观照无相的同时，并不会丧失契会众生根机的功能，观见众生根机各殊事象变动的时候，也不会违背无相的真理。[①]

最后，对刘遗民试图建立的"至当"与"真是"，僧肇首先给予了肯定，"亦可如来言耳"。但僧肇认为，如果确立了"至当"与"真是"的极端，恐怕会使人推论出另一个极端，将"无当"与"无是"执着为真实的"当"与"是"，即将本性为空之物作为真实自性之物。所以，圣人空虚其心，无有分别，处于活动的世界的同时，也止于无为的境地。[②]

综合僧肇的回答来看，他一直运用般若中观学的不二之法，将刘遗民的二分法进行统一和会通。这应该会对庐山佛教界产生一定的影响。

（四）《大乘大义章》之后的法身思想

在《大乘大义章》之后，慧远关于法身的思想还在不断完善和发展。若对此进行探讨，需要分为两个部分，一是慧远关于法身存在方式的理解，二是慧远的法身思想的本质，也即其对法性的认识。

---

① 塚本善隆编：《肇論研究》，法藏馆 1964 年版，第 51—53 页；《大正藏》第 45 册，第 156 页下栏。

② 参见塚本善隆编：《肇論研究》，法藏馆 1964 年版，第 53—54 页；《大正藏》第 45 册，第 156 页下栏至第 157 页上栏。

首先，关于慧远对法身存在方式的理解。可以说随着对般若经论的研习，他最终改变了对于法身独存和应化众生二者的截然划分，表现出不二法门的倾向。如慧远在《庐山出修行方便禅经统序》（411—412）中说：

非夫道冠三乘、智通十地，孰能洞玄根于法身，归宗一于无相，静无遗照，动不离寂者哉！①

这里所说的"道冠三乘、智通十地②"就是指佛，并非如慧远在《大乘大义章》中所说的十住菩萨。所以，只有佛可以洞见诸佛法身的玄妙的根本，将之归于无相的真理，同时佛的法身又可以静照双用，应化众生之时却不离禅寂。不可否认的是，慧远对于佛法身状态中寂照并用性质的认识，应该是受了僧肇《般若无知论》及《答刘遗民书》中般若思想的影响。因为在《刘遗民问书》中，我们尚可看出慧远等人对于圣心两种状态的分别，即观照无相与应会众生难以调和。但在这篇序中，慧远已经开始强调法身观照无相真理的同时静照并用、动寂不二的性质了。而关于静照双用这种禅智并重的特征，正是慧远禅学实践的一个特征。③ 而这种特征也可以

① 木村英一编：《慧遠研究——遺文篇》，创文社 1960 年版，第 102—103 页；《大正藏》第 55 册，第 66 页上栏。
② 此十地并非后来所说五十二位中的十地，而是指《摩诃般若波罗蜜经》中所说三乘共通的十地，即"菩萨摩诃萨具足干慧地、性地、八人地、见地、薄地、离欲地、已作地、辟支佛地、菩萨地、佛地，具足是地，得阿耨多罗三藐三菩提"。参见鸠摩罗什译：《摩诃般若波罗蜜经》卷 17，《大正藏》第 8 册，第 346 页中栏；亦可参见木村英一编：《慧遠研究——遺文篇》，创文社 1960 年版，注 72，第 452 页。
③ 参见宣方：《慧远禅学思想的基调、内涵与特质》，载释大安主编：《超越千载的追思——纪念慧远大师诞辰 1670 周年》，宗教文化出版社 2008 年版，第 102—103 页。

说是中国佛教学者在大小乘并传之中，融合般若与小乘禅法修行的结果。这并非慧远独创，而自其师道安就已经形成了。① 慧远在这篇序文的开始部分，就一再强调了禅智并重的重要性：

> 夫三业之兴，以禅智为宗。虽精粗异分，而阶藉有方。是故发轸分逵，涂无乱辙；革俗成务，功不待积。静复所由，则幽绪告微；渊博难究，然理不云昧。庶旨统可寻，试略而言。
>
> 禅非智无以穷其寂，智非禅无以深其照。则禅智之要，照寂之谓。其相济也，照不离寂，寂不离照，感则俱游，应必同趣，功玄于在用，交养于万法。其妙物也，运群动以至一而不有，廓大象于未形而不无，无思无为，而无不为。是故洗心静乱者，以之研虑；悟彻入微者，以之穷神也。若乃将入其门，机在摄会，理玄数广，道隐于文。则是阿难曲承音诏，遇非其人，必藏之灵府。何者？心无常规，其变多方；数无定像，待感而应。②

即在佛教的修行之中，禅定和智慧是根本。众生虽然根机各有差别，但各有相应的修行方式，其中禅定和智慧是最基本的。并且，禅定和智慧不可偏废，禅定需要智慧来究尽寂静，智慧需要禅定来深入观照。禅智的核心就在于观照与寂静，照寂又是二而为一的。二者神妙的功能在于运用，与万法交互养成。③ 与前面的引文对比

① 参见龚隽：《重提"印度禅"与"中国禅"——以4—5世纪为例》，收入氏著《禅史钩沉——以问题为中心的思想史论述》，生活·读书·新知三联书店2006年版，第53—63页。
② 木村英一编：《慧远研究——遗文篇》，创文社1960年版，第101页；《大正藏》第55册，第65页中栏至下栏。
③ 此句有多种理解，参见木村英一编：《慧远研究——遗文篇》，创文社1960年版，注8，第448—449页。本书取其第一种解释。

可知，如果要照寂不二发挥作用，只有处于佛的境界才可以做到。所以下面慧远说，在佛法身的境界下，通过照与寂神妙的应化，使世间群物的运动变化摄归于至一的法性而又没有实体，将现象背后的大象天道摹画为未形的存在而又不是虚无。① 这二者就本末之间的关系而言，何尝不是有与无的相即相成。如果按照般若学的立场来看，说成是真俗不二、当体即空也未尝不可。佛的法身正是无为而无不为的状态。

而"法身运物"的表达，慧远同样使用在《佛影铭》之中，如：

> 法身之运物也，不物物而兆其端，不图终而会其成，理玄于万化之表，数绝乎无名者也。若乃语其筌寄，则道无不在。是故如来，或晦先迹以崇基，或显生涂而定体，或独发于莫寻之境，或相待于既有之场。独发类乎形，相待类乎影。推夫冥寄，为有待耶？为无待耶？自我而观，则有间于无间矣。求之法身，原无二统。形影之分，孰际之哉！而今之闻道者，咸摹圣体于旷代之外，不悟灵应之在兹；徒知圆化之非形，而动止方其迹。岂不诬哉！②

学者们对此大概有两种解释。如日本学者村田みお，他未加批判地接受了横超慧日关于《大乘大义章》中慧远法身观的论点，但在进一步考察慧远的《佛影铭》后，认为慧远将法身理解为中国传

---

① 志村良治将此句中的"至一"解释为使得万物运动者，应是理解有误。参见志村良治：《慧遠における法身の理解——〈仏影銘〉を中心として》，收入氏著《中国詩論集》，《志村良治博士著作集 I》，汲古书院 1986 年版，第345页。

② 木村英一编：《慧遠研究——遺文篇》，创文社 1960 年版，第103页；《大正藏》第52页，第197页下栏至第198页上栏。

统概念中的神，也就是自身外在于物的实体性的存在。① 即法身本身非物却使得万物运行，使得其具有生灭变化的表现。因此，村田みお认为，慧远所说的法身可以看作是等同于主宰造化的神。但村田并未意识到和考察慧远前后文献中的法身观的变化。

另外，志村良治在《慧遠における法身の理解——〈仏影銘〉を中心として》中，专门对《佛影铭》前后诸文献中法身的描述进行了研究，并且对比这些文献中般若学的表现和僧肇《答刘遗民书》中的回答，认为慧远最终理解了鸠摩罗什的般若学说，正确把握了般若学的无始无终、超越有无、二谛同轨的空寂的法身思想。志村良治还认为，慧远之所以正确理解了般若学的思想，除与鸠摩罗什和僧肇的相互探讨之外，佛驮跋陀罗在庐山译经期间，应当也给予慧远许多有益的教导。这种推测也是合乎情理的。

而木村宣彰虽然也赞同横超慧日之说，即在《大乘大义章》的问答中，慧远尚未能理解鸠摩罗什所说的法身义，但在进一步研究慧远晚期的《佛影铭》时，木村认为此时慧远的思想产生了明显的变化，可以看出其已经不再拘泥于对法身和四大五根的关系，而是理解了法身的绝待面（法身）和相待面（应身）的本体不二的关系。② 这种对法身的存在方式的表达在《佛影铭》中最为显著。

如引文所示，慧远认为法身的理数是超绝于万物之表，且不可用名来表达的。仅由此来看，似乎法身就像村田みお所说，是独立

---

① 村田みお：《佛教圖像と山水畫——廬山慧遠〈佛影銘〉と宗炳〈畫山水序〉をめぐって》,《中国思想史研究》2009 年第 29 期。

② 参见木村宣彰：《中国仏教初期の仏陀観——道安と慧遠の場合》,《日本仏教学会年報——仏陀観》1987 年第 53 号，第 125—151 页，后收入氏著《中国仏教思想研究》，法藏館 2009 年版，第 39—64 页。

外在于世间的实体，就像老子所说之"道"一样。但实际上，慧远是要区分法身的两种存在方式，如其铭文所说"应不同方，迹绝而冥"①，作为泯形绝迹的真法身当然是超然的存在，然而从法身应化的"筌寄"——变化身来说，则其无所不在。所以，佛有时隐藏此前应化的痕迹而显示超绝世俗的立场，有时在世俗世界现身而表现出一定的形体；有时独自存在于幽漠难测的神秘之境，有时又出现在和众生世界相待的立场。喻而言之，法身独自存在的状态就像形，与众生相待应化的情况就像影。而法身的冥漠独存与寄化世间的关系，有待还是无待呢？慧远认为，这应该分两个角度来看，从世俗之我来看，就是在无间的关系中存在分别，但从法身的立场来看，则原本就是一个存在，没有分别。所以，所谓形与影的分别是无法划清界限的。志村良治认为，慧远虽然说明了法身的形影之分，但更是为了强调法身"原无二统"的超越性。② 这当然有一定的道理。但从慧远法身思想发展的历程来看，则其强调真法身与变化身的一体不二的关系更加值得注意和肯定。

所以，慧远此时已经不再泾渭分明地划分真法身与变化身的差别，而是认识到了法身的两种存在方式是相即不二的。可以说，这是慧远对法身的存在方式的最终理解。

其次，关于慧远对法身的根本性质的理解。结合前文对于慧远的法性思想的探讨，可以推知其所谓法身的性质也是非有相非无相、毕竟性空，并非是外在的独立实体；然而在法身运化的时候，则又通过"不言之化"来会应众生，这时的法身是有为与无为、

---

① 木村英一编：《慧远研究——遗文篇》，创文社 1960 年版，第 104 页；《大正藏》第 52 册，第 198 页上栏。
② 参见志村良治：《慧遠における法身の理解——〈仏影銘〉を中心として》，收入氏著《中国詩論集》，《志村良治博士著作集Ⅰ》，汲古書院 1986 年版，第345 页。

现实与理念的完美统一。只是对于慧远来说，他从修行念佛三昧的实践立场，务必追求一个外在的契机而切入，所以他强调佛法身的"灵应之在兹"，即作为他的实践观照的对象而存在。

玉城康四郎的研究一贯重视对慧远的禅定修行的实践活动与其思想活动作融会贯通性的探讨。他在研究庐山慧远的主体思想时，也涉及慧远的佛体思想。如前所述，玉城康四郎对《大智论抄序》和《庐山出修行方便禅经统序》的分析颇具慧眼，从认识主体和认识世界两个角度，鲜明地呈现出慧远对于道的终极追求。在结合《佛影铭》之后，玉城康四郎最终得出结论，认为慧远的佛身观具有五个特点：第一，佛身是通过主体感知之物，这和慧远念佛三昧的实践密切相关；第二，自己的主体并非直接就是佛体，主体必须在失去自我性之后方是佛体，也就是进入了如来的无尽法门；第三，主体的根源与法身之体都是自然，这也是主体在返归自身的时候通过去除自我性而成为佛体；第四，佛体是主体但又不仅是去除自我性的主体，而是主体有着自身的功能，可以闻佛玄音，见佛去障；第五，佛体就是法身与应身的融合，也可以说是理念与现实的融合。① 从此五点可见，玉城康四郎反对将慧远的法身观理解为客观实体论。②

但玉城康四郎兼顾实践与思想的方法，又透露出重视修行主体的绝对立场，这是在哲学的立场上对佛教修行主体与修行目标的贯通，其所列的前四种特点，无一不是表达修行主体与作为修行终极

① 玉城康四郎认为，慧远佛身观的第五点特征可以说是受了鸠摩罗什所说的"法性生身真为法身"的观点的影响。参见玉城康四郎：《廬山慧遠における道の究極》，《宗教研究》1963 年第 37 号（1），第 111 页。由此亦可看出玉城康四郎对于慧远思想历史发展考察的疏忽。

② 参见玉城康四郎：《廬山慧遠における道の究極》，《宗教研究》1963 年第 37 号（1），第 106—111 页。

目标的佛身的相互关系。这种立场确实有助于我们理解慧远的思想和活动，但也会使人忽视慧远思想演变的历史性，如其思想进程中对于"神"的复杂见解、对于"法身"的存在方式的犹疑不定、对于法身的本质或法性的莫衷一是。

尽管如此，玉城康四郎所指出的第五个特征，即佛体是法身与应身的融合，无疑正是慧远经过不懈的实践和学习，而获得的对于法身的存在方式的正确理解。

三、慧远法身思想的附属性质

如前所述，慧远在襄阳期间关注念佛三昧的修行之时，就已经非常关注佛的法身问题。这些问题不仅包括对法身性质的探讨，还含有对法身的形象、感应以及神通的追求。下面首先探讨慧远对法身的形象的关注。

（一）法身的相好

因为念佛三昧中的佛身具有庄严的三十二相，所以慧远"每希想光晷，仿佛容仪，寤寐兴怀，若形心目"①，希望可以见佛的"灵范"②、"神模"③。他作的颂中也充满了对神奇的佛的形相的描述，如：

> 堂堂天师，明明远度。……金颜映发，奇相晖布。肃肃灵仪，依依神步。茫茫造物，玄运冥驰。伟哉释迦，与化推移。静也渊默，动也天随。绵绵远御，亹亹长縻。反宗无象，光潜

---

① 木村英一编：《慧远研究——遗文篇》，创文社 1960 年版，第 61 页；《大正藏》第 52 册，第 198 页中栏。

② 木村英一编：《慧远研究——遗文篇》，创文社 1960 年版，第 61 页；《大正藏》第 52 册，第 198 页下栏。

③ 木村英一编：《慧远研究——遗文篇》，创文社 1960 年版，第 61 页；《大正藏》第 52 册，第 198 页下栏。

影离。仰慕千载，是拟是仪。①

可见，从慧远的念佛实践而产生的法身思想，从一开始就和佛的三十二相等紧密联系着。而到了402年，慧远组织念佛结社，作《念佛三昧诗集序》并命刘遗民著《立誓愿文》，此时慧远已经获得定中见佛的体验，并作为指导者引领众居士的修行。

随即，慧远的念佛实践也在和鸠摩罗什的通信中体现出来，如"五、次问三十二相并答"和"十一、次问念佛三昧并答"，都应该是和念佛三昧的修行相关之处。

　　（五、次问修三十二相并答）远问曰，三十二相，于何而修？为修之于结业形，为修之于法身乎？若修之结业形，即三十二相，非下位之所能；若修之于法身，法身无身口业，复云何而修？若思有三十二，种其一，不造身口业，而能修三十二相。问，所缘之佛，为是真法身佛，为变化身乎？若缘真法身佛，即非九住所见。若缘变化身，深诣之功，复何由而尽耶？若真形与变化无异，应感之功必同，如此复何为独称真法身佛妙绝于九住哉！②

这是慧远专就佛的三十二相向鸠摩罗什提问。而他对佛的相好的关注在"三、次问真法身像类并答"中就已经出现，如"远问曰：众经说佛形，皆云身相具足，光明彻照，端正无比，披服德式，即

①　木村英一编：《慧远研究——遗文篇》，创文社1960年版，第61页；《大正藏》第52册，第198页下栏。

②　木村英一编：《慧遠研究——遗文篇》，创文社1960年版，第16页；《大正藏》第45册，第127页上栏。

是沙门法像。真法身者，可类此乎?"① 只是当时慧远提问重点在于十住菩萨与佛法身形象的问题，尚未涉及佛身的三十二相如何修成之事。

> （十一、次问念佛三昧并答）远问曰，念佛三昧，如《般舟经·念佛章》中说，多引梦为喻。梦是凡夫之境，惑之与解，皆自涯已还理了。而经说念佛三昧见佛，则问云，则答云，则绝其疑网。若佛同梦中之所见，则是我想之所瞩。想相专则成定，定则见佛。所见之佛，不自外来，我亦不往，直是想专理会，大同于梦了。疑大，我或不出境，佛或不来，而云何有解。解其安从乎？若真感外应，则不得以梦为喻。神通之会，自非实相，则有往来。往则是经表之谈，非三昧意，复何以为通？
>
> 又《般舟经》云：有三事得定，一谓持戒无犯，二谓大功德，三谓佛威神。问：佛威神为是定中之佛，外来之佛？若是定中之佛，则是我想之所立，还出于我了；若是定外之佛，则是梦表之圣人。然则成会之来，不专在内，不得令同于梦，明矣。念佛三昧法，法为尔不？二三之说，竟何所从也?②

此章是慧远就《般舟三昧经》中通过念佛三昧所见之佛与梦的相互关系的提问。在慧远看来，梦是一个世俗性的状态，是凡人日有所思夜有所梦的状况。这种日有所思，是一种精神的集中状态，和念佛三昧所说定中见佛的禅定有类似之处。因而，定中所见之佛只

---

① 木村英一编：《慧遠研究——遺文篇》，创文社 1960 年版，第 12 页；《大正藏》第 45 册，第 125 页中栏。
② 木村英一编：《慧遠研究——遺文篇》，创文社 1960 年版，第 34—35 页；《大正藏》第 45 册，第 134 页中栏。

是"我"的想象，并非定外实际存在。所以，此处慧远的问题中心点在于定外之佛如何同修行念佛三昧之"我"产生关系？定外之佛如何通过神通与我感应？神通是有感有应，有往有来，那么这和禅定的寂灭诸相、洞见无去无来的诸法实相是互相违背的吗？①

　　日本学者福原隆善认为，慧远这五和十一两问虽然有关念佛三昧，并且是依据《般舟三昧经》，但《般舟三昧经》虽说根据念佛三昧可以见佛，却并不是以可视的佛身为对象进行念佛观佛，而是以称名为中心进入三昧，从而不求自得地可以见佛。所以，慧远这两处提问中所体现的也是如此，即慧远的念佛并非是《观无量寿经》及《观佛三昧海经》② 中描述的观想具备三十二相八十随形好的阿弥陀佛的相好的念佛。福原还指出，慧远对三二十相的关注，其实源于他的法身思想，即佛菩萨如何才能具有三十二相、已经具备三十二相的佛如何发挥救济众生的作用、众生又是如何同具有三十二相的佛产生关系而被救度。福原隆善最后认为，慧远并非最初

---

① 对于此处慧远就梦之喻和定中见佛的关系，宣方认为梦在大乘经典中一般说明现象的虚幻性，而《般舟三昧经》则以此说明见佛的真实性等，这在一定程度上也使慧远感到疑惑不解。参见宣方：《慧远禅学思想的基调、内涵与特质》，载释大安主编：《超越千载的追思——纪念慧远大师诞辰 1670 周年》，宗教文化出版社 2008 年版，第 91—110 页。但细究慧远此处文意，则可知他所说"梦"喻和一般大乘经典中表达虚幻性的梦喻并无直接关系，慧远只是在世俗性的成梦之因这一点上使用这一比喻。

② 对于此经中所述佛影窟与其译者佛驮跋陀罗之关系，参见陈金华：《佛陀跋陀共慧远构佛影台事再考》，载李四龙主编：《佛学与国学：楼宇烈教授七秩晋五颂寿文集》，九州出版社 2009 年版，第 55—64 页。陈氏文中虽重新考证佛驮跋陀罗之出身及其与《观佛三昧海经》所述那揭罗曷佛影窟之关系，但其对佛驮跋陀罗传记的解读亦难立论，如其对佛驮跋陀罗为外氏所养一事即解释为被无血缘关系之人收养，而实际上应是指佛驮跋陀罗三岁丧父，随母回居娘家，五岁母丧之后遂为外祖所养。"外氏"正是指外祖父母家。而佛驮跋陀罗从祖"迎还"其回本家，所谓"迎"亦不必有"山河阻隔"之事。因而陈氏立论反对佛驮跋陀罗亲访那揭罗曷佛影窟之事实难确立。佛驮跋陀罗帮助庐山慧远仿建佛影窟事，已为学术界所公认。慧远对于佛的相好的关注是始终如一的。

修行观想佛的相好进行念佛之人，根据其他传记资料，他认为慧远身边的居士刘遗民才是最初观想佛的相好进行念佛之人。①

关于此说，有以下三点值得注意。首先，福原认为慧远提问中的三十二相源自他对法身的关注，是确然无疑的。其次，福原认为《般舟三昧经》中的念佛三昧是以称名为中心而定中见佛的观点，实难令人苟同，而作者也并未给出任何证据。最后，福原此文并未考察慧远的《念佛三昧诗集序》及《佛影铭》，所以，虽然在刘遗民的事迹中明显出现了《无量寿经》等念佛经典，但仅仅认为刘遗民修行观想佛相进行念佛是难以成立的。因而，对于慧远的观想念佛的佛教经典依据也值得再加考虑。

中国学者杨净麟根据慧远序文及刘遗民誓愿文的内容，对比支谶译《无量清净平等觉经》，考察与慧远相关之历史人物事迹，认为《无量寿经》是慧远念佛的主要依据。② 杨净麟所作对比研究确实值得参考，但亦未免有言过其实之处，因为历来学术界都注意到了《般舟三昧经》和慧远念佛三昧的关系。③ 所以，《无量寿经》和《般舟三昧经》等都应该是慧远念佛实践的来源，但慧远念佛

① 参见福原隆善：《廬山慧遠における仏の相好観》，载多田孝正博士古稀纪念论集刊行会编集：《仏教と文化——多田孝正博士古稀記念論集》，山喜房佛书林2008年版，第233—245页。

② 参见杨净麟：《慧远大师念佛思想的主要经典依据考辨》，载释大安主编：《超越千载的追思——纪念慧远大师诞辰1670周年》，宗教文化出版社2008年版，第131—141页。

③ 如方立天指出《无量寿经》系列和《般舟三昧经》，为慧远念佛之依据，参见方立天：《魏晋南北朝佛教》，《方立天文集》第一卷，中国人民大学出版社2006年版，第138—142页；宣方和谢路军则更强调《般舟三昧经》为慧远念佛实践的根据，参见宣方：《慧远禅学思想的基调、内涵与特质》，载释大安主编：《超越千载的追思——纪念慧远大师诞辰1670周年》，宗教文化出版社2008年版，第91—110页；谢路军：《西方净土的早期信仰者——庐山慧远》，载释大安主编：《超越千载的追思——纪念慧远大师诞辰1670周年》，宗教文化出版社2008年版，第142—154页。

实践的方法并非后世净土宗之称名念佛则确然无疑。[1]

慧远这两处提问都和《般舟三昧经》相关，并且说"想相专则成定"，即观想念佛相好而定中见佛。但同时可以看出，在涉及三十二相的时候，慧远仍然表现出将法身与三十二相紧密结合的情况。究其原因，当有以下三点。

其一，慧远没有正确理解《般舟三昧经》对佛的三十二相的态度。正如玉城康四郎的研究，诸《般舟三昧经》中念佛三昧的特点之一即是不可贪著于佛身的相好。[2] 这也正是方立天先生所说，这些三昧经典体现了般若思想和净土思想的结合。[3] 而慧远在和鸠摩罗什通信之时，一直对佛法身的相好极为重视，这说明慧远对于般若学的理解尚不能通达无碍。

其二，由于慧远修行念佛三昧的实践需求，使他对于相好有着深切的关注。这又不仅是念佛三昧法门的独特要求，也牵涉到作为

---

[1] 除了慧远的念佛三昧的经典依据之外，玉城康四郎在考察慧远的三昧思想的综合性时，指出其思想来源，如禅智并重等，除了印度佛教的根源之外，还和中国传统思想具有渊源，如与《庄子》中所说"恬"与"知"的相互培养等具有关系。所以，慧远的三昧思想是中国传统精神的影响与印度佛教三昧的实行内在密切结合的产物，其既不同于中国传统思想又异于印度三昧的形态，但与佛教的本质是契合相连的。参见玉城康四郎：《廬山慧遠の三昧の綜合性——インドと中国》，载奥田慈应先生喜寿纪念论文集刊行会编：《奥田慈応先生喜寿記念——仏教思想論集》，平乐寺书店1976年版，第617—628页。

[2] 玉城康四郎共举出《般舟三昧经》中涉及阿弥陀佛之前念佛三昧的四个特点，此为其二。其余三个分别为：一、所念之佛为现在佛或一切诸佛；三、与世无争，以所有事物为因缘；四、在如来地中获得忍辱。而此之后所说阿弥陀佛的念佛只是作为念佛三昧的一个具体事例，即通过这一具体的、特殊的修行方法而表明可以向更普遍的佛的世界和国土中永生。参见玉城康四郎：《〈般舟经〉における念仏三昧の考察》，载胜又俊教博士古稀纪念论文集刊行会编：《勝又俊教博士古稀記念論集——大乘仏教から密教へ》，春秋社1981年版，第85—104页。

[3] 参见方立天：《魏晋南北朝佛教》，《方立天文集》第一卷，中国人民大学出版社2006年版，第141页。

佛教修行者对于佛教终极理想的追求。这在慧远晚期的《佛影铭》中有了明确的表述。他说："远昔寻先师，奉侍历载。虽启蒙慈训，托志玄籍，每想奇闻，以笃其诚。"① 即慧远在追随道安求学之时，虽然修学不辍，探究佛理，但关于佛陀事迹的神奇传说却一直萦绕心怀，这每每可以加深自己修行佛法的热诚。

其三，这当然是由于慧远对法身的执着追求。当慧远不能完全理解法身与生身不离不即的关系，即不理解鸠摩罗什所说的"大乘法中，无决定分别是生身是法身"时，仍然执着于把"相好生身"当作法身进行追求。但在这些追求中，又可以看出慧远对于法身的相好的作用的重视，即法身的相好是佛与菩萨应化众生的一种能力。这点正是贯穿慧远念佛三昧的实践与其感应思想的一个关键之处。

（二）法身的感应

庐山慧远对法身感应的关注，贯穿其一生。不管慧远能否正确认识法身的本质与存在方式，他都一直强调法身感应的作用。因为这对于一个佛教修行者来说，是其祛除迷惑并可能和佛陀发生联系的一个重要途径。

在早期的《晋襄阳丈六金像赞序》中，慧远就已经流露出这一点。如：

> 每希想光晷，仿佛容仪，寤寐兴怀，若形心目。冥应有期，幽情莫发，慨焉自悼，悲愤靡寄。……堂堂天师，明明远度。……感时而兴，应世成务。②

---

① 木村英一编：《慧遠研究——遗文篇》，创文社 1960 年版，第 103 页；《大正藏》第 52 册，第 198 页上栏。

② 木村英一编：《慧遠研究——遗文篇》，创文社 1960 年版，第 61 页；《大正藏》第 52 册，第 198 页中栏至下栏。

所谓"感时而兴，应世成务"，这种描述看起来还像是一般经典中的泛泛而谈。而前面慧远谈及造立佛陀金像的缘由，表达自己对佛陀形象的追慕之时，正是对于定中见佛的渴望。而见佛的目的，正是期待佛陀的冥冥感应。只是此时慧远尚未达到定中见佛的境界，所以才心中幽幽之情积而未发。

慧远在《三报论》中的描述同样切合着他自己的佛教修行：

> 推此以观，则知有方外之宾，服膺妙法，洗心玄门。一诣之感，超登上位。如斯伦匹，宿殃虽积，功不在治，理自安消，非三报之所及。①

慧远希望自己作为方外之宾，可以凭借"一诣②之感"，即定中见佛而得到的感应从而上菩萨位③。这样的修行者才可以消除一切的积业，在三报所及范围之外。古田和弘认为，这种希望通过见佛并

---

① 木村英一编：《慧遠研究——遺文篇》，创文社 1960 年版，第 71 页；《大正藏》第 52 册，第 34 页下栏。

② 《弘明集研究》将"一诣"解释为立刻、一下子的意思，参见京都大学人文科学研究所编：《弘明集研究·訳注篇上》，中西印刷 1974 年版，第 325 页。结合慧远所说"一觌之感"及其念佛实践来看，"一诣之感"肯定具有见佛获得感应的意思。

③ 所谓"上位"，应该是指上菩萨位，如《放光般若经》中所说，"佛言：'菩萨亦不以二道，亦不以佛道也。遍学诸道，乃上菩萨位。如第八贤圣遍学诸道，虽在乎地，未受果证。菩萨亦如是，皆行诸道得菩萨位，未及萨云若，未得金刚三昧。得功德时，乃具足逮萨云若'"。须菩提言："世尊！若菩萨遍学诸道尔乃上位者……"。参见无罗叉译：《放光般若经》卷 17，《大正藏》第 8 册，第 118 页上栏。另外，慧远在《念佛三昧诗集序》有使用"菩萨初登道位"之语，可以合而并观。参见木村英一编：《慧遠研究——遺文篇》，创文社 1960 年版，第 78 页；《大正藏》第 52 册，第 351 页中栏。然而所谓"上菩萨位"实际上即《摩诃般若波罗蜜经》中所谓获得无生法忍成就七住菩萨，"入菩萨位"。参见鸠摩罗什译：《摩诃般若波罗蜜经》卷 22，《大正藏》第 8 册，第 381 页中栏至下栏。

获得佛的感应，从而消除生死轮回中的重重迷惑，正是慧远对于念佛三昧最大的期待。① 生死轮回以及因果报应之苦，也可从刘遗民的《立誓愿文》中看出，如下所说：

> 夫缘化之理既明，则三世之传显矣。迁感之数既符，则善恶之报必矣。推交臂之潜沦，悟无常之斯切。审三报之相催，知险趣之难拔。此其同志诸贤，所以夕惕霄勤，仰思攸济者也。②

可以看出，对于当时修行佛法之人，生死轮回及善恶报应是最为切近人生的大事，使人不得不朝夕修行念佛三昧，以期往生西方净土而获得拯救。因而慧远在《念佛三昧诗集序》中再次详加论述说：

> 又诸三昧，其名甚众，功高易进，念佛为先。何者？穷玄极寂，尊号如来，体神合变，应不以方。故令入斯定者，昧然忘知，即所缘以成鉴。明则内照交映，而万像生焉。非耳目之所至，而闻见行焉。于是睹夫渊凝虚镜之体，则悟灵根湛一，清明自然；察夫玄音之叩心听，则尘累每消，滞情融朗。非天下之至妙，孰能与于此哉！以兹而观，一觌之感，乃发久习之流覆，割昏俗之重迷。若以匹夫众定之所缘，固不得语其优劣，居可知也。是以奉法诸贤，咸思一揆之契，感寸阴之颓影，惧来储之未积。③

---

① 参见古田和弘：《廬山慧遠の修道論》，《日本仏教学会年报——仏教における修行とその理論的根拠》1979 年第 45 号，第 140 页。
② 僧祐撰：《出三藏记集》，《大正藏》第 55 册，第 109 页下栏。
③ 木村英一编：《慧遠研究——遗文篇》，创文社 1960 年版，第 78—79 页；《大正藏》第 52 册，第 351 页中栏至下栏。

慧远首先强调了念佛三昧的优越性，而这又是基于如来感应的不可思议的神妙威力。如来通过自己的普适无边之应，可以使得进入念佛三昧之人，观见如来渊深清净的法身，从而领悟自身灵根的清明自然，听见如来玄妙的声音，从而消除尘世之烦恼，神清气朗。这"一觌之感"，和《三报论》的"一诣之感"一样，可以消除长久以来惯习的烦恼，割除昏沉凡俗的重重迷惑，所以众人才在庐山共同参加这同一个念佛三昧的结社。玉城康四郎在对慧远的念佛三昧修行的系列研究论文中即已指出，其念佛三昧的最重要特色即见佛感应的思想。①

对于感应的重视，不仅表现于慧远的念佛实践中，同样也在其法身思想中得以显现。

在其后和鸠摩罗什的问答中，就更加可以看出慧远结合法身的相好与感应的特点。当慧远在第一章中询问法身与色身之别，认为"佛于法身中为菩萨说经，法身菩萨乃能见之"②的时候，其实就已经潜含着佛法身的相状可以为菩萨看见，应该是对菩萨有所裨益之事。

当慧远在"三、次问真法身像类并答"中，认为佛的变化之形的三十二相的殊妙相好是为了应化凡俗众生，从而推测佛的真法身只有十住菩萨可以看见，那么佛的真法身的相好也是为了应化十住菩萨而有。只是这与慧远当时所持"十住无师"的观点相矛盾，所以引起他的发问，"将何所引而有斯形？"③

---

① 参见玉城康四郎：《廬山慧遠における念仏三昧の特徴》，《精神科学》1982 年第 21 号。

② 木村英一编：《慧遠研究——遺文篇》，创文社 1960 年版，第 5 页；《大正藏》第 45 册，第 122 页下栏。

③ 木村英一编：《慧遠研究——遺文篇》，创文社 1960 年版，第 13 页；《大正藏》第 45 册，第 125 页下栏。

同样，在"五、次问修三十二相并答"中，慧远就如何修行三十二相发问。对于是要缘想真法身佛，还是变化身佛来修三十二相的问题，慧远假设说，"若真形与变化无异，应感之功必同。如此，复何为独称真法身佛妙绝九住哉?"① 即真法身之所以唯有十住菩萨能够看见，因为它只是感应于十住菩萨才显现的。

由此可知，当慧远尚未完全理解法身之"无决定相"的时候，他对于法身的相好和感应的联系就已经深信不疑。

除了法身的相好和感应之外，慧远还非常重视法身的感应和神通的关系。如其在"七、问法身感应并答"中说：

> 远问曰：夫形开莫善于诸根，致用莫妙于神通。故曰菩萨无神通，犹鸟之无翼，不能高翔远游，无由广化众生，净佛国土。推此而言，寻源求本，要由四大。四大既形，开以五根。五根在用，广以神通。神通既广，随感而应。法身菩萨，无四大五根。无四大五根，则神通之妙，无所因假。若法身独运，不疾而速，至于会应群粗，必先假器。假器之大，莫大于神通。故经称，如来有诸通慧。通慧则是一切智海，此乃万流之宗会，法身祥云之所出。运化之功，功由于兹。不其然乎！不其然乎！若神通乘众器以致用，用尽故无器不乘。斯由吹万不同，统以一气。自本而观，异其安在哉！则十住之所见，绝于九住者，直是节目之高下，管窥之阶差耳。②

---

① 木村英一编：《慧远研究——遗文篇》，创文社1960年版，第16页；《大正藏》第45册，第127页上栏。

② 木村英一编：《慧遠研究——遗文篇》，创文社1960年版，第23页；《大正藏》第45册，第129页下栏至第130页上栏。

在此问中，慧远试图确定四大五根与神通的作用。这在慧远的提问中处于相对较早的阶段，所以，其提问方式和"二、次重问法身并答"中一样，即认为由四大五根产生形体，由此形体继而产生作用，而最奇妙之作用莫过于神通。但菩萨处于三界外，没有三界内的形体，所以菩萨的神通妙用似乎失去了依据。对此，鸠摩罗什随即给出回答，即菩萨虽然有微细的四大五根神通，但并不可"以四大五根定为神通之本"①。

虽然慧远关于神通之本的观点有待商榷，但其所谓法身变现应化众生所须假借的最大的工具就是神通这一观点，确实得到了鸠摩罗什的肯定。鸠摩罗什认为，圣人能够引导众生的工具无非就是神通，因而法身感应的依据即是神通。

最后，慧远在《佛影铭》中再次论述法身感应的神奇作用：

> 尔乃思沾九泽之惠，三复无缘之慈，妙寻法身之应，以神不言之化。化不以方，唯其所感；慈不以缘，冥怀自得。譬日月丽天，光影弥晖。群品熙荣，有情同顺。咸欣悬映之在己，罔识曲成之攸寄。妙物之谈，功尽于此。将欲拟夫幽极，以言其道，仿佛存焉，而不可论。②

慧远希望通过建造佛影窟，而从佛陀广大之惠、无缘之慈中得以受益，并以此探寻法身神妙不可言说的应化之功。而对于"化不以方，唯其所感；慈不以缘，冥怀自得"一句，尚有另一版本为

① 木村英一编：《慧遠研究——遺文篇》，创文社 1960 年版，第 24 页；《大正藏》第 45 册，第 130 页上栏至中栏。

② 木村英一编：《慧遠研究——遺文篇》，创文社 1960 年版，第 103 页；《大正藏》第 52 册，第 197 页下栏。

"化不以其所感，慈不以其所缘"。但一方面，后者同其后的"冥怀自得"韵律不协，原句本应是四字一句，拟成两对；另一方面，如慧远在《大智论抄序》中的"虽神悟发中，必待感而应"①，及《庐山出修行方便禅经统序》中的"心无常规，其变多方；数无定像，待感而应"② 一样，都在强调应化必须基于有所感而发，即应化具有条件的限制。虽然这两处文字并非是对佛法身的感应的描写，前者是指鸠摩罗什译经授教是基于秦主姚兴的推崇佛法、大加兴化；后者是指佛陀教法的传授，必须是具有优秀资质的人才可以实行。但从广义的层面上来讲，无疑都是对于"应"的条件加以限制，即"所应"的对象必须有"感"的功能。

如果说《大智论抄序》等处的感应尚不可以和法身的感应相匹配的话，那么在《佛影铭》中，慧远还说道"感彻乃应，扣诚发响"③，即面对已经建好的青姿入微的佛影，只有修行者发出真诚之感，佛在此的变化身才可能予以响应。

由此可见，慧远关于感应的一个重要特征，就是必须以众生的能感才可获得法身的所应。然而，这又和下面一句的"慈不以缘，冥怀自得"产生了矛盾，即佛陀的无缘大慈不需要区分众生的根机和种类，而是普遍地应显救度众生。所以，众生都可以默契地受益于佛陀的教法。这正是佛法身之所以是神妙之物的原因。对此慧远自身虽然没有表明，但却隐含着其感应思想的逻辑矛盾。

另外，古田和弘略有提及，慧远的念佛实践具有独善的一面，

① 木村英一编：《慧遠研究——遗文篇》，创文社 1960 年版，第 100 页；《大正藏》第 55 册，第 76 页上栏。
② 木村英一编：《慧遠研究——遗文篇》，创文社 1960 年版，第 101 页；《大正藏》第 55 册，第 65 页下栏。
③ 木村英一编：《慧遠研究——遗文篇》，创文社 1960 年版，第 104 页；《大正藏》第 52 册，第 198 页上栏。

这在后世迦才的《净土论》中遭到严厉批判。① 这点也是强调个人主体与真实存在之间的互相联系时常有之事。慧远这种独善的倾向，在他隐居庐山的生活方式中也表现出来。② 而从慧远对于感应的态度，也可看出玉城康四郎与古田和弘所说慧远在修行实践中对主体性认知的重视。

综上所述，慧远的感应思想有以下三点特征：

其一，慧远重视法身的相好与感应的关系。法身相好的出现必然是作为一种感应而产生作用的，不管感应的对象是凡俗世人还是十住菩萨。

其二，慧远认为，法身救度众生能够产生感应的依据在于法身的神通功能。必须基于神通，佛与菩萨才可以任其心意，根据可以救度的众生的需要而方便现身。

其三，慧远重视与法身产生感应过程中修行者的能动性，即修行者必须发出真诚之感，才可上达法身，从而得到法身的应化。但这又与慧远强调法身的无缘大慈存在矛盾。抽象来说，即有限的修行主体的主观性和普遍的法身慈悲的客观性不能够完全契合，这种理论的张力深刻影响了后世感应思想的进一步发展。

其四，总体来讲，慧远在念佛三昧的实践中主要强调感应，所以使得他的感应思想具有独善其身的特征。这种特征又在其对修行主体能动性的强调中得以显现。

四、慧远对佛教修行阶段的重视

由慧远的法性及法身思想，可以看出他对于佛教修行的重视，

---

① 如迦才说："远法师、谢灵运等，虽以金期西境，终是独善一身。"参见唐代迦才著：《净土论》卷1，《大正藏》第47册，第83页中栏。

② 参见古田和弘：《廬山慧遠の修道論》，《日本仏教学会年報——仏教における修行とその理論的根拠》1979 年第 45 号，第 142 页。

这和他的禅修实践自然是密不可分的。如前所述，在《大乘大义章》中已经表明他对于菩萨的法性生身的生成、法身的三十二相如何修行等问题的关注。而在慧远的佛教修行论中，还涉及他对于佛教修行阶段的重视，即特别关注获得无生法忍以上的七住菩萨和十住菩萨，以及佛断尽烦恼习气和阿罗汉成佛之可能性的疑问。这些问题，一方面由于慧远会通大小乘的倾向所致；另一方面，则出于他对不同大乘经典中教义差别的困惑。

（一）七住与十住菩萨

慧远对于七住菩萨的关注，主要体现在其法身思想中。因为，从七住菩萨开始获得无生法忍，从而拥有了可以称为法身的妙行法性生身。但慧远更关注的，则是菩萨的无生法忍的形成原因，而这在《般若经》中又和菩萨的遍学二乘具有直接的联系。所以，慧远在"十七、次问遍学并答"中反复询问这个问题。

在第十七章之第①及⑥问中，慧远都问及二乘道的智及断为何是菩萨的无生法忍，或菩萨的无生法忍的形成原因。

　　①远问曰，如菩萨观诸法空，从本以来，不生不灭；二乘道者观诸法灭，何得智及断是菩萨无生法忍？①

　　"⑥又问，《经》云，四道与辟支佛智及灭，皆是菩萨之忍。寻意似是学彼灭智，以成此忍。彼学本自不同，法忍云何而成。若必待此而不证，即诸佛世尊，大会说法，其中应不俄尔之顷，顿至法忍者。推此而言，反复有疑。"②

---

① 木村英一编：《慧遠研究——遺文篇》，创文社 1960 年版，第 46 页；《大正藏》第 45 册，第 139 页上栏。

② 木村英一编：《慧遠研究——遺文篇》，创文社 1960 年版，第 49 页；《大正藏》第 45 册，第 140 页中栏。

由此可见，慧远对《摩诃般若波罗蜜经·遍学品》中菩萨的无生法忍和声闻缘觉二乘道的智与断的关系产生疑问。《摩诃般若波罗蜜经》中说：

> 若菩萨摩诃萨从初发意行六波罗蜜时，以智观过八地。何等八地？干慧地、性地、八人地、见地、薄地、离欲地、已办地、辟支佛地。直过，以道种智入菩萨位。入菩萨位已，以一切种智断一切烦恼习。须菩提！是八人若智若断，是菩萨无生法忍。须陀洹若智若断、斯陀含若智若断、阿那含若智若断、阿罗汉若智若断、辟支佛若智若断，皆是菩萨无生忍。菩萨学如是声闻、辟支佛道，以道种智入菩萨位。入菩萨位已，以一切种智断一切烦恼习，得佛道。如是，须菩提！菩萨摩诃萨遍学诸道具足，应得阿耨多罗三藐三菩提。得阿耨多罗三藐三菩提已，以果饶益众生。①

即菩萨通过智慧遍观三乘共通十地中的前八地，以此来成就菩萨的道种智。菩萨学成道种智之后，就可以进入众生的深心之相，从而随顺众生之心而相应说法救度。一方面，这是菩萨修行必经之事；另一方面，又是菩萨广与众生作缘，众生不尽不入涅槃的慈悲之心所致。

　　然而对于慧远来说，他更重视的是学理上的会通，即阿罗汉与辟支佛二乘道观察诸法的本性无常，从而追求厌离出世之道；但菩萨以不二法门认识到一切诸法不生不灭的实相，所以住于世间应化

---

① 　鸠摩罗什译：《摩诃般若波罗蜜经》卷22，《大正藏》第8册，第381页中栏至下栏。

救度。慧远试图通过类似生成论的模式将其解释为二乘的灭与智是菩萨无生法忍的基础。但这二者之间修行教法的根本性质是不同的，他们之间在学理上的连续性又如何获得呢？

综合慧远之问与《摩诃般若波罗蜜经》的经文可见，慧远没有注意到菩萨通过遍学诸道以便获得道种智从而救度一切众生的经文内容。这是慧远忽视菩萨的慈悲之性，而仅就学理上追求会通时必然会遇到的事情。

另外，不同佛教经典中观点相违，也让慧远对菩萨遍学诸道的必然性产生疑问。许多经典中言及，佛或菩萨教说某法之后，听法大众之中几许之人立刻证得无生法忍。若将这些文字看作赞美佛法功效殊胜的表现，自然不会执以为实。但对于佛教徒慧远来说，经中所说皆应为实。如此一来，顿得无生法忍与菩萨遍学以成无生法忍之间自然产生矛盾。

鸠摩罗什随后为慧远解释了菩萨遍学的目的，只是为了学习诸法以便应合众生需求从而完成救度，并非是将声闻缘觉二乘道法作为菩萨的无生法忍的产生基础。而之所以说二乘道的灭与智等是菩萨的无生法忍，是因为二乘人通过四智六智以及有余断无余断等，与菩萨通过无生法忍同样地获得诸法无相之实相。①

如果慧远明白了菩萨遍学的目的，那么顿得无生法忍与菩萨遍学之间的矛盾自然就会消除。况且，鸠摩罗什在第⑧问中回复慧远说，"凡言善学小乘法者，皆是得无生忍菩萨"②，即顿时证得无生法忍之人只是更加善于学习小乘教法，七住之前的菩萨虽然学习二

---

① 参见木村英一编：《慧远研究——遗文篇》，创文社1960年版，第50页；《大正藏》第45册，第140中栏至下栏。

② 木村英一编：《慧远研究——遗文篇》，创文社1960年版，第52页；《大正藏》第45册，第141页中栏。

乘教法，但他们本已认识到小乘法的粗浅卑陋，所以只是学习，但不会取证阿罗汉辟支佛的果位。[1]

但慧远显然没有完全理解鸠摩罗什所说的教义，他又继续追问菩萨通过遍学获得无生法忍的方式。

⑨又问：遍学以何为始终？从发意至得忍，其中住住，皆是遍学不？若初住遍学，于二乘智灭中，已得无生法忍，则不应复住住遍学。若果不住住遍学，则其中无复诸住阶差之名。若初住不得忍，即住住皆应遍学。若住住遍学，则始学时漏结不尽，如其不尽，则虽学无功。想诸菩萨，必不徒劳而已。又问：《十住除垢经》说，菩萨初住中遍学，虽入圣谛，不令法灭，亦不令起。此语似与《大智论》异，亦是来答所不同。是乃方等之契经，于理者所共信。若不会通其趣，则遍学之说，非常智所了之者。则有其人。[2]

从此问中可以看出，慧远没有理解二乘道之灭与智为何称为菩萨之无生法忍的原因。他仍然试图用生成论的模式来解释菩萨遍学获得无生法忍的阶段和方式。对此，鸠摩罗什指出，已得与未得无生法忍菩萨的遍学方式的不同，即未得无生法忍菩萨只用闻思二慧学习二乘道法，此时菩萨福德不深，若用修慧的话可能会证入二乘涅槃，并且指出，即使新发意菩萨遍学诸道也不是因此成就无生法忍；已得无生法忍菩萨则可以用闻、思、修三慧学习二乘教法，体

---

[1]　参见木村英一编：《慧远研究——遗文篇》，创文社 1960 年版，第 52 页；《大正藏》第 45 册，第 141 页中栏。

[2]　木村英一编：《慧遠研究——遺文篇》，创文社 1960 年版，第 53 页；《大正藏》第 45 册，第 141 页下栏。

得诸法实相，知道三乘之法只是深浅程度上的差异。

最后，慧远就菩萨证得无生法忍之"证与取证"提出疑问，鸠摩罗什回答他说："证名已具足，放舍止息，所观第一，更无有胜，不复畏受三界苦恼，是名为证。"① 即只有阿罗汉、辟支佛与佛才可称为得证之人，菩萨获得无生法忍，但仍有菩萨的细微结使，只是假名为证而已。

综上所述，可以看出慧远对于七住菩萨的无生法忍的关注，主要集中于无生法忍的产生原因、菩萨遍学获得无生法忍的阶段和方式，以及说菩萨"证"得无生法忍的理由。这其中仍然透漏出慧远对于大小乘中某些教法的生成论解读倾向，但因文本所限，我们不得而知慧远是否完全理解了菩萨的无生法忍与遍学的关系。然而，无论是从大小乘某些教义的差别，还是从慧远对于法身的关注来看，无生法忍在慧远的佛教修行论中都具有极其重要的地位。这可能也是为何后世将慧远作为小顿悟的代表之一的理由。②

接着来看慧远对于十住菩萨的观点。事实上，慧远并没有太多关注十住菩萨，仅在《大乘大义章》中有关佛的真法身的提问中附带有所提及。在这些问题中，慧远将十住菩萨与七至九住菩萨严格分开，认为他们在命根长短及相好精粗上都存在着差别。③

除此之外，慧远对于十住菩萨的一个观点是"十住无师"，此

---

① 木村英一编：《慧远研究——遗文篇》，创文社1960年版，第54页；《大正藏》第45册，第142页上栏。

② 如慧达：《肇论疏》卷1："远师云，二乘未得无有，始于七地方能得也"。《卍续藏经》第54册，第55页中栏。

③ 参见木村英一编：《慧远研究——遗文篇》，创文社1960年版，第14页；《大正藏》第45册，第126页中栏。

观点的假设基础在于十住菩萨的"功报"① 或"功德"② 是实在的。但这个观点遭到鸠摩罗什的纠正，认为直至坐道场菩萨都须佛陀指引，何况十住菩萨。

慧远还追问，十住菩萨作为补处菩萨时修行时间是一生还是千生，修行时间的决定因素是余垢转消、生理转尽，还是功德转积、渐造于极。慧远之所以将余垢的消除作为一个单独的因素，还是由于他头脑中大小乘类比的思想作祟，认为十住菩萨消除余垢的过程就像须陀洹七生的过程一样。然而，慧远所说十住菩萨千生思想的依据，并未得到鸠摩罗什的认可。

在关于十住菩萨断尽余垢以致一生补处的观点之后，慧远还就佛断本习之事进行提问。如慧远在"八、次问法身佛尽本习并答"说：

> 远问曰：《大智论》曰，阿罗汉辟支佛尽漏，譬烧草木，烟炭有余，力劣故也。佛如劫烧之火，一切都尽，无残无气。《论》又云，菩萨逮法忍得清净身时，烦恼已尽，乃至成佛，乃尽余气。如此则再治而后毕，劫不重烧，云何为除耶？若如《法华经》说，罗汉究竟，与菩萨同。其中可以为阶差，烦恼，不在残气。又三兽度河，三士射的，今同大除。此皆声闻经，非大类立言之本意，故以为疑。又问：真法身佛，尽本习残气时，为以几心？为三十四心耶？为九无碍九解脱耶？为一无碍一解脱耶？若以三十四心，烦恼先已尽，今唯尽残气，不应复

---

① 参见木村英一编：《慧远研究——遗文篇》，创文社1960年版，第13页；《大正藏》第45册，第125页下栏。

② 参见木村英一编：《慧遠研究——遗文篇》，创文社1960年版，第21页；《大正藏》第45册，第129页上栏。

同声闻经说。若以九无碍九解脱，烦恼有九品，双道所断故，无有此用耳。烦恼残气，非三界漏结之所摄，余垢轻微，尚无一品，况有九乎？若以一无碍一解脱，计三界九地中，皆应有残气，不得偏治上地。若从不用以上，先以世俗道断，今虽上地而有疑。何者？无漏法与世俗道，俱断九品结，功同而治异，故有斯义。推本习残气，尚非无漏火所及，况世俗道乎？夫功玄则治深，数穷则照微，理固宜然。想法身经，当有成说，残气中或有差品之异。是所愿闻。①

首先，慧远对于菩萨断烦恼和佛断烦恼的方式产生疑问。佛断烦恼就像劫烧之大火灾，一切无不灭尽；菩萨断烦恼分为两段，得清净法性生身时断尽烦恼，成佛之时断尽烦恼余气。然而，慧远却将劫烧之火的比喻执以为实，认为如果坏劫之大火不重烧的话，菩萨如何断尽残气就成为问题。对此，鸠摩罗什指出劫烧之火只是一个比喻，没有进一步解释。

其次，慧远进一步询问了佛真法身断尽本来烦恼习气的方法。此时，慧远使用小乘阿毗昙教法中"三十四心九无碍道九解脱道"等，解释佛真法身断本习的方式。然而由于理论前提的错误，致使慧远推论到最后认为，菩萨或佛的烦恼残气中应该存在品类的差异，就像《阿毗昙心论》中所说九品烦恼。②

虽然鸠摩罗什否定了慧远所用小乘教法的理论前提，认为佛以一念慧断尽一切烦恼习气，所有应知应见皆可通达无碍。但他最后

---

① 木村英一编：《慧遠研究——遺文篇》，創文社 1960 年版，第 25—26 页；《大正藏》第 45 册，第 130 页下栏。
② 参见僧伽提婆、慧远译的《阿毗昙心论》卷 2："欲界烦恼九种，微微微中微上，中微中中中上，上微上中上上。"《大正藏》第 28 册，第 819 页上栏。

也提及某种菩萨阿毗昙，里面有对烦恼残气进行差品分类，不过因自己也不熟悉，所以并未详说。

综合来看，对于佛真法身尽本习的问题，随着慧远逐渐认识到小乘阿毗昙法和大乘教义的区别，应该可以理解佛以一念慧断尽一切烦恼习气。然而，他对于烦恼习气差品的关注可能仍会持续，因为这毕竟得到了鸠摩罗什一定程度的认可。

总而言之，由于慧远对法身的关注，使得他对于菩萨修行过程中的特定阶段——七住和十住菩萨抱有特别的兴趣。对于七住菩萨而言，最为明显的特征是在此阶段获得了无生法忍。由于慧远在大小乘观方面的理解缺陷，使得他对无生法忍与菩萨遍学诸道的关系产生生成论模式的理解倾向，但这即刻得到了鸠摩罗什的纠正。

再次，对于十住菩萨，慧远严格划分其和七至九住菩萨的界限。在这点上，由于鸠摩罗什所说真法身佛唯有十住菩萨可见或妙绝于九住，所以两人可以说取得某种程度上的统一意见。

复次，在佛真法身尽本习的事情中，慧远以小乘阿毗昙为解释根据，遭到鸠摩罗什的否定。但慧远关于烦恼残气可能具有品类差异的观点，得到鸠摩罗什的赞同。

最后，有关七住菩萨和佛法身尽本习的问题，除了《般若经》中的思想之外，慧远还援引了《法华经》等，这些经典或说存在顿至无生法忍之人，或说阿罗汉的究竟趣向和菩萨相同可以成佛。这表明慧远除了在大小乘教法之间寻求会通之外，还深入思考了不同大乘经典中相互抵牾的观点。其中，《法华经》所说阿罗汉成佛的思想是慧远最为关注的一点。

（二）阿罗汉成佛义

慧远在"十、次问罗汉受决并答"中，专门就《法华经》所说阿罗汉成佛的思想发问。

来答称:《法华经》说,罗汉受记为佛。譬如法身菩萨净行受生,故记菩萨作佛,居此为法身之明证。

远问曰:《经》说罗汉受决为佛。又云,临灭度时,佛立其前,讲以要法。若此之流,乃出自圣典,安得不信! 但未了处多,欲令取决其所滞耳。所疑者众,略序其三。一谓声闻无大慈悲;二谓无沤和般若;三谓临泥洹时,得空空三昧时,爱着之情都断,本习之余不起,类同得忍菩萨,其心泊然,譬如泥洹后时。必如此,爱习残气复何由而生耶? 斯问以备于前章。又大慈大悲,积劫之所习,纯诚著于在昔,真心彻于神骨。求之罗汉,五缘已断,焦种不生,根败之余,无复五乐,慈悲之性,于何而起耶? 又沤和般若,是菩萨之两翼,故能凌虚远近,不坠不落。声闻本无此翼,临泥洹时,纵有大心,譬若无翅之鸟,失据堕空。正使佛立其前,羽翮复何由顿生? 若可顿生,则诸菩萨,无复积劫之功。此三最是可疑。虽云有信,悟必由理,理尚未通,其如信何?[①]

由此可见,慧远对《法华经》确信不疑,但由于经文提倡阿罗汉成佛义,使得慧远对于不同经典之间教义的抵牾产生困惑。所以,慧远以其他般若类经典中菩萨成佛的标准来衡量阿罗汉,认为阿罗汉必须具有菩萨的慈悲、沤和般若以及烦恼残气才可以成就佛道,并且阿罗汉具有直趋佛道的倾向,不须进入菩萨道。但据我们之前的分析,这只是慧远思想阶段中不确定的形态。

如前所说,基于鸠摩罗什的解释,认为阿罗汉也有相当于菩萨

---

① 木村英一编:《慧远研究——遗文篇》,创文社 1960 年版,第 31—32 页;《大正藏》第 45 册,第 133 页上栏至中栏。

的残气、慈悲及沤和般若之物，再结合佛的不可思议之神通，阿罗汉成佛的思想应该可以为慧远接受。

若从后世关于顿渐之悟的角度来看慧远关于七住、十住菩萨、佛断本习及阿罗汉成佛的思想的话，可知在《大乘大义章》的文本界限内，慧远无疑具有显著的渐悟思想。因为慧远认为，从七住至九住菩萨的法身具有不同的相好，十住菩萨又与佛极为相似，法身不可以精细论。另外，慧远推测，菩萨的烦恼残气具有品类差别，也可能使他更加认同于菩萨渐修从而地地断尽烦恼的思想。

然而，由于慧远对七住菩萨特别关注，也使他被后人认为是小顿悟的代表者之一，如前注释所引陈代慧达所述。

再者，在对阿罗汉成佛思想的追问中，慧远抑或短暂地持有大顿悟，即阿罗汉直接成佛的观点。

另外，如果不限于《大乘大义章》的文本，结合慧远在念佛三昧实践中的相关表达，如通过"一诣之感"和"一觌之感"的定中见佛，就可以进入菩萨位成就无生法忍，从而断除一切烦恼迷惑，超出三报轮回的界限，这也正是慧远通过念佛三昧顿悟无生法忍的思想的表达。

然而，日本学者板野长八从《大智论序》的"弘教之情，亦渐可识矣"①、"若开易进之路，则阶藉有由；晓渐悟之方，则始涉有津"②，《晋襄阳丈六金像赞序》中的"夫形理虽殊，阶涂有渐；精粗诚异，悟亦有因"③ 以及《明报应论》中的"是以佛教本其

---

① 木村英一编：《慧遠研究——遺文篇》，创文社 1960 年版，第 98 页；《大正藏》第 55 册，第 75 页中栏。
② 木村英一编：《慧遠研究——遺文篇》，创文社 1960 年版，第 100 页；《大正藏》第 55 册，第 76 页中栏。
③ 木村英一编：《慧遠研究——遺文篇》，创文社 1960 年版，第 61 页；《大正藏》第 52 册，第 198 页中栏至下栏。

所由，而训必有渐；知久习不可顿废，故先示之以罪福"① 等处，认为慧远持有渐悟论的立场。板野长八认为，慧远对于常智或中贤以上根机之人或许持有顿悟的思想。如此推测的话，在慧远那里，或许顿渐之别就具有时间上差别的意义。② 然而，板野长八用以推测的依据完全没有涉及有关七住菩萨之处，考察较为粗糙，但对于理解慧远的渐悟思想来说亦有所启发。

综合来看，慧远在佛教修行阶段问题上持有较为复杂的开悟思想。我们通过顿渐之悟来分析慧远的修行阶段论，虽然会有向前建立的方法论上的偏差，但这样却可以让我们更清晰地理解慧远修行阶段论的特征。在一般性地论述佛教修学而不涉及具体修行阶段的意义上，如板野长八所说，慧远应该具有渐悟的思想立场；但从慧远积极肯定无生法忍这一阶段的态度来看，他又持有"小顿悟"的思想；在七住以上的修行中，或许由于残气品类差异的原因，慧远将持有渐修的观点，直至佛以一念慧断尽所有烦恼。但是，在慧远对《法华经》中所说阿罗汉成佛的思考中，又暂时显现出大顿悟的倾向。这种思想的存续要看其对鸠摩罗什观点的接受程度，由于之后没有相应表述，难以再次确定。

所以，慧远的修行阶段论中并没有一个贯彻始终的统一观点。这大概有两方面原因：一方面，慧远自身的思想处于不断发展中，不断地接受新译经论和鸠摩罗什般若中观思想的引导；另一方面，慧远从念佛实践出发，为了自身修行的需要，定中见佛从而顿悟无生法忍的思想具有极大的吸引力，这或许导致他更加重视七住菩萨

---

① 木村英一编：《慧遠研究——遺文篇》，創文社 1960 年版，第 78 页；《大正藏》第 52 册，第 34 页上栏。

② 参见板野长八：《道生の頓悟説成立の事情》，《東方学報》（东京）1936 年第 7 册，第 141—142 页。

的阶位。如在《庐山出修行方便禅经统序》中，他就强调，"尔乃辟九关于龙津，超三忍以登位；垢习凝于无生，形累毕于神化"①，其中"登位"与"无生"无不是在强调七住菩萨的重要性。这或许是其为后世传为"小顿悟"说者的重要原因。

本章对庐山慧远的法身思想进行了系统研究，其中主要分两个部分：其一，通过重新检讨慧远法性思想的产生、发展和定型，可以看出慧远法性思想的根底里一直潜藏着对法身的关注和追求。对于慧远来说，法身象征着佛教终极的理想存在。因而，不管是般若学的学习，还是念佛三昧的修行，慧远都表现出对于法身的持续性关注。然而，由于大乘般若学与小乘阿毗昙同时修习的经历，使得慧远在法性思想上也同时表现出大小乘思想共存的倾向。这使得他早期的法性思想具有明显的实体论特征，这是慧远在没有明确理解大小乘佛法之前，试图融会贯通二者的表现。

随着同鸠摩罗什的书信问答，慧远对法性的探讨表现出了不同的方面。一方面，他仍然坚持对般若学法性概念的追问，探求法身修行意义上的法性是否常住的问题；另一方面，他又在《大智度论》的刺激下，开始关注小乘阿毗昙学说中实有法与因缘法的关系问题。后者在《大乘大义章》中占据主要地位。这一方面表明，慧远仍对某种实有不变的存在持有关注；另一方面，也显示出他暂时脱离法身修行的立场，专门去研究小乘阿毗昙教义。其中原因，当然是《大智度论》与《阿毗昙心论》的教法存在明显的差异，《大智度论》对小乘教法的批判危及了慧远的法性实体论。而到晚期的著作中，随着对《大智度论》的学习，慧远对大乘般若学说

---

① 木村英一编：《慧遠研究——遗文篇》，创文社 1960 年版，第 102 页；《大正藏》第 55 册，第 66 页上栏。

有了更加深入的理解。通过对有无及因缘等概念的考察，可以看出慧远深刻认识到了执着于或有或无等观念或行为的错误。然而作为佛教实践者，慧远又表现出了在修行立场上对法身这一理想状态的向往和追求。所以，慧远最终的法性思想表现为肯定融合性的法性论，这和慧远对法身感应状态的关心密不可分。

其二，在论述慧远的法身思想之前，我们首先分析了鸠摩罗什的法身观。毫无疑问，鸠摩罗什的法身观立足于大乘般若学思想，对大小乘不同的法身进行了明晰的划分。但其理论重点是在大乘的法身上，其中尤以菩萨的法性生身和佛的真法身最重要。这是鸠摩罗什对慧远问题详尽分明的答复。另外，鸠摩罗什在分别各种法身状态的同时，始终强调法身本性虚空的状态，这是他针对慧远法身实体论倾向的特意强调。

在专门论述慧远的法身观时，我们首先检讨了慧远的法身生成论。这在之前的大小乘观的分析中已经有所涉及。慧远的法身生成论既是在鸠摩罗什的影响下形成的，又是他试图会通大小乘教法的结果。这种法身生成论主要是就菩萨的法性生身如何产生的问题而提出。慧远推测认为，七住菩萨的法身是由"烦恼残气+形（三界外形）→妙行法性生身"的构造而成。但这是慧远较早时期对法身的一种思考，在稍后的问答中已经没有多少表现。

随着同鸠摩罗什的问答，慧远的法身观在不同方面都逐渐产生了变化。如他对真法身，从最初将法性生身误解为真法身，到后来正确认识到只有佛法身才可以称为真法身。此外，慧远对于法身与色身、相好等关系的理解也逐渐明白起来，其中，尤以慧远对法身命根以及"神"的理解变化最为明显。通过综合考察《大乘大义章》第四与十八章，可以看出，慧远对于作为菩萨法身存在根据的命根，已经理解了其非有相非无相的状态。这正是鸠摩罗什运用般若中观学的有无不二法门给出的解释。

慧远法身观的另一重点，是对佛真法身与变化身的泾渭分明的划分。慧远认为法身存在两种状态：一种是独自运化的神妙形态，即佛的真法身；另一种是应化众生的方便形态，即佛的变化身与菩萨的法性生身。这种区分也在刘遗民给僧肇的通信中表达出来，并且被僧肇用般若学相即不二的方法予以指导。虽然如此，在《大乘大义章》中，慧远始终坚持对法身的这种二分法。由于慧远作为念佛三昧的实践者，期待见佛感应，所以他更加重视法身应化众生的形态。他对真法身的隔离对待，似乎也可以看出其将真法身作为外在独立实体的倾向。至《大乘大义章》之后，随着对般若经论的研习，慧远在法身与变化身关系的理解上，终于表现出了不二法门的立场。对于法身的性质，慧远也理解了其非有相非无相、毕竟性空的本质，从而法身独处与法身应化两种状态也实现了有为与无为、现实与理念的完美统一。

对法身的附属性质，在《大乘大义章》中，可见慧远对于法身相好的重视，但其根本原因仍在于慧远对佛法身感应的追求。因为，对于念佛三昧的修行者来说，见佛感应是其祛除迷惑并可能和佛陀发生联系的一个重要途径。可以说，这种渴求贯穿了慧远一生的佛学经历。在感应思想中，慧远非常重视修行者的能动性，即修行者必须通过诚心竭力的念佛实践，才能定中见佛以便得到救赎。然而，这种有限的修行者的能动性与大乘佛教普遍的法身慈悲的客观性之间存在着矛盾，这是慧远的感应思想被后世批评为独善倾向的重要原因。这是慧远难以解决的问题，也为后来的感应思想提供了进一步的发展空间。

最后，在佛教修行阶段中，慧远对七住、十住菩萨以及阿罗汉成佛表现出极大的关注。一方面，这是慧远法身思想的某种折射；

另一方面，也是他对当时《般若经》、《法华经》等大乘经典之间不同教义的疑惑。总而言之，在念佛实践的背景下，慧远的修行阶段论表现出了顿渐不定的复杂性：他既表现出对七住菩萨无生法忍的追求，又有针对阿罗汉闻法直接成佛而产生的大顿悟的倾向。

综上所述，庐山慧远在与长安佛教界的沟通交流中，不管其法性还是法身思想都产生了一定程度的变化。这种南北思想的交流，应该也对当时佛教界的其他学者产生了影响。如其对于法身的关注，对法身与色法关系的探究，其法身感应的思想以及对修行阶段的重视等，都在稍后道生的思想体系中表现了出来。然而，由于道生更加丰富的游学经历，以及独特的得意忘言的思考方法，在上述这些理论方面都表现出与庐山慧远通而有别的倾向。

第 四 章

竺道生著述的形成过程分析

晋末宋初之际，在南北佛教界的思想交流中，庐山慧远与长安鸠摩罗什之间书信往还，析疑辩难，遗文青史。除此之外，尚有一批佛教学者自南至北，在自身已有的佛学基础上，赶赴长安问学于鸠摩罗什。这些佛教学者也成为姚秦时期长安佛教思想界的重要力量。其中著名者有僧叡、慧观、慧严以及道生等人。隋唐时期始有什公门下八俊十哲之称，僧叡等人皆在列也。① 而其中留下著述最多，声名最盛，在中国佛教史上影响最巨者，非竺道生莫属。

竺道生的生平资料来源，有《出三藏记集》及《高僧传》中道生传记，以及刘宋慧琳所作《龙光寺竺道生法师诔》等，先贤多已详辨②，现略述其生平及著述学说。

---

① 参见汤用彤：《汉魏两晋南北朝佛教史》，《汤用彤全集》第 1 册，河北人民出版社 2000 年版，第 243 页。

② 参见汤用彤：《汉魏两晋南北朝佛教史》，《汤用彤全集》第 1 册，河北人民出版社 2000 年版，第 456—466 页；方立天：《魏晋南北朝佛教》，《方立天文集》第一卷，中国人民大学出版社 2006 年版，第 220—222 页。

道生大约生于 365 年，公元 434 年卒于庐山，世寿 70 岁。① 本姓魏，钜鹿人，寓居于彭城。道生幼而聪颖若神，为父所爱。后随竺法汰出家，受业佛道。年至志学便可登座开讲，至受具戒之龄，声名遍于区夏，王公士族莫不钦承其高识。刘宋慧琳在道生《诔》中描述其行为性格为"性静而刚烈，气谐而易遵；喜舍以接诱，故物益重焉"②。可见，道生生性沉静和顺但又不失刚烈而容易使人遵从，同时他又喜行善施舍以接人待物，所以为世人所尊重。

道生一生佛教思想活动可分为三个阶段：一是 397 年前后前往庐山，学习僧伽提婆所译《阿毗昙心论》之小乘有部学说；二是 405 年左右至 408 年，前往关中随鸠摩罗什学般若之学；三是 409 年重返建业，至 434 年卒于庐山，期间阐发众说，尤以涅槃佛性之说最为显著。

---

① 余日昌对汤用彤所作考证进一步梳理，作出此论，大概可信，今暂依之。参见余日昌：《实相本体与涅槃境界——梳论竺道生开创的中国佛教本体理论》，巴蜀书社 2003 年版，第 5—8 页。另外，鎌田茂雄认为道生生年为 355 年，可能是根据宋本觉《释氏通鉴》，参见鎌田茂雄著，关世谦译：《中国佛教通史》第 2 卷，佛光出版社 1986 年版，第 70 页；金英浩则认为道生生年为 360 年，参见 Kim, Young-ho: *Tao-sheng's Commentary on the Lotus Sūtra（A Study and Translation）*，Albany：State University of New York Press，1990，p. 14；宇井伯寿又认为是 369 年，参见宇井伯寿著，李世杰译：《中国佛教史》，协志工业丛书出版股份有限公司 1993 年版，第 31 页。另外，鸟居達久重新考证道生生平，推论道生 375—376 年生，395—396 年入庐山，401—402 年进长安，409 年回建康，至少 419 年接触六卷《泥洹经》，421—422 年提出阐提成佛说，423 年参与翻译《五分律》，424—425 年被摈出建康，424—426 年经虎丘至庐山，至迟 426 年接触大本《涅槃经》，432 年与宋文帝见面且修治《法华经疏》，434年去世。但鸟居達久多因为《高僧传》不记载《出三藏记集》所录道生年代，而认为《出三藏记集》所录多误，并加以自己推论而提出以上诸说。参见鸟居達久：《竺道生撰述〈妙法莲花経疏〉の研究》，国际佛教学大学院大学 2000 年博士论文，第 36—65 页。列出以上诸说，以备参考。
② 慧琳：《龙光寺竺道生法师诔》，载道宣撰：《广弘明集》卷 23，《大正藏》第 52 册，第 265 页下栏。

　　道生著述颇丰，但多已遗失，其中主要有以下数种：《维摩经义疏》（现收入《注维摩诘经》）、《妙法莲华经义疏》（后简称《法华经疏》）、《小品经义疏》、《泥洹经义疏》（或为现收入《大般涅槃经集解》中之道生注）、《善不受报义》、《顿悟成佛义》、《二谛论》、《法身无色论》、《佛无净土论》、《应有缘论》、《佛性当有论》、《涅槃三十六问》、《释八住初心欲取泥洹义》及《辩佛性义》，另有同当时人物书信交流若干。①

　　金英浩（Young-ho Kim）进而对道生的著作做了分类，大致有六种：注疏、论、义、译、书信以及其他。其中，《维摩经义疏》、《法华经疏》、《小品经义疏》、《泥洹经义疏》属于注疏，《小品经义疏》现已不存；《二谛论》、《法身无色论》、《佛无净土论》、《应有缘论》、《佛性当有论》属于论，皆散佚，现在只可从其注疏中推测相应观点；《善不受报义》、《顿悟成佛义》、《涅槃三十六问》、《释八住初心欲取泥洹义》及《辩佛性义》等属于义，亦皆不存；译本则有《五分律》；书信则有与王弘以及与范伯伦等书；其他则为宝唱《名僧传抄》中所记载的道生的五种观点。②

---

① 参见汤用彤：《汉魏两晋南北朝佛教史》，《汤用彤全集》第 1 册，河北人民出版社 2000 年版，第 465—466 页。

② Kim，Young-ho（金英浩）：*Tao-sheng's Commentary on the Lotus Sūtra（A Study and Translation）*，Albany：State University of New York Press，1990，pp. 23—28。关于《名僧传抄》中道生的五种观点，参见（梁）宝唱：《名僧传抄》卷 1："道生曰，禀气二仪者，皆是涅槃正因，阐提是含生，何无佛性事；二乘智慧总相观空，菩萨智慧别相观空事；因善伏恶，得名人天业，其实非善是受报也事；畜生等有富乐，人中果报有贫苦事；一阐提者，不具信根，虽断善犹有佛性事。"（《卍续藏经》第 77 册，第 360 页中栏）其中有两条是有关阐提成佛说，两条有关善不受报义，一条有关三乘对空的认识。

第一节 《法华经疏》的形成过程

道生现存著述中，《维摩经义疏》被编集在合注本《注维摩诘经》中，《泥洹经义疏》也可能被编集在《涅槃经集解》中。只有《法华经疏》得以单行本保存下来。这为我们了解道生注疏的形成过程提供了直接的文献记载。

由《法华经疏》中道生序言，可以看出此疏是他讲经之时笔录下的观点。① 如经疏序言：

> 余少预讲末，而偶好玄□。但②文义富博，事理兼邃，既识非芥③石，难可永纪。聊于讲日，疏录所闻，述记先言，其犹鼓生。④

可见，道生年少即已经接触到《法华经》的讲说，这可以追溯到他少年时在建康追随竺法汰之时。但对于道生"少预讲末"之讲座时间及主讲者，横超慧日对比慧观等《法华宗要序》中的相应

---

① 道生在《法华经疏》的"序"中已经明言其为讲说之笔录，《泥洹经义疏》虽然没有明确记载，但在大本《涅槃经》传至建康之后，道生在庐山，"既获斯经，寻即讲说"，所以《泥洹经义疏》也应该是其讲经之笔录。参见慧皎撰：《高僧传》卷7，《大正藏》第50册，第367页上栏。

② 原文为"俱"，但文理不通，横超慧日推测认为由于原写本为草字，所以可能为"但"，今据以改正。参见横超慧日：《竺道生撰〈法華経疏〉の研究》，《大谷大学研究年报》1952年第5集，后收入氏著《法華思想の研究》，平乐寺书店1986年版，第174—176页。

③ "芥"通"介"。鳥居達久认为"芥石"是指佛教中的"芥子劫"与"磐石劫"，虽然于佛教概念检讨精细，仍可谓善于郢书燕说者。

④ 道生：《法华经疏》卷1，《卍续藏经》第27册，第1页中栏。

表达，认为存在两种可能：或为竺法汰在建康讲经，或与慧观在庐山听讲。横超还认为，以道生晚年回忆长安游学来看，称参与鸠摩罗什讲席时代为"年少"更有可能。① 然而，横超慧日观点的一个重要依据是将"少预讲末"的讲经等同于后文"聊于讲日"的讲经，即道生在鸠摩罗什译讲《法华经》之时，记录下了笔记，竟成此疏。但细究道生笔意，这两者应该不是指向同一事件。整体来看，应该是道生在年少听讲《法华经》之后，认识到此经思想的深刻性，但自身智识记忆不像碑石一样可以永远铭记此等玄理，所以愿意于此刻自己讲经之日，疏录以前所闻，述记先贤之言。所以笔者认为，道生未必指向具体某一人物，或许竺法汰和鸠摩罗什兼而有之。但可以想象，道生最早接触到《法华经》应是在建康追随竺法汰之时。

道生又说：

> 又以元嘉九年春之三月，于庐山东林精舍，又治定之。加采访众本，具成一卷。②

即道生在最初开讲《法华经》之后，已形成一本注疏。但屡讲屡治，同时听众或亦有所笔录，以至于众本同时流行。最后，在元嘉九年（432），道生搜求寻访众多不同版本而重新加以编辑、修订和整理。因而，现存《法华经疏》中道生的观点应该具有思想的层累性。另外，《法华经疏》中出现了五次"一义云"③，所以道

---

① 参见横超慧日：《竺道生撰〈法華経疏〉の研究》，《大谷大学研究年報》1952 年第 5 集，后收入氏著《法華思想の研究》，平乐寺书店 1986 年版，第 119、176—177 页。

② 道生：《法华经疏》卷 1，《卍续藏经》第 27 册，第 1 页中栏。

③ 参见道生：《法华经疏》卷 1，《卍续藏经》第 27 册，第 5 页上栏。这里四次集中出现。另外一次参见《法华经疏》卷 1，《卍续藏经》第 27 册，第 5 页中栏。

生可能也参考了当时其他人的《法华经》注疏。

由此可见，道生的《法华经》理解中积淀了他长久以来的思考。他在《法华经疏》中，除了在最初解释"妙法"之四种法轮时，第四者无余法轮①有指向《涅槃经》的可能性②，其他地方没有明确言及《涅槃经》的概念和观点。这也表现出道生鲜明的注

---

① 参见道生：《法华经疏》卷1，《卍续藏经》第27，第1页中栏。

② "无余法轮"即明示如来"常住妙旨"，这在道生及其后南北朝之间的判教体系中均指向《涅槃经》，直至吉藏和智顗方批判旧义，力说《法华经》亦言佛身常住之思想。参见横超慧日：《法華教学における仏身無常説》，《仏教研究》1939年第3卷第6号，后收入氏著《法華思想の研究》，平乐寺书店1986年版；或菅野博史：《中国法華思想をめぐって——仏性と仏身常住の問題》，《東洋学術研究》1984年别册5；或垣内智之：《竺道生における理の概念と悟り》，《日本中国学会报》1996年第48号。然而，横超慧日在1952年发表的《竺道生撰〈法華経疏〉の研究》中修改了自己的看法，认为道生在《法华经疏》中的"无余法轮"并非指向《涅槃经》。横超认为，道生所说的四种法轮，并非是在确认各种经典的不同观点之后通过一定的原理将其组织化，而是若从《法华经》所说的会三归一及佛身常住等观点来看的话，应该表示出了道生通过四种分类理解佛教教义的态度。这四者可以理解为人天乘、声闻缘觉乘、菩萨乘及佛乘。在佛陀的教化中，四者被统一体系化起来，以一贯的目的计划而顺次展开，扬弃前者，进向更高的目的。若从更高的目的回顾的话，前者又具有过程的意义，这是贯穿《法华经》的开权显实的方便思想。参见横超慧日：《竺道生撰〈法華経疏〉の研究》，《大谷大学研究年報》1952年第5集，后收入氏著《法華思想の研究》，平乐寺书店1986年版，第180—191页；《教相判釈の原始形態》，载塚本博士颂寿纪念会编：《塚本博士颂寿記念仏教史学論集》，后收入氏著《中国佛教の研究》第二，法藏馆1971年版，第158页。对此黎惠伦亦持相同观点，参见Whalen Lai（黎惠伦）："Tao-sheng's Theory of Sudden Enlightenment Re-examined"，Peter N. Gregory Edit，*Sudden and Gradual：Approaches to Enlightenment in Chinese Thought*，Honolulu：University of Hawaii Press，1987，p.182；或龚隽译：《再论道生之顿悟论》，载彼得·N.格里高瑞编，冯焕珍、龚隽、秦瑜、唐笑芝等译：《顿与渐——中国思想中通往觉悟的不同法门》，上海古籍出版社2010年版，第154页。诚然，横超慧日对《法华经》及相应的道生注的分析相当深刻，然而考虑到《法华经》中并未论及佛身常住，只说寿命长远，而道生432年之时亦已接触《涅槃经》相当长的时间，在其《法华经疏》的表达中作为"极果"的佛法身就是常住不灭的，这当然是受到《涅槃经》的影响。另外，道生对"悟分"、"佛知见"的解释也是在《涅槃经》佛性思想影响下而作，但他并未明白指出佛性一词。此将在后文分析。

释风格，他极少引用其他经论以经解经，而是更重视对当下经典的思想演绎。因而，《法华经疏》中应该还保存有道生较早时期的佛学思想。

第二节　《大般涅槃经集解》道生注的形成过程

对于道生《泥洹经义疏》的成立，学术界有不同看法。汤用彤认为，这应该是针对法显译六卷本《泥洹经》所作之疏，而由于现存《涅槃经集解》中录有道生注，所以道生应该还另对《大般涅槃经》作疏。[①] 菅野博史援引此说，但认为《出三藏记集》中仅言及道生讲说大本《涅槃经》，完全没有述及道生对其作疏之事，现可依据后出唐代道暹《大般涅槃经玄义文句》（卷下）[②] 记载，确认道生曾注释《大般涅槃经》，而道生究竟是否注疏六卷《泥洹经》，难以确定。[③] 在菅野博史之前，日本学者布施浩岳也就

---

① 参见汤用彤：《汉魏两晋南北朝佛教史》，《汤用彤全集》第 1 册，河北人民出版社 2000 年版，第 464—465 页。汤用彤认为道生是针对南本《涅槃经》重新注疏。由于谢灵运在建康时间只有 426 年及 430 年，所以南本《涅槃经》修治完毕应该是在 430 年，随即传送一本至庐山道生处。但关于南本的修治完毕时间，也有学者提出不同看法，如布施浩岳认为南本大约于 436 年方修治完毕，为谢灵运被弃市之后，慧观、慧严两人承担完成。其根据为《佛祖历代通载》相关记载。参见布施浩岳：《涅槃宗之研究》（前篇），丛文阁 1942 年版，第 172—176 页。若此说可靠，则道生所见仍为北本《涅槃经》。

② 参见道暹：《涅槃经玄义文句》卷 2："宋主惊叹，发使迎生。旋至都城，披经本，略叙疏义，五十余纸。其义宏深，其文精邃，唯释盘根错节、难解之文，于此经大宗，开奥藏。自后讲者，称为关中疏"，《卍续藏经》第 36 册，第 40 页中栏。

③ 参见菅野博史：《〈大般涅槃经集解〉における道生注》，《日本文化研究論集》1985 年第 3 号。

此作出阐述。布施浩岳认为，从《涅槃经集解》中道生注的分布涉及 55 卷，超过《泥洹经》的分量来看，现存《涅槃经集解》中道生注应该是其针对《大般涅槃经》所作的注疏。①

以上先贤对于道生《泥洹经义疏》的存否，因为没有现存的确凿资料，大都持保留态度。但对于道生所作《大般涅槃经》注疏，则都持肯定态度。不过其论据皆具有推测性质，大都根据道生传记中晚年讲说《涅槃经》之事，或《涅槃经集解》中道生注的分量进行推论。本书根据《涅槃经集解》道生注的文字内容，对比分析大本《涅槃经》与六卷《泥洹经》，认定《涅槃经集解》道生注完全是对大本《涅槃经》的注疏，《泥洹经义疏》若在历史上果真存在的话，现亦已不存。

如道生在对"纯陀品"的经文"贫穷饥困欲从如来（至）我等微供然后涅槃"② 的解释中说："饥渴之苦，譬之生死。苟能无之，义曰为食。今施者，所求取类云尔。"③ 其中道生针对性地使用的"饥渴"等词只在大本《涅槃经》中存在，六卷《泥洹经》中无。其后，道生注中的"法芽"④，以及对断肉食⑤的相关解释，都只能是针对大本《涅槃经》而言，六卷《泥洹经》中并无相应内容。兹类甚多，难以备举。

当然，大本《涅槃经》与六卷《泥洹经》也存在部分相同的内容，然而从道生注的前后语境来看，则明显为连续性地针对大本《涅槃经》而言。所以，在现存《涅槃经集解》中，没有道生关于《泥洹经》的注疏，完全是对大本《涅槃经》的注释。

---

① 参见布施浩岳：《涅槃宗之研究》（后篇），丛文阁 1942 年版，第 26 页。
② 《大般涅槃经集解》卷 4，《大正藏》第 37 册，第 390 页上栏。
③ 《大般涅槃经集解》卷 4，《大正藏》第 37 册，第 390 页上栏。
④ 参见《大般涅槃经集解》卷 4，《大正藏》第 37 册，第 390 页下栏。
⑤ 参见《大般涅槃经集解》卷 11，《大正藏》第 37 册，第 428 页上栏。

然而唯一可疑的是，道生在经题序中对于经名"般泥洹"的解释，或许说明此序属于道生原来的《泥洹经义疏》，后来被附加到为大本《涅槃经》所作注疏之上。当然，这只是根据经名"泥洹"的使用而作的推测，这也是汤用彤最初论断存在两本义疏的初衷。但和道生大致同时的僧亮，在解释经名时，便直接使用"涅槃"一词，兼而指出"泥洹"及"泥曰"等。比道生稍后的僧宗（438—496），在正文的解释中，涉及六卷本《泥洹经》的时候就指出是"六卷《泥洹》"①，其余时候皆说涅槃。然而，将道生为《泥洹经》所作之序直接安置为大本《涅槃经》所作注疏之上，在内容上又丝毫不涉及原来《泥洹经》的文字内容，这种做法还是有些可疑的。其中或许存在梁代编集《涅槃经集解》时有所取舍的情况。② 因而，对于道生注疏《泥洹经》的可能性也难以断然否定。

对于道生注释大本《涅槃经》的地点和时间，记录不一。僧祐在《出三藏记集》中仅记叙道生获得大本《涅槃经》之后随即开讲，没有点明地点，但推测文意，似是在庐山。《高僧传》亦与之相同。③ 唐代道暹在《涅槃经玄义文句》中记载更加详细：

> 东晋大德沙门道生法师，即什公学徒上首，时属晋未宋初，传化江左，讲诸经论，未见《涅槃》大部，悬说众生悉有佛

---

① 《大般涅槃经集解》卷 10："僧宗曰，六卷《泥洹》云"。《大正藏》第 37 册，第 424 页上栏。

② 对于《大般涅槃经集解》的文献研究，除布施浩岳的专著《涅槃宗之研究》外，最近菅野博史对其文本流传、撰者及文本构成都作了细致的梳理和考辨。关于撰者，菅野最终采取法朗编纂说。本书接受此说。参见菅野博史：《〈大般涅槃经集解〉の基礎の研究》，《東洋文化》1986 年第 66 号。

③ 参见僧祐撰：《出三藏记集》，《大正藏》第 55 册，第 111 页上栏；慧皎撰：《高僧传·道生传》，《大正藏》第 50 册，第 367 页上栏。

性。时有智胜法师，讲显公所译六卷《泥洹经》，说一阐提定
不成佛。宋朝大德盛宗此义，闻生所说咸有佛性，众共嗤嫌。
智与生公数论此义，智屡被屈。进状奏闻，彻于宋主。表云：
后生小僧，全无学识，辄事胸臆，乖越经宗，若流传，误后学
者。今以表奏，请摈入山。宋主依奏，谪居苏州唐丘寺。时有
五十硕学名僧，从生入山，谘受深要。其后有清河沙门崔①慧
观，豫州沙门范②慧严，俱什公学徒上首，当时在京，已逢大
经，从彼北凉流入。咸奏幸得见闻，如贫获宝，遂罄衣钵，缮
写此经，赍往江东，志在传化。宋朝道俗，众共披寻，乃云众
生悉有佛性。咸叹生公妙释幽旨，善会圆宗，即以表陈，请生
通锡。宋主惊叹，发使迎生，旋至都城，披经本，略叙疏义五
十余纸。其义宏深，其文精邃，唯释盘根错节难解之文，于此
经大宗开奥藏。自后讲者，称为关中疏。撰既毕，众请宣扬。
开经之朝，宋城道俗，五千余人，咸集讲会。生升座已，便令
都讲，遍唱经文四十余段，说一阐提悉有佛性。于是便立一切
众生至一阐提有佛性义。教令众论议意，无一人申论场者。便
辞众曰，良以此经大本至，道生由斯忍死来久，今事得符契，
言无谬误，不惑众僧，即奉辞愿善流布。言讫，于高座奄从物
化。时人号生为忍死菩萨矣。其有传集者，其数非一，如疏
所引。③

---

① 原为"雀"，应为慧观姓氏"崔"之误。今据慧皎《高僧传·慧观传》改之，
参见《大正藏》第50册，第368页中栏。
② 原为"华"，应为慧严姓氏"范"之误。今据慧皎《高僧传·慧严传》改之，
参见《大正藏》第50册，第367中栏。
③ 道暹撰：《涅槃经玄义文句》卷2，《卍续藏经》第36册，第40页上栏至
中栏。

此文围绕着道生的涅槃佛性思想，大致叙述了道生第三阶段在建康的佛学经历。首先，文中记载了道生的阐提成佛说所引起的争论，并指出其反对者为智胜。① 关于道生阐提成佛说的反对者有不同记载，对此常盘大定已略作考辨。②

其后，大本《涅槃经》到达建康之后，果称阐提成佛，于是众人奏请宋文帝允许道生回京。宋文帝即派遣使者迎接道生。然后道生在建康就《涅槃经》中曲折难解之处，略作注疏五十余纸，后被称为关中疏。接着，道生在建康开讲，辨析阐提悉有佛性说之后，于高座之上去世。

此处记载已经与《出三藏记集》中有所偏差，最明显者便是道生于建康讲座逝世，而非庐山。道暹远处唐代，其说真实性未必可靠，仍应当以庐山为道生卒地为是。但道暹所说道生注疏大本《涅槃经》之时间，揆之情理，或许可信。考虑到现存《涅槃经集解》道生注的分布和分量，与道暹所说五十纸大约相当。虽然不多，这也正是道生"善以约言，弗尚辞懂"③ 的性格使然。

---

① 此智胜应该是与道生慧严协助佛驮什翻译《五分律》之智胜。参见僧祐撰：《出三藏记集》卷 3，《大正藏》第 55 册，第 21 页上栏至中栏；或《出三藏记集》卷 15，《大正藏》第 55 册，第 111 页上栏至中栏。

② 据不同记载，对道生的阐提成佛说提出反对意见者有智胜、法显、慧观及鸠摩罗什。前二者或有较大可能性。鸠摩罗什名列其中，自是后世神昉误传。慧观名列其中，大概因为其主张渐悟说，故被推测认为亦反对阐提成佛说，常盘大定否定此说。详可参见常盘大定：《佛性の研究》，国书刊行会 1973 年版，第 177—182 页。对常盘之说，汤用彤早已略作评论，参见汤用彤：《汉魏两晋南北朝佛教史》，《汤用彤全集》第 1 册，河北人民出版社 2000 年版，第 484 页。另外，富贵原章信亦备列四说，而认为鸠摩罗什、慧观等承认一分众生不能成佛义，此是富贵原章信考辨不周之误，参见富貴原章信：《羅什——法雲時代の仏性説》，《大谷学報》1960 年通号 145。黎惠伦亦因顿渐之争而主张将道生逐出僧团者为慧观，参见 Whalen Lai："Sinitic Speculations on Buddha-Nature：The Nirvāṇa School (420–589)"，*Philosophy East and West*，Vol. 32，No. 2，1982。

③ 道宣撰：《广弘明集》卷 23，《大正藏》第 52 册，第 266 页上栏。

或许道生确曾回到建康为大本《涅槃经》作注，而非一直滞留庐山。①

然而值得注意的是，道暹说，道生最后仍就阐提成佛说开讲，那么，其大本《涅槃经》疏中也应该阐述了这一点。但现存《涅槃经集解》道生注中，却无一语论及阐提成佛说，对比之下有些可疑。如果道生之前已就《泥洹经》作疏的话，或许其中已反复论述阐提成佛说，故而在大本《涅槃经》注疏中即略而不论。但在建康最终讲说时，道生要为自己正名，故而专门立阐提成佛义作为议题，以便众人辩论。道生此时立论，已有经证，所以听讲之人不再争论。这也是一种可能的情况。

所以，现存《涅槃经集解》中的道生注，或许在相当程度上代表了他晚年接触大本《涅槃经》之后的思想，未必完全切合并相应他较早时期的观点。但横超慧日认为，道生《法华经疏》的最后完成时间为元嘉九年（432），所以《法华经疏》是道生晚年最后的著作。② 但从道生撰写此疏的经历和注释风格来看，其中的思想仍可反映出他较早时期的思考结果。

---

① 布施浩岳根据《佛祖历代通载》中文帝幸大庄严寺之时间，认为道生回建康时间为元嘉九年，即 432 年。但《佛祖历代通载》所记前后舛误多出，难以据信。文帝幸大庄严寺事，《高僧传》中未明言年数，但推测应当为道生由长安返回建康之后。又《佛祖历代通载》在此事后续说王弘范泰因而与道生交游之事。然范泰已早于 428 年 8 月去世，距 432 年时已三年有余。此是《佛祖历代通载》未详审处，而布施浩岳因袭其误。参见布施浩岳：《涅槃宗之研究》（前篇），丛文阁 1942 年版，第 168—169 页；或元念常集：《佛祖历代通载》卷 8，《大正藏》第 49 册，第 535 页下栏。

② 参见横超慧日：《竺道生撰〈法華経疏〉の研究》，《大谷大学研究年报》1952 年第 5 集，后收入氏著《法華思想の研究》，平乐寺书店 1986 年版，第 179—180 页。

第三节 《注维摩诘经》道生注的形成过程

在道生现存的三部注疏中，《维摩经义疏》的形成也比较复杂。道生注疏《维摩诘经》，一方面是因为此经在当时佛教界乃至思想界备受推崇，另一方面也和僧肇《维摩经注》的流行密切相关。因而，必须从这两点考察道生《维摩经义疏》的产生。

首先，《维摩诘经》在中国佛教中具有极大的影响力。从大乘佛教般若之说初传之时，《维摩诘经》便被传译，至鸠摩罗什之前，已经数译。① 而《维摩诘经》之所以被重视，大概有以下两点原因：其一，佛教初传中国之时，大乘般若学与小乘禅观经典同时传入，然而禅数繁难、禅观难修，般若空说却近于老庄之谈，与玄学合流，是以《般若》、《维摩》盛行；其二，《维摩诘经》篇幅短小，善用譬喻，文学性强，以居士说法为主题，较大幅《般若经》更易迎合当时士人阶级的思想与生活。②

其次，在鸠摩罗什之前虽有多个《维摩诘经》的译本，但是经常存在义理不能融通之处。因而鸠摩罗什入关之后，在秦主姚兴的邀请下随即重译《维摩诘经》。在此过程中，鸠摩罗什就经文内

① 对《维摩诘经》数译本的说明，可参见大正大学综合佛教研究所·注维摩诘经研究会编著：《対訳·注維摩詰経》，山喜房佛书林 2000 年版，第 6—8 页；或木村宣彰：《注維摩経序説》，真宗大谷派宗务所出版部 1995 年版，第 6—16 页。

② 参见横超慧日：《維摩経の中国の受容》，载桥本博士退官纪念佛教研究论集刊行会编：《佛教研究論集——橋本博士退官記念佛教研究論集》，清文堂 1975 年版，第 317—328 页。

容讲说注释①，僧叡、僧肇等的经注即在此情况下形成。其中，僧肇的《维摩经注》影响最大、流传最广，可以说最能体现鸠摩罗什所传般若中观之学。正是在僧肇注本的刺激下，道生创作了自己的《维摩经义疏》。

那么，僧肇的《维摩经注》何时完成呢？410 年，僧肇回复庐山刘遗民问书，并附送上自己的《维摩经注》。因此，僧肇此注应该在鸠摩罗什译完《维摩诘经》之 406 年至 410 年间。② 但僧肇在弘始十二年（410）八月十五日回复刘遗民时，距刘遗民问书已半年有余。回复时间如此之慢，一方面，可能是因为僧肇身体多不如意③；另一方面，或许僧肇仍在修订完善《维摩经注》，是以待最终完成之后，方才命信使奉持一本送往庐山，供众人参阅。

假设僧肇在道生南返庐山之前已经完成《维摩经注》的话，道生既然随身携带了僧肇的《般若无知论》④，而同为般若一系极其重要的僧肇的《维摩经注》，道生应该不致略而不顾。所以，可以推测当时僧肇尚未最终完成《维摩经注》。

再者，道生的《维摩诘经义疏》何时完成呢？道生作《维摩诘经义疏》肯定在僧肇之后，因《道生传》中说："初关中僧肇始

① 三桐慈海认为鸠摩罗什的注释或许为道融笔录，参见三桐慈海：《羅什の維摩疏は道融の筆録か》，《印度學佛教學研究》1970 年通号 36。

② 以塚本善隆为代表的日本学者认为僧肇完成此注时间为 407 年，参见塚本善隆：《仏教史上における肇論の意義》，载塚本善隆编：《肇論研究》，法藏馆 1964 年版，第 152 页。

③ 僧肇在《答刘遗民书》中说："贫道劳疾，多不佳耳。"参见塚本善隆编：《肇論研究》，法藏馆 1964 年版，第 42 页；《肇论》卷 1，《大正藏》第 45 册，第 155 页中栏。

④ 这可能是僧肇在鸠摩罗什译成《摩诃般若波罗蜜经》之后所作，参见汤用彤：《汉魏两晋南北朝佛教史》，《汤用彤全集》第 1 册，河北人民出版社 2000 年版，第 246—247 页。

注维摩，世咸翫味。生乃更发深旨，显畅新异。及诸经义疏，世皆宝焉。"① 而对于具体著述时间，先贤有不同观点。汤用彤认为道生此疏应该作于 410 年后，即僧肇回复刘遗民之后。许抗生则认为大概作于 407 年至 408 年的一二年间。② 金英浩则认为，僧肇将鸠摩罗什、道生以及己注合为一部组成《注维摩诘经》，从而推测道生的义疏应该完成于 410 年至 414 年间。③

其中，许抗生的观点难以成立，原因如上所说。汤用彤的观点比较粗略，但更合理。因为僧肇完成注释即赠与刘遗民等参阅，推想起来，其注疏传入建康的时间亦不会太晚。以僧肇的名气来看，或许存在完成的当年就传入建康的可能性。反过来，以道生"刚烈而易遵"的性情来看，当其看到僧肇的《维摩经注》，持有不同观点的他应该会立刻作出反应。所以，道生注释《维摩诘经》的初始时间应该在 410 年左右。

另外，金英浩虽然作出更加具体的时间论断，但其理论前提值得商榷。金英浩认为是僧肇编集选撰了《注维摩诘经》，但没有给出具体论证。推测来看，他可能是根据现行《大正藏》中十卷本《注维摩诘经》前有"后秦释僧肇选"④ 六字，因而推测是僧肇选编鸠摩罗什及道生、道融之说合为一部。但这种观点早为日本学者臼田淳三所批判。臼田淳三认为，这六字只是证明了之前僧肇单注本的存在，这是僧肇理解了鸠摩罗什所讲经文义理之后撰为一部，

---

① 慧皎撰：《高僧传》卷 7，《大正藏》第 50 册，第 367 页上栏。

② 参见许抗生：《僧肇评传》，南京大学出版社 2011 年版，第 132 页。

③ 参见 Young-ho Kim：*Tao-sheng's Commentary on the Lotus Sūtra*（*A Study and Translation*），Albany：State University of New York Press，1990，pp. 23–24。

④ 如《注维摩诘经》卷 1，《大正藏》第 38 册，第 327 页上栏。而且现今十卷本各卷之前皆有此六字，仅卷六之首为"后秦释僧肇撰"，但"撰"应为"选（選）"之误写。

然后加以序言之时的附加之词，这里的"选"可能原来只是撰序
之"撰"，后人合注之时方才改为选字。① 另外，花塚久義也对此
说进行了批判，认为其编集者并非僧肇是不言自明的。②

另外，从《注维摩诘经》道生注的内容来看，也可证明许抗
生、金英浩观点的偏差。在《维摩诘经·弟子品》中，维摩诘为
迦旃延解说诸法实相无常苦空无我之时，道生注释说：

> 理既不从我为空，岂有我能制之哉，则无我矣！无我，本
> 无生死中我，非不有佛性我也。③

事实上，这是道生现存著作中，在对《涅槃经》的注疏之外，唯
一一次使用"佛性"一词。由此可知，道生在注释《维摩诘经》
时，必然已经接触到了六卷本《泥洹经》。六卷《泥洹经》的翻译
时间为东晋义熙十三年十月一日（417）开始，翌年（418）正月
一日校定完毕。④ 所以，可以暂定道生完成注释《维摩诘经》的时
间至少在 418 年之后。因而，道生撰写《维摩经义疏》应该持续
了相当长的时间（410—418）。

僧肇和道生各自完成《维摩诘经》的注疏之后，曾经作为单

---

① 参见臼田淳三：《維摩経僧肇単注本》，《圣德太子研究》1977 年第 11 号，第
   35—36 页；百濟康義亦承认此说，参见百濟康義：《僧肇の維摩詰経単注本》，
   《仏教学研究》2002 年第 56 号，第 31 页；木村宣彰亦否定"僧肇编集说"，
   参见木村宣彰：《注維摩経序説》，真宗大谷派宗务所出版部 1995 年版，第
   77 页。
② 参见花塚久義：《注維摩詰経の编纂者をめぐって》，《驹沢大学仏教学部论集》
   1982 年第 13 号，第 201—204 页。
③ 《注维摩诘经》卷 3，《大正藏》第 38 册，第 354 页中栏。
④ 参见《六卷泥洹记》，载僧祐撰：《出三藏记集》卷 8，《大正藏》第 55 册，第
   60 页中栏。

行本独自流通了很长时间。如隋代法经的《众经目录》中曾经记载"《维摩经注解》三卷（竺道生）"①、"《维摩经注解》五卷（释僧肇）"② 以及"《维摩经注解》三卷（罗什）"③。《众经目录》编撰于隋开皇十四年，即公元 594 年。可见至少到此时为止，鸠摩罗什等三家注解还仍以单注本流行。那么，三家合注本是什么时候出现的呢？

关于《注维摩诘经》的成立时间，臼田淳三认为在现行十卷本的《注维摩诘经》之前，还存在一个八卷本的《注维摩诘经》，这就是现今《大正藏》中作为《注维摩诘经》对校本之一的甲本，也就是日本平安时代写大和多武峰谈山神社藏本，题名《维摩经集解》。通过对出土的僧肇单注本、八卷本以及十卷本的对比考察，臼田淳三认为八卷本中的"肇注"和僧肇单注本内容大体一致，八卷本应该是《维摩诘经》合注的最早版本形式。这是臼田所谓"古形说"。再通过对三个版本的段落及注释的区分方式的研究，臼田指出，八卷本中鸠摩罗什、僧肇以及道生的各家注释应该是各据之前单注本的段落划分，从而机械性地编集在一起。而对于合注本产生的时间，臼田淳三则通过对出土的南北朝初期《维摩诘经》单注本及合注本的分析，指出僧肇单注本与合注的《注维摩诘经》曾经存在同时流行的现象。再结合考察隋法经《众经目录》的记载以及吉藏《维摩经义疏》中对各家的引用，臼田推测认为，最早合注本《注维摩诘经》的产生时间应该在 7 世纪中后叶。④ 在此基础上，花塚久羲进而探讨了《注维摩诘经》的编集者

①　法经撰：《众经目录》卷 6，《大正藏》第 55 册，第 148 页上栏。
②　法经撰：《众经目录》卷 6，《大正藏》第 55 册，第 148 页上栏。
③　法经撰：《众经目录》卷 6，《大正藏》第 55 册，第 147 页上栏。
④　参见臼田淳三：《維摩経僧肇単注本》，《圣德太子研究》1977 年第 11 号；《注維摩詰経の研究》，《印度学仏教学研究》1977 年通号 51。

问题，作者仍然区分八卷本与十卷本，认为十卷本的编集者可能是唐代的道液，八卷本的编集较早，可能是梁武帝。[①]

而木村宣彰首先对臼田淳三等人的"古形说"提出质疑。木村通过考察甲本的实际存在情况，认为由于其缺少了"佛道品"和"入不二法门品"，所以是由原本的十卷本缩减为八卷本。实际上，现存甲本之外的诸写本皆为十卷本。八卷本首次在经录中出现是在永超的《东域传灯目录》，但据其记载可以看出，永超并未亲见八卷本的存在，他可能只是根据法经《众经目录》而作的推测。此后的经录即一并依袭永超之说。[②]

木村宣彰还在没有考察出土文献的情况下，仅通过对经录记载和智顗《维摩经玄疏》、吉藏《维摩经义疏》以及湛然《止观辅行传弘决》中记述三家注释情况的分析，认为最早的合注本《注维摩诘经》应该在公元6世纪末就已经出现。[③]

另外，平井宥慶通过对出土的题记为公元500年写就的"斯2106号"《维摩义记》的研究分析，提出假说认为《注维摩诘经》合注本产生的最初形态，可能是鸠摩罗什注和僧肇注的两家注编集本，道生注可能是之后陆续加入的。[④] 这应该是比较符合历史发展的推论。

再者，值得注意的是，在进行编集合注三家注释的时候，也出现了一些编排的错误。如池麗梅在以上学者研究的基础上，对比分

---

① 参见花塚久義：《注維摩詰経の編纂者をめぐって》，《駒沢大学仏教学部論集》1982年第13号，第204—211页。

② 参见木村宣彰：《注維摩経序説》，真宗大谷派宗务所出版部1995年版，第97—106页。

③ 参见木村宣彰：《注維摩経序説》，真宗大谷派宗务所出版部1995年版，第77—86页。

④ 参见平井宥慶：《敦煌本·註維摩詰経の原形について》，《印度学仏教学研究》1983年通号62。

析了罗振玉所藏最古本与现存《注维摩诘经》，指出历史上编集三家注释时产生的几处误置。① 但这些问题都是在鸠摩罗什注与僧肇注之间，无一涉及道生注。所以，道生的注释应该不存在误置的可能。然而，通过对比道液的《净名经集解关中疏》、现行《注维摩诘经》以及甲本，可以看出各家注释在被合注编集的时候，都存在删削改编的情况，道生注亦不例外。② 这在研究个人思想时需要加以注意。

《注维摩诘经》道生注中最值得注意之处，就是前文所说"佛性我"概念的提出。道生从接触到僧肇的《维摩经注》至六卷《泥洹经》译出，中间约有八年左右的时间。在此期间，道生或许像其在《法华经疏》中所说的一样，对《维摩诘经》进行了一定范围的公开讲说。有可能道生的《维摩经义疏》最初就是在讲经的过程中形成的。其后，在接触了《泥洹经》的佛性思想之后，道生在讲说《维摩诘经》时加入了新译的佛性学说。这也体现了道生思想的发展和转换。从道生的佛学经历来看，虽然存在从小乘有部到大乘空宗，再到大乘涅槃有说的两层转折，但道生在年少时追随竺法汰，主要学习大乘般若之说，因而他的第一阶段佛学经历中大小乘学说并存。至中年搜访异学，对道生影响最大的可以说是慧远与鸠摩罗什的般若学说，因为这与他年少所学具有更加直接密切的关系。所以综合来看，道生佛学思想中最具影响力的转折体现在般若学至涅槃学的转向上。这在《注维摩诘经》道生注中得以体现，所以《注维摩诘经》道生注的观点应该具有思想的层累性。

---

① 参见池丽梅：《敦煌出土の〈維摩経〉僧肇単注本について》，《仏教文化研究論集》2005 年第 9 号。

② 参见木村宣彰：《注維摩経序説》，真宗大谷派宗务所出版部 1995 年版，第92—96 页。

这种性质可以从对道生所说"佛性我"的分析中表现出来。

如前所引，道生提出"佛性我"的观点，与"生死中我"形成对比。然而从上下文的语境来看，这句"佛性我"的观点稍显突兀。上下文中，维摩诘依次对迦旃延说无常、苦、空、无我、寂灭之法，下面依次分析。

> 迦旃延，诸法毕竟不生不灭，是无常义。

> 什曰，凡说空则先说无常，无常则空之初门。初门则谓之无常，毕竟则谓之空。旨趣虽同，而以精粗为浅深者也。何以言之？说无常则云念念不住，不住则以有系住。虽去其久住，而未明无住，是粗无常耳，未造其极也。今此一念，若令系住，则后亦应住。若今住后住，则始终无变。始终无变，据事则不然。以住时不住，所以之灭。住即不住，乃真无常也。本以住为有，今无住则无有，无有则毕竟空，毕竟空即无常之妙旨也。故曰毕竟空是无常义。迦旃延未尽而谓之极者，故自招妄计之讥也。肇曰，此辩如来略说之本意也。小乘观法生灭为无常义，大乘以不生不灭为无常义。无常名同，而幽致超绝，其道虚微，固非常情之所测。妙得其旨者，净名其人也。生曰，夫言无常者，据事灭验之也。终苟有灭，始无然乎。始若果然，则生非定矣。生不定生，灭孰定哉？生灭既已不定，真体复何所在。推无在之为理，是诸法之实也。实以不生不灭为义，岂非无常之所存耶？然则无常虽明常之为无，亦所以表无无常也。毕竟者不得不然也。①

---

① 《注维摩诘经》卷3，《大正藏》第38册，第353页下栏至第354页上栏。

　　在第一段关于无常的释义中，鸠摩罗什虽未明白说出大小乘之别，但他对无常与空的精粗浅深的分别，在《大乘大义章》中也多处出现，其目的就是为了向慧远解释大小乘的差别。[1] 僧肇注则在此基础上阐释大小乘无常的不同意义。至于道生，他则不去区别三乘，首先从"事"的角度推出无常乃至生灭不定，继而表明"无在"之理的真实性，最后，又以不二之法说明无常亦无无常，毕竟者是以无在之理贯彻始终。所以，道生注与什、肇注的差别就在于两个方面：一是否区分大小乘[2]；二是解释术语为佛教还是中国传统思想中的"理"、"事"概念。

　　　　五受阴洞达，空无所起是苦义。

　　　　什曰，无常坏法，所以苦也。若无常粗，则坏之亦粗。坏之亦粗，则非苦之极也。今妙无常，则无法不坏，无法不坏，则法不可坏，苦之甚也。法不可得，空之至也。自无而观，则不坏不苦。自有而观，有散苦义，所以生也。肇曰，有漏五阴，爱染生死，名受阴也。小乘以受阴起，则众苦生为苦义。大乘通达受阴，内外常空，本自无起，谁生苦者，此真苦义也。生曰，夫苦之为事，会所成也。会所成者，岂得有哉？是以言五受阴空是苦义也。五受阴，苦之宗也。无常推生及灭，事不在一。又通在有漏无漏，故言诸法。苦即体是无义起于内。又得无漏者，不以失受致苦，故唯受阴而已也。洞达者，无常以据终验之，云毕竟耳；苦以空为其体，故洞达也。无所起者，无

─────────────

[1]　参见木村英一编：《慧遠研究——遺文篇》，创文社 1960 年版，第 41 页；《大正藏》第 45 册，第 137 页上栏。

[2]　三桐慈海通过对道生注其他地方的分析亦指出其不喜区分大小乘之别而解释的态度。参见三桐慈海：《竺道生の思想》，《大谷学报》1966 年第 46 号（1），第 33—34 页。

常明无本之变理在于生。苦言假会之法，所以配其起也。①

在第二段对于苦的释义中，鸠摩罗什仍以精粗差别来解释无常、苦、空的递进顺序，僧肇也仍基于大小乘之别分析对苦的不同理解。道生虽然分别有漏无漏，但他以无常通贯其中，且承续上文，无常是说明事物之"生"中无本的变化之理，苦则从现象的角度说明是假有和合而起。所以"理"、"事"的概念仍在道生的分析中占有重要位置。

> 诸法究竟无所有是空义。
>
> 什曰，本言空欲以遣有，非有去而存空。若有去存空，非空之谓也。二法俱尽，乃空义也。肇曰，小乘观法缘起，内无真主为空义。虽能观空，而于空未能都泯，故不究竟。大乘在有不有，在空不空，理无不极，所以究竟空义也。生曰，惑者皆以诸法为我之有也，理既为苦，则事不从己；己苟不从，则非我所保；保之非我，彼必非有也。有是有矣，而曰非有；无则无也，岂可有哉。此为无有无无，究竟都尽，乃所以是空之义也。②

在第三段对于空的释义中，鸠摩罗什直言大乘空有俱尽之理，僧肇则仍以大小乘之别分析不同的空观。道生则既说苦的道理，上承前文，又提出非我的概念，下接无我之理。其中"理"、"事"的对比仍然出现。而其关于空的论断则和什、肇注没有根本的差

---

① 《注维摩诘经》卷 3，《大正藏》第 38 册，第 354 页上栏至中栏。
② 《注维摩诘经》卷 3，《大正藏》第 38 册，第 354 页中栏。

别，即有无都尽才是空。

　　　于我无我而不二是无我义。

　　　什曰，若去我而有无我，犹未免于我也。何以知之？凡言
我即主也。经云有二十二根，二十二根亦即二十二主也。虽云
无真宰，而有事用之主。是犹废主而立主也。故于我无我而不
二，乃无我耳。肇曰，小乘以封我为累，故尊于无我。无我既
尊，则于我为二。大乘是非齐旨，二者不殊，为无我义也。生
曰，理既不从我为空，岂有我能制之哉？则无我矣！无我，本
无生死中我，非不有佛性我也。①

　　在第四段关于无我的释义中，鸠摩罗什以不二之法说明我与无
我的道理，僧肇亦承袭此说。然而鸠摩罗什还提出，虽然没有人身
的真正主宰者，但身体之产生作用的二十二根也可称为主，是事用
之主。道生则承接上文，从非我出发说明无我之理。但道生针对生
死之我，提出了佛性我的概念。乍看之下，似乎道生和鸠摩罗什所
说类似，然而其实质完全不同。鸠摩罗什所说的事用之主，是指人
身发挥六根等作用，产生业报的根据；而道生所说的佛性我则为成
佛之因，不可能为造作生死轮回业报之因。并且，道生在此不再使
用不二的方法，反而是将生死我与佛性我截然分别开来。

　　　法本不然，今则无灭，是寂灭义。

　　　什曰，明泥洹义也，由生死然尽故有灭。生死即不然，无
泥洹灭。无泥洹灭，真寂灭也。肇曰，小乘以三界炽然，故灭

---

① 《注维摩诘经》卷3，《大正藏》第38册，第354页中栏。

之以求无为。夫炽然既形，故灭名以生。大乘观法本自不然，今何所灭，不然不灭乃真寂灭也。生曰，法既无常苦空，悟之则永尽泥洹。泥洹者不复然也，不然者事之靖也。夫终得寂灭者，以其本无实然。然既不实，灭独实乎？①

在最后一段关于寂灭的释义中，什、肇注仍以不二法门一以贯之，道生虽然用"事"的止息说明寂灭之"理"，但在根本上仍然遵从不二法门来说明泥洹亦非实灭，就像生死之火本就不燃一样。

因而，由此上下文语境来看，一方面，道生在表达方式上使用"理"与"事"等中国传统思想概念，从而区别于什、肇所注；另一方面，道生对于无常、苦、空、泥洹的解说又和什、肇注一样，使用不二法门表达大乘般若学的诸法实相思想。所以相形之下，道生对于"无我"的解说就和其他四者截然区别开来，表现出事后附加的倾向。这应该是道生接触到《泥洹经》之后再次讲经之时所作的解说。至于有学者认为这是道生的孤明先发，于《泥洹经》译出之前就先已提出佛性的概念②，笔者实难认同。对于道生的"阐提成佛说"，在没有更多经典依据的情况下，可以根据思想逻辑推测经中结论的有效性和可能性。而创造出新的概念，又刚好和未出的《泥洹经》说法相一致，则未免过于夸张。并且"佛性"概念在《涅槃经集解》道生注之外的注疏中仅此一见，道生对《法华经》中佛之知见的解释也未使用"佛性"的概念。

除此之外，道生另有一处涉及对于"无我"的解释，即在"法供养品"所说：

---

① 《注维摩诘经》卷 3，《大正藏》第 38 册，第 353 页下栏至第 354 页下栏。
② 参见王新水：《从〈注维摩诘经〉看竺道生和僧肇佛学思想的差异》，《兰州学刊》2005 年第 5 期，第 92 页。

得无生忍。

生曰，顺因缘理无复邪见者，无生法忍也。

决定无我无有众生。

肇曰，不悟缘起，故有邪见之迷，封我之惑。若如说行，则得明慧。明见十二因缘根源所由，故能离诸邪见，得无生忍，无复吾我众生之想也。见缘如缘，谓之随顺。明白有无，谓之决定，皆智用之别称也。

而于因缘果报。

生曰，无生忍之为见也，则决定矣。虽无我无众生，而非无受报之主也。①

《维摩诘经》中认为修行者获得无生法忍之后，无我无众生，亦无我所，对于因缘果报可以达到无违无诤的状态。道生则解释说，虽然无我、无众生及无我所等，但并非否定承受因缘果报之主的存在。如果对比前文道生所说的"非不有佛性我"，则显然与此"受报之主"等同一物。然而在《涅槃经》中，无一处将佛性与承受业报联系起来，更何况《般若经》只是强调毕竟无我诸法皆空了。

然而，若置于当时的思想环境中，则道生所说"受报之主"或许有两种解释的可能性。

其一，将"受报之主"看作鸠摩罗什所说的"事用之主"，则所谓"事用之主"，作为造作生死轮回业报的主体，在类似"能所引生"的意义上，也可以说为"受报之主"。所以，将道生注中的"受报之主"看作是继承又变更了鸠摩罗什所说的"事用之主"，

---

① 《注维摩诘经》卷10，《大正藏》第38册，第416页下栏。

似乎具有一定的合理性。

其二，如僧叡在《喻疑论》中所说：

> 每至苦问，佛之真主，亦复虚妄，积功累德，谁为不惑之
> 本？或时有言，佛若虚妄，谁为真者？若是虚妄，积功累德，
> 谁为其主？如其所探。今言佛有真业，众生有真性。虽未见其
> 经证，明评量意，便为不乖。①

僧叡回忆自己在关中就学于鸠摩罗什之时，自己或其他亦有人追问
鸠摩罗什关于佛的真实性，亦即修行者所积累功德的承受者是否虚
妄的问题。僧叡认为，最新传译的《泥洹经》正好解释了这个难
题，即佛有真实的积功累德之身——法身，众生也有真实不虚的佛
性存在。虽然在《泥洹经》中没有明言将佛性法身等与业报直接
关联，但却在解释一阐提断善根时，反面说明了佛陀的真实殊胜之
业。② 另外，对于僧叡乃至慧远等佛教徒而言，业报轮回一直是他
们关注的重点，从轮回之苦中解脱，追求理想的法身是他们的最终
目标。如果作为佛教修行者理想的佛陀之身也是虚妄的话，这或许
不仅在学理上，可能也会伤害到他们的佛教信仰。

再者，如我们考察《大乘大义章》中慧远的法身思想时，可
以看出慧远对于菩萨获得无生法忍之后法性生身的重视。在对修行
念佛三昧实践的表述中，慧远又认为通过"定中见佛"就可以登
上菩萨位，获得无生法忍，在这种状态下就不再处于"三报"之

---

① 僧祐撰：《出三藏记集》卷5，《大正藏》第55册，第42页上栏。
② 如《大般泥洹经》中说："其善修者谓修菩提，不来者，若自不修终不自得；
真实者，微密胜业，如是胜业于谁不来？谓一阐提；永离善心名一阐提。"参
见（东晋）法显译：《佛说大般泥洹经》卷6，《大正藏》第12册，第892页
中栏。

作用范围。然而，对比慧远和僧叡之说，可知二者并非冲突。慧远所说三报的影响，虽然涉及一切因缘果报，但主要是指否定意义上的世俗的人间苦恼和迷惑，无生法忍菩萨则是处于三界外的神妙法身，自然不受三报影响。而僧叡所说，则为修行者在成佛之路上具有肯定意义的功德，其更大程度是指向佛的功德的承受者，即佛法身。所以慧远与僧叡之说，一为否定世俗性的业报，一为肯定出世间佛菩萨的功德，可以说相反相成。所以，当僧叡接触到《泥洹经》中佛身常住真实之说后，他自然会将其与功德业报联系起来。

而道生在庐山或长安时，也很有可能接触到此类问题。这样考虑的话，道生所说"受报之主"应该是指菩萨获得无生法忍之后的法身了。对比以上两种可能性来看，这样理解更加合理。所以，这"受报之主"的观点应该也是道生受到涅槃学说的影响。这里的表述在上下文语境中顺畅自然，难以看出事后附加的痕迹，所以这或许是道生修订完善后的样貌。

如此一来，虽然具有推测的性质，但通过考察道生著作成立的方式，以及分析"佛性我"出现的前后语境，应该可以认定《注维摩诘经》中的"佛性我"一词是道生在接触到《泥洹经》之后而作的附加注释。① 即《注维摩诘经》中道生注并非一时完成，而是具有思想的层叠性。这是道生随着佛学思考的深入，以及对新译涅槃佛性学说的吸收而逐渐形成的。

然而，虽然道生在接触到涅槃佛性思想之后，对《维摩经义疏》进行了一定程度的修订，但这种修订的痕迹极其罕见，除此"佛性我"和"受报之主"的概念之外，很难看出其他和涅槃学说

---

① 三桐慈海认为道生可能同时对《维摩经义疏》和《法华经疏》作了修治。参见三桐慈海：《竺道生の思想》，《大谷学报》1966 年第 46 号（1），第 31 页。

具有明显关联的解释。推想其原因，或许有以下两种可能：其一，这是由于《维摩诘经》本身作为般若系经典的性质使然，若要强行使用涅槃学中的观点加以分析，可能常会产生看似矛盾的解释；其二，可能正如金英浩所分析的一样，道生在注释经典的时候，极少引用其他经典作为论据，他更加重视对当下经典对象本身思想意涵的阐释和挖掘。① 所以，综合来看，道生在《注维摩诘经》中的观点虽然稍有掺入涅槃佛性思想的影响，但更主要的可以说仍是其接触涅槃学之前的思想，即在其佛学经历中前二阶段之后，"潜思日久"② 而有所彻悟的思想。

在道生的三本主要注疏之外，还有《小品经义疏》一部。此疏虽已散佚，但合观其四部注疏来看，则道生撰写注疏的原因一目了然。

首先，就《维摩诘经》、《法华经》及《小品般若经》③ 来看，这三者刚好是道生 405 年抵达长安之后，鸠摩罗什着手翻译的经典。在此过程中，道生当然参与译场并听经闻法。所以，之后道生所作之注，其中必然体现了在鸠摩罗什处所学大乘般若学说的影响。④

其次，道生对于《泥洹经》或大本《涅槃经》进行注疏，这

---

① 参见 Young-ho Kim：*Tao-sheng's Commentary on the Lotus Sūtra*（*A Study and Translation*），Albany：State University of New York Press，1990，p. 84。

② 慧皎撰：《高僧传》卷 7，《大正藏》第 50 册，第 366 页下栏。

③ 《维摩诘经》及《法华经》的译出时间为 406 年，如前所明。《小品般若经》的译出时间，据僧叡撰《小品经序》为弘始十年四月三十日，即 408 年孟夏。（参见僧祐撰：《出三藏记集》卷 8，《大正藏》第 55 册，第 55 页上栏）而道生于 408 年夏末到达庐山，所以应该在此经译出之后不久即返建康。

④ 横超慧日认为道生的《法华经疏》注释的基调就是般若学。参见横超慧日：《法華教学における仏身無常説》，《仏教研究》1939 年第 3 卷第 6 号，后收入氏著《法華思想の研究》，平乐寺书店 1986 年版，第 234—235 页。

也符合其在佛教教义上关注的终极方向——法身。当然，这种方向的萌芽在道生之前就已经有所表现，如道安即开始关注《般若经》中的法身观，慧远更是在念佛实践的过程中表现出对佛法身的持续关注。推测来看，竺法汰或许和道安具有同样的佛教关怀。另外，当时思想界对于圣人有情无情、解脱成圣问题的关注也可能潜在影响了道生的思想。① 然而遍观道生的佛学经历，可以看出其对法身的关注，受到庐山慧远以及鸠摩罗什的影响最为显著。其中，庐山慧远对于大小乘法身的追问或许使得道生更加深入地思考了这一问题，而鸠摩罗什所传大乘般若学之诸法实相毕竟空的思想，则为道生的思考提供了解决问题的方法，从而道生提出自己的《法身无色论》及《佛无净土论》等。这些思想一旦遇到大倡佛身常住的《泥洹经》等，自然让道生倍感亲切。而《泥洹经》中新出现的悉有佛性说，又令道生面对新的问题，所以道生对《泥洹经》或大本《涅槃经》进行了注疏。

第四节　道生其他论著的成立

除道生上述注疏外，学术界中对道生其他诸多论著的产生时间也有不同的看法。

许抗生认为，《善不受报义》、《顿悟成佛义》、《二谛论》、《佛性当有论》、《法身无色论》、《佛无净土论》及《应有缘论》

---

① 参见张雪松老师 2012 年 3 月 21 日与笔者 Gmail 邮件中所附其论文《竺道生的生平及其相关问题简析》。

都是道生返回建康不久，且在《泥洹经》译出之前所作，即 409—418 年间。[①]

而日本学者布施浩岳对于道生诸论成立时间作了进一步划分。他认为，道生的《善不受报义》和《顿悟成佛义》大约作于六卷《泥洹经》译出前后，即 417 年左右，而其《二谛论》、《佛性当有论》、《法身无色论》、《佛无净土论》、《应有缘论》等则在慧观协助佛驮跋陀罗翻译支法领带来的《华严经》之时所作，即 418—421 年左右。[②]

对比两位学者所说，许抗生限定的时间范围较大，布施浩岳则根据历史记载及当时社会环境做了进一步划分。由于历史记载的缺失，我们很难细致区分和确定道生这些论著的产生时间。但关于《顿悟成佛义》的著述时间，却可以作一大概推算。由于谢灵运撰写《辩宗论》的时间应该是其为永嘉太守之时，即 422—423 年期间，谢灵运在文中提及道生为"新论道士"，则《顿悟成佛义》的成立应当与《辩宗论》较为接近。若以前两年为限，则《顿悟成佛义》应当大致作于 420—422 年。另外，《佛性当有论》亦可肯定作于 418 年六卷《泥洹经》译出之后。

虽能作此推论，但相较之下，更有意义的是，我们或许可以通过分析这些作品产生的思想背景及思想性质，来确定其在道生佛学经历中所具有的地位和影响。

统观道生的论著，从思想性质来看，大概可以分为以下三类：其一，涉及法身及其性质的问题，如《法身无色论》、《佛无净土论》、《应有缘论》及《二谛论》。这些作品包括对佛的法身与色

---

① 参见许抗生：《僧肇评传》，南京大学出版社 2011 年版，第 137 页。
② 参见布施浩岳：《涅槃宗之研究》（前篇），丛文阁 1942 年版，第 164—165 页。

法、净土、感应及其存在方式的关注；其二，有关佛教修行的问题，如《顿悟成佛义》是对佛教修行阶段问题的阐述，而《善不受报义》则是对佛教修行中业报问题的分析；其三，佛教修行根据的问题，即《佛性当有论》。实际上，道生提倡的阐提成佛说应该也是在此问题范围之内。

首先，对于涉及法身及其性质的问题，应该将道生对此问题的关注置于晋末宋初的思想背景中。当时对法身与色法或色身关系的关注，当属庐山慧远与鸠摩罗什的书信交流最为知名。而道生在庐山栖居七年，期间也学习了僧伽提婆之有部教义，身处此因缘际会之中，他应当同慧远一样，对法身与色法的关系抱有关注。

同时，道生在隆安中至庐山，中间经历了慧远等人在402年的念佛结社，所以相应的净土思想应该也对道生有所触动。但对于道生来说，佛教的追求终究要以慧解为本，所以净土对他来说，并没有那么大的吸引力。另外如前所述，在慧远的念佛实践中，修行主体与佛法身的感应具有极其重要的地位，并且修行主体的能动性得到充分的强调。这或许也对道生关于感应的思考产生了影响。

之后，道生北游长安，亲聆鸠摩罗什讲解般若大乘之学，当于此时进一步思考了法身与色法之关系。而且，鸠摩罗什新译《维摩诘经·佛国品》中，又专门讨论了菩萨净佛国土成就众生的思想。另外，二谛说又和大乘般若学说密切相关。想来道生在长安游学之际，受鸠摩罗什的思想影响，对于以上主题或许作出过相关言论，因而关中众僧"咸称神悟"①。但当时道生应该没有著书立说，所以在他返回建康路经庐山之时，亦未见任何相关佛教教义的记载。

---

① 慧皎撰：《高僧传》卷7，《大正藏》第50册，第366页下栏。

据慧皎所言，道生回建康之后，"又著《二谛论》、《佛性当有论》、《法身无色论》、《佛无净土论》、《应有缘论》等，笼罩旧说，妙有渊旨"①。这其中《佛性当有论》虽然可疑，但其他诸论莫不和般若之学相关，因而说道生是"笼罩旧说"，即概括并超越以前诸家之说，并提出自己的深远旨趣。这里慧皎的记载和僧祐有所不同。僧祐仅列《善不受报》及《顿悟成佛》两义为"笼罩旧说，妙有渊旨"②，慧皎则把二者与《二谛论》、《法身无色论》等截然分开，认为《善不受报》及《顿悟成佛》是道生"校阅真俗，研思因果"③之后所创的新说。与此相对应，《法身无色论》等则是道生对旧说的统摄与超越。慧皎应当是根据新材料而重新作出有别于僧祐的论断，值得重视。总之，道生的这些论著创作于建康应毫无疑问。

但《法身无色论》等肯定不是作于六卷《泥洹经》或大本《涅槃经》译出之后。《泥洹经》等中倡言佛身为金刚不坏之身，法身自然无色。若于此时作《法身无色论》则实属多余，也与道生所作多为"珍怪之辞"的风格难以相符。所以，布施浩岳更加细致的区分值得商榷。

综上所述，道生对于法身及其性质的关注，应当与庐山慧远具有直接关系。而他对这些问题的进一步思考则深受鸠摩罗什大乘般若学的影响。并且对法身这一佛教理想境界的关注，或许正导致其开始思考佛教修行过程中的问题，即顿悟说等。但这是一种逻辑上的联系，未必《顿悟成佛义》就必然是在《法身无色论》之后创作的。

---

① 慧皎撰：《高僧传》卷7，《大正藏》第50册，第366页下栏。
② 僧祐撰：《出三藏记集》卷15，《大正藏》第55册，第111页上栏。
③ 慧皎撰：《高僧传》卷7，《大正藏》第50册，第366页下栏。

其次，如前所说，慧远在对念佛修行的表述中出现了关于上菩萨位的表述，在他和鸠摩罗什的交流中，也反复强调了七住菩萨的地位；另外，《法华经》中阿罗汉成佛的教义，又令慧远的思考表现出大顿悟的倾向。从后世大小顿悟的角度来看这些问题，可见慧远对于佛教修行阶段论的思考具有相当复杂的历史性。而在慧远思考和讨论这些问题时，道生不管在庐山还是长安都可以说是一个见证者，或许他也发表过自己的意见。

黎惠伦考察过道生顿悟思想的来源。他认为道生的顿悟思想和庐山慧远一样，都来源于《阿毗昙心论》。① 但黎惠伦对于文献材料的选取和分析有待商榷，下文会进行专题说明。本书认为，即使道生的顿悟思想和《阿毗昙心论》没有较大关系，也仍然和慧远具有直接的联系。

最后，在对佛教中的法身以及修行问题的思考之外，道生也一直关注佛教修行的根据问题。这和法身这一修行的终极理想具有直接的关系，可以互相印证。在道生接触到涅槃学的佛性思想之前，他一直使用中国传统思想中的"理"、"极"等表达佛教修行的根据和目的。实际上，这种表达方式贯穿其一生的佛学思考。通过对"理"等概念的梳理分析，将会有助于我们深入了解道生佛学思想发展的历史与逻辑。而道生对佛性说的思考和表述正体现了历史与逻辑发展的统一。

---

① 参见 Whalen Lai："Tao-sheng's Theory of Sudden Enlightenment Re-examined"，Peter N. Gregory Edit，*Sudden and Gradual：Approaches to Enlightenment in Chinese Thought*，Honolulu：University of Hawaii Press，1987，pp. 175–178；或龚隽译：《再论道生之顿悟论》，载彼得·N. 格里高瑞编，冯焕珍、龚隽、秦瑜、唐笑芝等译：《顿与渐——中国思想中通往觉悟的不同法门》，上海古籍出版社2010年版，第147—151页。

第五章

道生与僧肇的思想对比——
以《注维摩诘经》为中心

　　道生自南到北问学于鸠摩罗什，与之不同，僧肇本为京兆人，生于 384 年，卒于 414 年。僧肇家贫，以缮写为业，由是遍览经史，尤善《老》、《庄》之学。后见旧译《维摩经》，知栖神冥累之方，始有所归。僧肇年少便名振关辅，后闻鸠摩罗什至姑藏，僧肇赴之就学。鸠摩罗什入关，僧肇亦随之左右。后秦姚兴命鸠摩罗什传译其说，僧肇多助其详定经论。

　　在助译鸠摩罗什之时，僧肇多有所悟。或条记鸠摩罗什译经所说，撰成注疏，如《维摩经注》；或沉思般若之学，创作论书，如《般若无知论》、《不真空论》、《物不迁论》及《涅槃无名论》等；此外，另有经序及与时人书信交流若干存世，如《长阿含经序》、《答刘遗民书》等。

　　关于道生与僧肇的交流，就两人经历来看，只有 405 年至 408 年间道生在关中问学的三年左右时间。虽然共同学习了鸠摩罗什的般若思想，然而由于两人佛学经历的差异，他们之间的佛学思想未必完全相同。这点最可以体现在两人对《维摩诘经》的注疏中。我们将通过对《注维摩诘经》的检讨，来研究二者在注释方式以及佛学思想上的异同。在南北朝末至隋唐时期，道生与僧肇的佛学思想经常对比性地出现。但本章的研究重点在于道生的法身、顿悟与感应思想，为了突出道生思想的特点，我们仅在必要的时候将其与僧肇的相应观点进行对比分析。

第一节　《注维摩诘经》中道生和僧肇的注释方式

在对比分析道生和僧肇佛学思想之前，需先就二者的注释方式略作探讨。尤其是道生的一些特殊的注释风格，表现了他佛学思考的独特方法，彰显了其佛学思想的独特性。

本节即尝试对比分析《注维摩诘经》中道生和僧肇的注释方式，同时考虑到道生其他注疏的文本情况，以期在对比分析中发现道生在叙述形式及注释风格上的特点。

首先，对于道生和僧肇的注释方式的差异，前贤学者作过一些研究。桥本芳契最早对《注维摩诘经》的思想构成进行了研究。他统计分析了鸠摩罗什等三家注，指出僧肇注占全部注释的一半左右，达 1202 条，鸠摩罗什注占大约四分之一强，达 684 条，道生注占四分之一弱，达 603 条。其中僧肇对"佛国"、"方便"、"观众生"、"菩萨行"各品的独自注释，鸠摩罗什和僧肇对"佛国品"的详细注释，道生等三人对"弟子"、"菩萨行"两品的详细解说，以及道生自己对"问疾"、"观众生"、"见阿閦佛"、"法供养"各品的详细注疏的特征非常明显。总体来看，僧肇的注释比较平均地分布于各品，鸠摩罗什对"不思议"、"见阿閦佛"两品的注释比较粗略，道生则对各品注释有简有繁，或有或无。①道生或略或详的注释，表明了其对《维摩诘经》一种富有个性体验的把握，如"菩萨行品"对佛身的详细注释，说明了他对佛法身的关注。②

其次，鸠摩罗什和僧肇对经中名相的解释更正式且普遍，道生注则很少有此类内容。尤其是涉及"梵本"、"别本"等和原典相关的地方，皆无道生的注释。③

再者，橋本芳契还指出，道生的注释倾向与鸠摩罗什及僧肇不同，道生具有进入宗教体验和实修的倾向。鸠摩罗什说"中"，僧肇说"空"，道生说"有"，可以说三人各说三谛之一谛。鸠摩罗什说"诸法实相"④，僧肇说"因缘"，道生则说"入涅槃"。⑤

橋本芳契之后，工藤雅也再次对《注维摩诘经》中道生的经典注释法进行了研究。工藤雅也首先接受橋本芳契的一个观点，即僧肇对全本进行注释，道生注则时繁时简。关于道生注的分布和分量，是否存在合注时删削的可能？考虑到法经《众经目录》所记载三家注释的分量，工藤认为道生的注释可能并未在合注编集之时有所删削。除此之外，工藤雅也举出道生注释形式的另外三个特

---

① 类似的分析还可参见木村宣彰：《注維摩経序説》，真宗大谷派宗务所出版部1995年版，第88—91页。

② 参见橋本芳契：《註維摩詰経の思想構成》，《印度学仏教学研究》1958年通号12，第200—202页。

③ 参见橋本芳契：《註維摩詰経の思想構成》，《印度学仏教学研究》1958年通号12，第199页。

④ 对于鸠摩罗什注释中注重"诸法实相"的特点的分析，还可参见橋本芳契：《註維摩経の羅什説について》，《印度学仏教学研究》1973年通号42。

⑤ 参见橋本芳契：《維摩経研究と注維摩詰経》（《注維摩詰経問疾品講讃》，第35—77页），转引自橋本芳契：《維摩経の空観と浄土義》，《印度学仏教学研究》1983年通号62，注9，第24页。

点：一是不作逐语的解释；二是在注的划分方式方面，注意对经文
进行大方向的把握和理解；三是存在明显的比较奇怪的注句划分方
式。在此基础上，根据魏晋南北朝时期注与疏的区分，工藤进而认
为道生的注可能本来只是义疏的形式。① 然而，实际就工藤之说进
行考察来看，其一、二两点并非能够表现道生注释形式的特点，如
道生在"法供养品"中即近乎逐句地加以解释，以区别于僧肇注，
并更好地贯通文脉。② 另外，在僧肇注中也同样存在对大段文字合
注的情形，如在"佛道品"就佛种的解释中，僧肇即不同于鸠摩
罗什，采用了合注形式。③

　　另外，平井宥庆通过对后世注释《维摩诘经》时开设科段的
角度分析，认为《注维摩诘经》中的三家注释中，鸠摩罗什以及
道生，不开科段，直接帖文解释。僧肇则开分科段，"序"是宝积
发问以前，"流通"为嘱累品，其间并是正说也。这当然是后世智
顗等人的分析。④《注维摩诘经》中道生注虽然没有开分科段的情
况，但在其《法华经疏》中却初次使用了分科的方法，横超慧日

---

① 参见工藤雅也：《〈注維摩〉道生注における経典注釈法》，《印度学仏教学研
　究》2000 年通号 96。对于佛教中注与疏的详细说明，可参见菅野博史：《初期
　中国仏教の経典注釈書について》，载村中祐生先生古稀纪念论文集刊行会编
　集：《大乗仏教思想の研究—村中祐生先生古稀記念論文集》，山喜房佛书林
　2005 年版，第 19—36 页；或杨增文译：《中国佛教早期经典注释书的性格》，
　《世界宗教研究》2004 年增刊。至于在中国传统注释学历史中注与疏的流变情
　况，可参见古胜隆一：《中国中古の学術》，研文出版 2006 年版，第 91—
　138 页。

② 臼田淳三亦持此观点，参见臼田淳三：《維摩経僧肇単注本》，《圣德太子研究》
　1977 年第 11 号，第 32 页。

③ 参见《注维摩诘经》卷 7，《大正藏》第 38 册，第 391 页下栏至第 392 页上栏。

④ 参见智顗撰：《维摩经文疏》卷 1，《卍续藏经》第 18 册，第 464 页中栏；或
　平井宥庆：《敦煌本·南北朝期维摩経疏と注维摩》，《大正大学综合佛教研究所
　年報》1982 年第 4 号。

及菅野博史都对此分科情况及其后世影响进行了详细讨论。① 但在此之后，道生注释《涅槃经》时却全然不见了分科的方法。因此，从佛教思想史的角度来看，道生对《法华经》的分科具有一定程度的创造性意义，但这并非道生进行佛学思考的普遍性方法。

再者，横超慧日考察道生《法华经疏》的文献性质时，指出道生注释的一个重要特点是他不对经文内容进行表面的解释，而是一一挖掘经文背后的深意。如：

> 天雨四花，以表四果之非实。地动者，以表四果之非住，亦显六道大悟分发，兼明无常也。一心观佛，知必异说，迟闻奇唱。眉间白毫相光，以表一乘中正之道，无二乘垢翳。显之在额，示功平之相。斯光既耀，斯智必被矣。照东方，东方为群方之首，以表一乘为三乘之妙，亦明悟大者，冥故不尽照也。万八千，向虽照一方，欲明斯光，能无不照，故寄之万八千，表照无不在，一也。上下洞照者，明道无不在矣。②

经文中的四花、地动等都是为了预示佛将说法而示现的奇瑞异相。但道生对此都作了深入的解释，不拘泥于表面的叙述特征。其他在"见宝塔品"中，道生还说：

> 所以现塔者，证说《法华》，理必明当。一以塔证，二以

---

① 参见横超慧日：《竺道生撰〈法華経疏〉の研究》，《大谷大学研究年報》1952年第5集，后收入氏著《法華思想の研究》，平乐寺书店1986年版，第203—209页；菅野博史：《道生における法華経の構成把握について》，《東洋文化》1990年第70号，以及《道生撰：〈妙法蓮花経疏〉における注釈の方法について》，《印度学仏教学研究》1990年通号77。
② 道生：《法华经疏》卷1，《卍续藏经》第27册，第3页上栏。

所出声证。物因二事，信弥深至。亦远表极果，微现常住也。尔时佛前有七宝塔至从地踊出住在空中，夫人情昧理，不能不以神奇致信，欲因兹显证，故现宝塔。以事表义，使显然可见。①

即对七宝塔从地出现的事像，道生也作了细致而富有深意的诠释。如此之处甚多，难以繁引。这都表明道生不作表面解释，他的释经立场是立足于《法华经》一乘思想之上，从整体的角度挖掘普通事像背后的象征性内涵。用道生自己的话来说，就是上文中所说的"以事表义"。与此类似的还有"事表经义"②、"借事通玄"③、"理畅黄中者，寄以謦咳"④、"于是其理，从事显然"⑤ 等。这些都显示出道生在言意、事理之辨的范围内诠释经文的特征⑥，这也正是汤用彤指出的，道生与王弼在学术风格上的相似性。王弼盛阐得意忘象、得象忘言之说，道生也彻悟言外，深领般若实相之理，得意忘象之旨。⑦ 以事表义等与得意忘象正可相辅相成，这是道生注疏最为重要的特征。这种特征在《注维摩诘经》及《涅槃经集解》的道生注中一直都有体现。如"既闻事净，便封在事，还昧无秽"⑧、

---

① 道生：《法华经疏》卷2，《卍续藏经》第27册，第13页上栏。
② 道生：《法华经疏》卷2，《卍续藏经》第27册，第15页中栏。
③ 道生：《法华经疏》卷2，《卍续藏经》第27册，第15页上栏。
④ 道生：《法华经疏》卷2，《卍续藏经》第27册，第16页中栏。
⑤ 道生：《法华经疏》卷2，《卍续藏经》第27册，第13页上栏。
⑥ 参见横超慧日：《竺道生撰〈法華経疏〉の研究》，《大谷大学研究年报》1952年第5集，后收入氏著《法華思想の研究》，平乐寺书店1986年版，第210—214页。
⑦ 参见汤用彤：《汉魏两晋南北朝佛教史》，《汤用彤全集》第1册，河北人民出版社2000年版，第470页。
⑧ 《注维摩诘经》卷1，《大正藏》第38册，第337页中栏。

"食事虽粗其理自妙"①、"举近事以譬远理也"②、"理如所谈，唯一无二，方便随俗，说为二耳"③ 等。

金英浩考察《法华经疏》时，也指出道生在行文风格和诠释方法上的几个特征。在行文风格上：A. 道生试图使用中国传统思想中，如道家的一些概念，使得语言非常简洁；B. 道生使用了很多修辞法，如对偶句、对比等；C. 道生经常使用反问、感叹词句来表示强调。④

在诠释方法上：A. 道生的注释总是集中于统一的思想观念，而非个别字词的文字意义；B. 道生有时将字词拆分为单位音素，而忽略掉相对应的原本梵文词语，以此直接或间接地说明自己的观点；C. 道生习惯用"假辞"⑤ 这一表达指称佛陀的某些教法或故事；D. 道生几乎不引用其他经论观点，相比之下，僧肇的论书则旁征博引。总而言之，道生的表述中充满了中国传统哲学术语和典故，这似乎表明他想通过使用当时流行的语言，集中分析经文教义本身。⑥ 道生其他两部注疏也同样如此，从不引用其他经论。

综合上述各家分析，就《注维摩诘经》中僧肇注和道生注来看，先行研究大多集中在对其分量以及叙述形式的说明，其中仅有桥本芳契对三家注释的总体思想特色作了归纳，但其观点并无进一步的细化研究。本书将在前贤研究的基础上，结合先贤对道生

---

① 《注维摩诘经》卷3，《大正藏》第38册，第350页上栏。
② 《大般涅槃经集解》卷20，《大正藏》第37册，第461页上栏。
③ 《大般涅槃经集解》卷32，《大正藏》第37册，第487页中栏。
④ 但B、C等文风非道生所独有，彼时风尚，大都同此。
⑤ 这在《法华经疏》中共出现7次。如《法华经疏》卷2，《卍续藏经》第27册，第11页下栏至第12页上栏中就有三次。
⑥ 参见 Young-ho Kim：*Tao-sheng's Commentary on the Lotus Sūtra（A Study and Translation）*，Albany：State University of New York Press，1990，pp. 83-84。

《法华经疏》的分析，进一步探讨道生和僧肇的注释方式。总体来看，大概有以下两点可以充分表明二者在《注维摩诘经》中的不同风格和特点。

第一，如金英浩的分析一样，相比于僧肇对佛教术语的使用，道生更加倾向于使用中国传统思想中的概念，如道家的"理"等。如在"问疾品"中：

> 维摩诘言，说身无常，不说厌离于身。
>
> 什曰：凡有三种法。谓世间法、出世间法，观无常而厌身者是声闻法，著身而不观无常者是凡夫法也，观无常而不厌身者是菩萨法。今为病者说菩萨法，以此处病则心不乱也。肇曰：慰谕之法，应为病者说身无常去其贪着，不应为说厌离令取证也。不观无常不厌离者凡夫也，观无常而厌离者二乘也，观无常不厌离者菩萨也。是以应慰谕初学，令安心处疾，以济群生，不厌生死，不乐涅槃。此大士慰谕之法也。生曰：夫恋生者，是爱身情也。情既爱之，无有厌己。苟曰无常，岂可爱恋哉。若能从悟，不期遣惑，而惑自亡矣。亡乎惑者，无复身也。虽已亡惑无身，终不辍理。于理不辍，必能穷之。穷理尽性，势归兼济。至于在惑之时，固应患惑求通。求通之怀，必以无常厌身。然则厌身，出于在惑，非理中怀也。①

从此段可见，僧肇注和鸠摩罗什注有一部分是完全一样的，这体现了僧肇在《答刘遗民书》中所说的"义乘有本"②。僧肇注继承了

---

① 《注维摩诘经》卷5，《大正藏》第38册，第374页下栏至第375页上栏。
② 塚本善隆编：《肇论研究》，法藏馆1964年版，第45页；《大正藏》第45册，第155页下栏。

鸠摩罗什的表达，非常明确地以佛教中三乘分别的术语解释无常的三种观法。道生则不采用三乘说，而是以爱厌惑悟等说明无常的道理。但是，对于佛教修行中不同的修行阶段，道生却是以穷理、中理与否来解释，以理这一概念贯通始终。理又与惑相对，也正是立足于事理相对立场上的表达。而对"理"等中国传统概念的使用，在其《法华经疏》和《涅槃经集解》道生注中一直都有体现。

第二，在经文衔接的段落中，僧肇有时不作解释，而道生则经常推测行文旨意，有时甚至使用中国传统中的社会习俗进行解释。如在"菩萨品"中：

> 光严白佛言，世尊，我不堪任诣彼问疾。所以者何？忆念我昔出毗耶离大城。
>
> 生曰：托在城出实有以也。
>
> 时维摩诘方入城，我即为作礼。
>
> 生曰：城门是人所凑处，故得因广化功也。作礼者，迹同乡党现修长幼礼也。
>
> 而问言，居士从何所来？
>
> 生曰：交从外来，故可寄问，以取其来自有从也。
>
> 答我言，吾从道场来。
>
> 什曰：以光严心乐道场故，言从道场，以发悟其心也。光严虽欲得道场，而未知所以得。得必由因，故为广说万行。万行是道场因，而言道场者是因中说果也。复次，佛所坐处，于中成道，故名道场。善心道场，亦复如是。广积众善，故佛道得成，是以万善为一切智地，乃真道场也。肇曰：闲宴修道之处，谓之道场也。光严志好闲独，每以静处为心，故出毗耶将

求道场。净名悬鉴，故现从外来，将示以真场启其封累，故逆云吾从道场来。从道场来者，以明道无不之，场无不在。若能怀道场于胸中，遗万累于身外者，虽复形处愦闹，迹与事邻，举动所游，无非道场也。生曰：得佛之处也。①

从此段可见，首先，道生对僧肇未加注解的地方作了说明。这种情况所在多有，难以备举。其次，道生对于光严童子答佛所说的衔接性语句一一加以注释，表明他注重经文的行文脉络的畅通，使得前后文句贯通，无有遗漏。最后，道生特意解释了"城"、"作礼"等概念，并将其和世间社会习俗相类比。再如"佛道品"中：

　　法喜以为妻。
　　什曰：如二禅中，自欣离下地故生喜，亦于诸善及实法，深心爱乐，发大欢喜，以此自娱，外无余欣。喜为乐具，其谕如妻也。肇曰：法喜谓见法生内喜也。世人以妻色为悦，菩萨以法喜为悦也。生曰：妻以守节为欣，失节则忧，喜于法者，此之谓也。
　　慈悲心为女。
　　什曰：慈悲性弱，从物入有。犹如女之为性，弱而随物也。肇曰：慈悲之情像女人性，故以为女。生曰：慈悲以外适为用，有女义焉。②

其中在对"法喜以为妻"的解释中，僧肇注和鸠摩罗什注大同小

---

① 《注维摩诘经》卷4，《大正藏》第38册，第363页中栏至下栏。
② 《注维摩诘经》卷7，《大正藏》第38册，第393页上栏至中栏。

异，即妻色是娱悦的工具，所以菩萨以法喜为娱悦。而道生则以世间伦理纲常进行解释，妻子以守节为欣，就像菩萨以法为喜。实际上，这是将妻子与菩萨作了类比。

另外，在对"慈悲心为女"的解释中，僧肇亦与鸠摩罗什取意相同，皆认为女性慈悲，所以经中以此为喻。而道生仍以世间习俗作解，因为女性终将出阁外嫁，所以在"外适"一点上与慈悲的发心向外济物相似。

综合此三者来看，这似乎体现了道生作注的初衷，即表达出与僧肇注所不同的"新异"① 之处，但这些新异显然并非是佛教教理层次的。因而，与其将之看作道生思想的独特性，不如将之置于道生作注的情境中来考虑。道生见到僧肇的《维摩经注》之后，自己持有不同观点，因而作注。但这种创作是独自地闭门沉思，还是讲经说法之时有所体会随即笔录呢？根据上面几段体现出的信息特征，将之作为道生讲经说法而笔注成疏的情况显然更合情理，因为道生的这些注释表现出非常注重听法之人的对象意识。这也可以反证前面对道生提出"佛性我"概念的分析，即道生很有可能在讲经说法的过程中形成了《维摩经义疏》。

这种对象意识也在金英浩所说的 C 点中得到体现，即经常使用反问、感叹词句等来表示强调。当然，这在鸠摩罗什乃至僧肇的注释中也可见到，因为二者的注解原本就是在传译讲经之时产生的。但僧肇注中也存在大量与鸠摩罗什注不同的地方，如其关于菩萨净土的长篇论述② ，这当然是其自己思考的结果。另外，金英浩认为僧肇论书中旁征博引，这应该是指其《般若无知论》等，实

---

① 慧皎撰：《高僧传》卷 7，《大正藏》第 50 册，第 367 页上栏。
② 参见《注维摩诘经》卷 1，《大正藏》第 38 册，第 334 页中栏。

际上，僧肇在《维摩经注》中很少引用其他经典。① 这点和道生并无差别。

所以，虽然道生传记中没有记载其讲说《维摩诘经》的情况，但是根据他讲说《法华经》、《泥洹经》（或《大般涅槃经》）的情况，依情度理，推而论之，他应该也讲说过《维摩诘经》。

综上所述，《注维摩诘经》中僧肇与道生的注释方式有以下六点值得注意：

第一，僧肇注比较平均地分布全本，而道生注则有疏有密，或有或无。或者如工藤雅也所说，道生注原本是义疏的形式。而义疏可以看作原本就是讲经问答的记录，或为讲经所做的准备。②

第二，不论是否涉及"梵本"或"别本"的情况，僧肇注对于经中名相概念的解释更加普遍和详细，道生注则极少解释名相。

第三，僧肇注一般句式划分较为合理，没有突兀感，道生注中则存在明显的比较奇怪的注句划分方式。这可能如平井宥慶所言，在编集合注时道生注的附入时间较晚，导致产生拆分句式的可能性。

第四，僧肇注更加注重佛教术语的运用，这当然是因为参与译场、述记所闻而导致的；道生注则像他在其他注疏中一样，倾向于使用中国传统思想中的概念，如理、极等。

---

① 至于《注维摩诘经》中僧肇注中引用《涅槃经》的文字，早已为学者论证为后世附加之词。参见臼田淳三：《注維摩詰経の研究》，《印度学仏教学研究》1977 年通号 51，第 263 页；木村宣彰：《注維摩経序説》，真宗大谷派宗务所出版部 1995 年版，第 91—92 页。

② 参见菅野博史：《初期中国仏教の経典注釈書について》，载村中祐生先生古稀纪念论文集刊行会编集：《大乗仏教思想の研究——村中祐生先生古稀記念論文集》，山喜房佛书林 2005 年版，第 20 页，注 3，第 34 页；杨增文译：《中国佛教早期经典注释书的性格》，《世界宗教研究》2004 年增刊。

第五，僧肇注虽分布全体，但在其未注的情况下，道生多加以补注，使得文脉更加畅通；在僧肇已注的情况下，道生重新注释，有时则会使用中国传统社会的伦理观念或习俗加以解释。

第六，僧肇注与道生注都是讲经之时产生的作品。僧肇注虽然有事后自己的思考和总结，但由于其参与鸠摩罗什译场而仍具有这种性质；道生注则从行文方式及注释方法中，可以看出其作注时的对象意识，这点也可以从他撰述其他经疏的记载中作出合理的推测。

因此，结合道生著述的形成过程分析，再看道生所有注疏的注释特点，可以归纳为以下三点：

第一，道生多为讲经而撰述注疏。其中，《法华经疏》的历史记载最可靠，《涅槃经集解》道生注也可从后世记载中推知，《注维摩诘经》道生注则可结合前二者，并从文本内容分析而知。

第二，道生更加注重当下文本自身的内涵，而不重视引用其他经典作为辅证，且在表达形式上更多地使用中国传统思想中的事、理、言、象等概念，来表达自己的佛教理解。

第三，在第二点的基础上，道生充分重视在以事表理的基础上进行经典思想的诠释。这是道生最重要的注释风格，是其得意忘象、得理忘言的思考方法的具体体现。

在对道生著述的产生，以及《注维摩诘经》中道生与僧肇的注释方式作出考察之后，下面将进一步探讨二人在佛学思想上的差异。事实上，虽然是对二者的对比分析，但本书采取的角度和侧重点都是着眼于道生的思想，即通过与僧肇的比较分析而阐释道生思想的发展脉络。道生的很多论著，如《法身无色论》、《佛无净土论》、《应有缘论》等，虽然佚失，但类似思想在《注维摩诘经》中都有所体现。当然，道生的这些观点又不限于《注维摩诘经》，所以在探讨道生思想时，必然要求我们统观其所有现存著作，以便获得最全面的认识。因而，在对比分析道生和僧肇时，本书将以道生这些论著的主题为出发点，从法身、顿悟与感应思想三个方面，对比分析道生与僧肇的思想差异。

第二节　道生与僧肇的法身观

对于道生与僧肇的法身观，这里将切合道生关于法身的两大主题"法身与色"以及"佛与净土"进行论述。

对于道生"法身与色"的思想，已有众多学者作出了杰出的研究成果。其中，具有代表性的有古田和弘与木村宣彰。本书将在前贤研究的基础上，分析僧肇与道生关于法身与色的关系。

在《注维摩诘经》中，僧肇和道生解释法身云：

佛身者即法身也。

肇曰：《经》云，法身者，虚空身也。无生而无不生，无形而无不形。超三界之表，绝有心之境，阴入所不摄，称赞所不及，寒暑不能为其患，生死无以化其体。故其为物也，微妙无象，不可为有；备应万形，不可为无；弥纶八极，不可为小；细入无间，不可为大。故能出生入死，通洞于无穷之化；变现殊方，应无端之求。此二乘之所不议，补处之所不觇，况凡夫无目，敢措心于其间哉！聊依经诚言，粗标其玄极耳。然则法身，在天为天，在人而人，岂可近舍丈六，而远求法身乎！

生曰：夫佛身者，丈六体也。丈六体者，从法身出也。以从出名之，故曰即法身也。法者无非法义也，无非法义者，即无相实也。身者，此义之体也。法身真实，丈六应假。将何以明之哉？悟夫法者，封惑永尽，仿佛亦除，妙绝三界之表，理冥无形之境。形既已无，故能无不形；三界既绝，故能无不界。……以前众患皆由有身，故令乐佛身也。然佛身迹交在有，虽复精粗之殊，至于无常，不应有异。而令乐之，宜明其意。既云即是法身，非徒使知无有身患，乃所以用断一切众生病矣。斯又引使乐法，乐法之行下法，是以行于法者得佛身也。①

其中，可以看出僧肇与道生对待佛身与法身的态度差异。在僧肇看来，法身的本质是虚空身，这是般若学中诸法毕竟空的表达。因为法身本质为空，所以可以达到无生与无不生、无形与无不形的不二的统一。其本质是在三界之外，不可用心思分别思量的，这是僧肇所说法身的超越性。② 然而，另外，法身通过感应又可以具备各种各样的形态，大小精粗无不具备。这是佛法身神通变化因应无端的重要表现。因此，对于佛的丈六之身与法身的关系而言，同样是一体不二的，不可以舍弃应现的丈六身去追求法身。

僧肇的这种表述符合他不二法门的立场，也同他在表述佛的般若无知而无不知、寂用一如的立场是一样的。因而，僧肇追求的是在般若空的实相基础上，以不二法门调和法身与应化身的关系，论证二者在实相空维度上的统一。

而在道生的方面，他通过"即"一词来表现佛身与法身的关系。如木村宣彰所说，之所以用"即"，是因为佛的丈六身与法身

① 《注维摩诘经》卷2，《大正藏》第38册，第343页上栏至中栏。
② 对僧肇法身超越性的各种表现的分析，可参见谷川理宣：《僧肇における'仏'の理解——至人と法身》，《印度学仏教学研究》1980年通号57。

具有"从出"的关系。这是道生法身观的重要特征。① 因为丈六身从法身而出，所以道生强调的重点在于法身。也就是说，他强调法身是真实的，而丈六是应化之假形。虽然道生接下来解释说，"形既已无，故能无不形"，但和僧肇强调法身与化的两面相即的特征不同，道生更注意说明法身与化的两面的因果接续关系。这是古田和弘所指出的重要特征。②

另外，对于应化身与色的性质，僧肇在"问疾品"中关于菩萨随诸众生而入生死的解释中说：

> 肇曰，夫法身无生，况复有形。既无有形，病何由起。然为彼受生，不得无形。既有形也，不得无患。故随其久近，与之同疾。若彼离病，菩萨无复病也。③

即菩萨为了应化众生而显现凡夫之形体，但既然有了形体，就不能不有病患。这虽说是强调菩萨的方便力，但僧肇肯定形与病之间的联系是毫无疑问的。

而上文中，道生也认为病患是由于身的存在，但他同时强调佛丈六的应化身虽然显迹在俗世，但其根本是无常的，无常之法没有差异。所以，从佛身"即法身"的角度而言，因为法身真实，所以佛丈六身实际上没有病患，让众生喜乐佛身，就是为了使其由此方法断尽俗世烦恼。

---

① 参见木村宣彰：《竺道生の法身説》，《大谷学报》1989 年第 69 期第 3 号，后收入氏著《中国仏教思想研究》，法藏馆 2009 年版，第 135—136 页。

② 参见古田和弘：《竺道生の法身無色説》，《印度学仏教学研究》1969 年通号 34，第 128 页。

③ 《注维摩诘经》卷 5，《大正藏》第 38 册，第 372 页中栏。

乍看之下，似乎僧肇和道生之间并无根本差别，但实际上，两人的立足点存在差异。僧肇强调法身的应化作用，以方便力而示现出与众生相同的情况。道生则重视从真法身的维度来肯定与众生的关系，即众生在理解法身的真实之理后就可以断尽烦恼。对于佛的丈六之身，道生更倾向于否定的态度，如其在"见阿閦佛品"关于不以色等观佛的解释中说：

> 生曰：向云不见佛者，或是己不能见，非无佛也。故复推无佛可见，以尽之焉。人佛者，五阴合成耳。若有，便应色即是佛。若色不即是佛，便应色外有佛也。色外有佛，又有三种：佛在色中，色在佛中，色属佛也。若色即是佛，不应待四也；若色外有佛，不应待色也；若色中有佛，佛无常矣；若佛中有色，佛有分矣；若色属佛，色不可变矣。色者，色之事也。如者，色不异也。性者，无本为色也。既言其事，事或可改，故言如也。虽曰不改，本或不然，故言性也。然则要备三义，然后成色义也。是以如性五事，亦不得而殊也，至识皆同之焉。既无所见，乃为见实也。以实见为佛，见实所以见佛也。①

在这段文字之前，道生先解释了"不见三世有佛"②的观点。这里道生更进一步阐释了无佛可见的道理。这里的佛是指"人佛"，即佛的应化之形。人佛与色的关系大体分为两种：色即是佛与色外有佛。在概念的界定上，色与佛具有截然不同的性质。色或人是生灭无常，而佛则是无生无不生、不来不去亦不住。因而"人佛"这

---

① 《注维摩诘经》卷9，《大正藏》第38册，第410页中栏。
② 《注维摩诘经》卷9，《大正藏》第38册，第410页上栏。

一概念本身即具有内在的矛盾性质。所以，如果色即是佛的话，色与佛性质相同，则由于佛的无相之体的性质，色也不是由四大构成了。如果色外有佛的话，在进一步细分的三种关系中，色与佛的性质都互相矛盾难以同时成立。所以总体而言，没有人佛可以见，这才是见到的实理。实理就是毕竟空，以此实理为佛，见到实理就是见佛的法身。所以，道生在贬低否定佛的应化身的同时，阐明了佛法身与色法不能同时相容的道理。因而，"法身无色"的观点也就得以成立。

在此也可看出，道生虽然受到慧远特别关注法身的影响，其最终解决问题的方式也包含着般若学不二法门的倾向，但道生最终的结论却是对佛的法身的绝对肯定。这和当初慧远截然区分佛真法身与变化身的观点有些相似，但与慧远重视变化身的感应能力又完全不同。因为，对于道生来说，在与佛法身的沟通交流中，变化身并不具有多大的作用。只有代表着理极的佛法身，才既可以通过顿悟直接达成，又可以在佛性基础上的感应与佛完全对接。这是道生强调"慧解"，不重视实践修行的佛学立场所决定的。

与道生的"法身无色"思想密切相关的是其"佛无净土"的观点。这应该是道生针对当时流行的各种净土说，而提出了自己的思考，其根底也贯穿着般若学的立场。① 道生关于净土的观点，主要分布在《注维摩诘经》与《法华经疏》中。如在"佛国品"中，僧肇与道生说：

> 所以者何？菩萨随所化众生而取佛土。

---

① 当时各种净土经典早已流行，《般若经》中有菩萨净佛国土说，《法华经》中又说灵山净土等他方净土。参见古田和弘：《竺道生の仏無浄土説》，《印度学仏教学研究》1971 年通号 38，第 313—314 页。

什曰：……肇曰：此下释所以众生则佛土也。佛土者，即
众生之影响耳。夫形修则影长，形短则影促，岂日月使之然乎？
形自然耳。故随所化众生之多少，而取佛土之广狭也。是以佛
土或以四天下，或以三千，或以恒沙为一国者也。

生曰：夫国土者，是众生封疆之域。其中无秽，谓之为净。
无秽为无，封疆为有。有生于惑，无生于解。其解若成，其惑
方尽。始解是菩萨本化，自应终就。使既成就为统，国有属佛
之迹。就本随于所化，义为取彼之国。既云取彼，非自造之谓。
苟若自造，则无所统。无有众生，何所成就哉？①

其中，僧肇的立场是基于佛的感应的相互关系，即佛土的净秽、短
长的状态依据于所感应众生的相应状态。

但在道生看来，国土是众生的处所。国土的秽与净和处于其中
众生的惑与解的状态直接相关。这就是池田宗讓所指出的秽—有—
惑—众生、净—无—解—佛的理论构造，解以无为内容，这就是净
的境界。②

而在关于净土之行的问题上，僧肇与道生又分别解释说：

众生之类是菩萨佛土。

什曰：……肇曰：夫至人空洞无象，应物故形。形无常体，
况国土之有恒乎？夫以群生万端，业行不同。殊化异被，致令
报应不一。是以净者应之以宝玉，秽者应之以沙砾。美恶自彼，
于我无定。无定之土，乃曰真土。然则土之净秽，系于众生。

---

① 《注维摩诘经》卷 1，《大正藏》第 38 册，第 334 页下栏。
② 参见池田宗讓：《竺道生の空について》，《印度学仏教学研究》1987 年通号 70。

故曰众生之类，是菩萨佛土也。或谓土之净秽，系于众生者，则是众生报应之土，非如来土。此盖未喻报应之殊方耳。尝试论之：夫如来所修净土，以无方为体，故令杂行众生，同视异见。异见故净秽所以生，无方故真土所以形。若夫取其净秽，众生之报也。本其无方，佛土之真也。岂曰殊域异处，凡圣二土，然后辨其净秽哉？

生曰：净土行者，行致净土，非造之也。造于土者，众生类矣。容以滥造，不得不先明造本，以表致义，然后说行。①

其中，道生所说行致净土的主体是菩萨，众生是中介，菩萨通过化导众生修行六度等而达到净土。但是，这净土不是菩萨所造。造土者是众生，众生容易滥造国土，所以秽净不同。众生所造之土虽然可能不净，众生却是制作国土的根本，所以必须先说，然后再表明行致净土之义。

联系前文来看，众生由秽到净、由惑至解的开始是由于菩萨的化度。而菩萨之化有始有终。从最终结果来看，菩萨或佛就统摄着自己化度的众生，而众生所组成之国就属于佛的显迹。所以，就净土的主体来说，它是菩萨所化的众生；就净土的来源来说，取自众生所造的国土。众生逐渐除秽，国土相应地转净，以致成为净土。那么从菩萨的角度来说，既然是取自众生，所以就不能说是自己制造。如果是自己制造的话，统摄者又失去了统摄的对象——众生。既然没有了众生，又怎么去成就他们呢？

结合两段文字可以看出，对于道生来说，净土的根本在于众生的方面，其原本是众生的秽土，由于菩萨的教化，众生逐渐去除迷

———————

① 《注维摩诘经》卷1，《大正藏》第38册，第334页中栏至下栏。

251

惑，相应，众生的秽土就转为净土。所以，净土属于众生，不在于佛。

而从僧肇的立场来看，不论众生的国土是什么样的状态，都是在佛的应化之下而呈现出来的。所以，众生之土的根本在于佛的方面。而真正的佛的净土正是以佛无方应化的神力作为根本，所以佛有无方之真土，而众生之土只是各种具体应化的形态而已。但在某些学者看来，僧肇所说的无方之真土倒是成为了"佛无净土说"①，这应该是作者误读道生与僧肇传记而作的勉强之词。

另外，道生对于众生国土无秽即为净的表述，还出现在其《法华经疏》中。如在对"授记品"的注释中：

> 然事象方成，累之所得。圣既会理，则纤尔累亡。累亡故，岂容有国土者乎？虽曰无土，而无不土。无身无名，而身名愈有。故知国土名号，授记之义者，应物而然，引之不足耳。②

即事象之所以成立，乃是由于患累而产生。修行者了悟"理"之后，就不再有丝毫的患累，这也正是由惑致解而导致净土形成的原因。但从秽、累、惑的角度来说，这些事物的否定性消逝正是象征着"无"的意义，所以道生说患累消除之后就不再有国土了。然而从大乘不二的立场来看，无土与无不土又是相即不二的。所以，作为现象层面的国土名号等，只是为了突现佛的授记的意义。

道生在"寿量品"中又说：

---

① 参见王新水：《从〈注维摩诘经〉看竺道生和僧肇佛学思想的差异》，《兰州学刊》2005 年第 5 期。
② 道生：《法华经疏》卷 2，《卍续藏经》第 27 册，第 10 页下栏。

　　既见佛之不在，良以众生秽恶。以秽不在，则无秽必在。
无必在秽，故寄七珍明之。寄七珍明之者，明无石沙之秽耳。
本自不言，其体非秽。于无形而论，亦何异秽质。然则无秽之
净，乃是无土之义。寄土言无，故言净土。无土之净，岂非法
身之所托哉？至于秽恶被烧，自是众生罪报，亦何伤无不在，
无不净乎。是以众生见烧，而净土不毁。且今人情，欣美尚好，
若闻净土不毁，则生企慕意深。借事通玄，所益多矣。①

　　这里道生认为佛的法身与净土都和众生的秽恶相关。如果众生秽
恶，则佛法身不现，所以需要用金、银、琉璃等七珍来表明此灵山
净土没有石沙之秽。② 当然，七珍自身的形体是无秽的，但从无形
的角度来说，七珍和污秽之物又无差别。因而，七珍之精和石沙之
粗皆是污秽之物。所以，无秽之净就是无土的意思。就土来说是
无，所以称之为净土。这无土的清净处，正是法身所居的处所。在
秽恶的一面上，都是众生应有的罪报，和此无不在无不净的净土没
有关系。众生目睹这净土不烧的奇迹，正可以使其深慕大乘的超越
性。所以在《法华经疏》中，道生专就"无"与"净"的关系作
了阐述，从"无"的角度论述"佛无净土说"。

---

① 道生：《法华经疏》卷 2，《卍续藏经》第 27 册，第 15 页上栏。
② 学术界对于"无必在秽"的理解存在差异。有理解为"必然无秽"者，如中
　国佛教思想研究会：《道生撰妙法莲花经疏对訳》，《三康文化研究所年報》1980
　年通号 12；有理解为"（佛）必在的话则无秽"者，如鳥居達久：《竺道生撰述
　〈妙法莲花経疏〉》（資料篇），国际佛教学大学院大学 2000 年博士论文，第
　305 页；《竺道生撰述〈妙法莲花経疏〉の研究》，国际佛教学大学院大学 2000
　年博士论文，第 16 页，作者认为此文中的"在"都是指佛的在，并非秽的有
　无。但以上二家理解都有误。就"无必在秽，故寄七珍明之"全句文意来看，
　正是说佛的不在（无）是由于（在）秽，所以要通过七珍表明无秽，以便佛
　可以在。这句中的"在"并非是指佛在，而是表达原因和条件而已。

综上所述，道生的"佛无净土说"可以概括为两个层面上"无"的论证。

其一，众生为造土之本，佛菩萨"无"造国土。土本为众生所造，因而在其污秽的时候不属于佛。随着菩萨调伏教化众生的过程，众生去惑转解，其本来所造之土也转秽为净，这时才构成了一个完整的清净国土的模式，即统摄者——佛与菩萨、统摄对象——清净众生、统摄处所——清净国土。菩萨等是在众生所创造国土的基础上，通过诸功德行而使自己与众生都达到净土。而这也正是后来净影慧远与吉藏等人所概括的，在道生来说，众生有土，诸佛则无。① 但这种从众生角度出发的论证，不正是僧肇引文中所批判的"众生报应之土，非如来土"吗？实际上，道生还有第二个层面的阐述。

其二，所谓净土，就是无土，净训为"无"，土即指精粗不等之秽。即如古田和弘所强调的，通过秽与有、无与净的关联，而认定无秽之净土就是无土，为了表明国土之无而假说为净土。结合其"法身无色说"，可以看出道生在般若空观的表达上更加彻底。② 通过以上论述来看，道生确实更加喜欢从"无"的角度来解说法身与色、净土等的关系。而这或许和他自身的佛学经历相关，即师从竺法汰而受到"本无义"的影响。对此，先贤亦已有所指摘。③

---

① 如净影慧远说："明其凡圣有无之义，昔来诸家所说各异。如生公说，佛无色身，亦无净土。但为化物，应现住于众生土中。如是说者，众生有土，诸佛则无。什公所异，诸佛有土，众生全无，但佛随化现土不同。故《维摩》云，为化众生故，现此土为不净耳。"《大乘义章》卷19，《大正藏》第44册，第837页上栏。又见吉藏：《法华玄论》卷9，《大正藏》第34册，第441册下栏至第442页上栏。

② 参见古田和弘：《竺道生の仏无净土说》，《印度学仏教学研究》1971年通号38，第316—318页。

③ 参见三桐慈海：《竺道生の思想》，《大谷学报》1966年第46号（1），第31—34页；池田宗让：《竺道生の空について》，《印度学仏教学研究》1987年通号70，第115页。

乍看之下，以上两点似乎不能相容。因为"佛无净土"这一表达式，不能同时在一个逻辑方向包含这两个论证。如果可以的话，那么"佛无净土"还可以写成"佛无无土"，乃至"佛无无秽"、"佛有秽"，这俨然表达出后来天台宗"佛不断性恶"一样的观点了。历史记载中并无丝毫相关信息，这种推论显然不能成立。换个角度，将这两点看作是"佛无净土"的表达式在不同逻辑方向上的推演，则表面的矛盾就解决了。实际上，以上两点可以看作一是在"有土"逻辑上的论证，若有土，则众生有土佛无土；二是在"无土"逻辑上的推演，这时意在重构"净土"的内涵，以区别于世俗意义上有精粗之别的"净土"，"佛无净土说"就在否定了世俗意义的"净土"之后，成立了"无土之净"的意义。二者相反相成，共同构建了道生的"佛无净土说"。

所以，对比分析僧肇与道生两人关于净土的观点来看，僧肇重点强调在佛法身的层面上，认为无方之真土的超越性，是超绝三界的。同时，由于僧肇对法身感应的强调，他也在一定程度上肯定了法身因应众生而变现出来的各种国土。这是僧肇的不二观所决定的，这种方法贯穿其对法身认识论与存在论的所有理解中。①

而另外，道生则把重点放在与法身相对的众生身上，即众生存在由惑转净的可能和过程，因而其国土也就可以由秽转净。同时，在无秽之净的意义上，道生提出"佛无净土"说。在道生的内在逻辑上，由于国土本为众生所造，所以国土即由色法构成。虽然众生开悟，国土转净，但因为道生贬低否定佛的应化身，与此相对，

---

① 所谓"认识论"即般若的无知与无不知，"本体论"即法身的无像无不像、无为无不为等。参见武田公裕：《僧肇の法身観—曇鸞二法身説の一背景として》，《龍谷大学大学院研究紀要·人文科学》1998年第19号。

他对作为"属佛之迹"的净土也愈加表现出否定的态度。然而，道生并非一味地否定净土，他也在不二的立场上指出秽土、净土在法身无形无不形的变现意味上没有差别。而净土的形象对于引导应化众生来说，更加符合人类"欣美尚好"的本性，所以净土的作用也不可完全否定。

由此可见，僧肇和道生虽然都以般若学为基本立场，但道生的姿态要比僧肇更进一步，表现出自己的佛教思想特色。就"法身与色"的关系而言，僧肇强调与法身不二的化身，道生则以其重视"慧解"的立场，强调对法身之理的领悟。就"佛与净土"的关系来说，僧肇仍在般若学立场上强调佛的无方之化，道生则一方面从僧肇所批判的"众生报应之土"出发，表明佛无净土，净土之造作主体非佛；另一方面，又通过特定的灵山净土的进路，赋予"净"和"土"特定的内涵，从而阐发佛无净土说。在具体阐发和论证中，僧肇和道生都运用了般若学的不二法门，可见二人所学之同，但道生爱发珍怪之辞，矜辞以立异，其中未尝没有将僧肇作为思想对手的意味。

第三节　道生与僧肇的顿悟说

一、历史文献中道生顿悟说的差异

对于道生和僧肇的顿悟说，先贤学者大都有所论述。其中，以道生的顿悟说研究为主，大多附带论及僧肇之说。道生说被称为大顿悟，僧肇说被称为小顿悟。据现存史料，最早对此作出大小顿悟述评的是陈代慧达，他在《肇论疏》中说：

第一，竺道生法师大顿悟云，夫称①顿者，明理不可分，悟语照极，以不二之悟，符不分之理，理智惠释，谓之顿悟。见解名悟，闻解名信，信解非真，悟发信谢，理数自然，如果就自零。悟不自生，必籍信渐，用信伏②惑，悟以断结，悟境停照，信成万品。故十地四果，盖是圣人提理令近，使行者自强不息。闻，信从教生，设非信是，义同市虎。答曰，信实解当，俱由说主所谬。圣圣相传，信教冥符，出苦累亡，岂同市虎难。旧云，空若渐见，若言佛性亦渐见；若言佛性平等，非渐见者，空亦如是，岂得渐见。故知诸佛乃能悟耳。用此义者，什师注云：树王成道，小乘以卅四心成道；大乘中唯一念确然大悟，具一切智也。第二小顿悟者，支道琳师云：七地始见无生。弥天释道安师云：大乘初无漏慧，称摩诃波若，即是七地。远师云：二乘未得无有，始于七地方能得也。琩法师云：三界诸结，七地初得无生，一时顿断，为菩萨见谛也。肇法师亦同小顿悟义。③

在这段对于僧肇、道生等人顿悟说的评论中，有以下五点值得注意。

其一，区分了大顿悟与小顿悟。道生与鸠摩罗什为大顿悟者，支遁、道安、庐山慧远及僧肇为小顿悟者。

其二，大顿悟者道生强调理一之不可二分，所以观理之悟也不可分为二，只有当不二之悟符合不分之理的时候，才称为顿悟。

① "称"，原文作"秤"，据文意改。
② 原文为"伪"，汤用彤认为应是"伏"，此理顺遂，今从之。下亦有依汤文改之者，兹不详举。具体参见汤用彤：《汉魏两晋南北朝佛教史》，《汤用彤全集》第1册，河北人民出版社2000年版，第491页。
③ 慧达：《肇论疏》卷1，《卍续藏经》第54册，第55页中栏。

其三，小顿悟者皆重视七住菩萨及其阶段所得之无生法忍。

其四，大顿悟者道生区分了"见解"与"信解"，信解可以制伏迷惑，从而悟得以生，这表现出渐修的一面。所以，修行中的十地四果，都是佛陀应化众生而说。

其五，大顿悟者道生提出佛性为顿悟说的根据。佛性平等不可渐见，所以空也只能顿见，因而诸佛才能平等观见众生佛性。

然而慧达作疏之时，距道生、僧肇已逾三朝，其中或有难以相信者，须待详察。距道生更近的刘宋刘虬（438—495），在其所作《无量义经序》①　中亦有言及道生顿悟说之处。如下文：

> 立顿者，以希善之功，莫过观于法性。法性从缘，非有非无。忘虑于非有非无，理照斯一者，乃曰解空。存心于非有非无，境智犹二者，未免于有。有中伏结，非无日损之验。空上论心，未有入理之效。而言纳罗汉于一听，判无生于终朝，是接诱之言，非称实之说。妙得非渐，理固必然。既二谈分路，两意争途，一去一取，莫之或正。寻得旨之匠，起自支、安。支公之论无生，以七住为道慧阴足，十住则群方与能，在迹斯异，语照则一。安公之辩异观，三乘者始匮之因称，定慧者终成之实录。此谓始求可随根三，入解则其慧不二。"譬喻"亦云：大难既夷，乃无有三，险路既息，其化即亡。此则名一为三，非有三悟明矣。生公云：道品可以泥洹，非罗汉之名；六度可以至佛，非树王之谓。斩木之喻，木存故尺寸可渐；无生之证，生尽故其照必顿。案三乘名教，皆以生尽照息，去有入

---

① 关于刘虬《无量义经序》的思想背景，可参见古田和弘：《劉虬の無量義経序の背景》，《印度学仏教学研究》1977 年通号 50；《劉虬の無量義経序》，《佛教学セミナー》1977 年第 25 号。

空，以此为道，不得取象于形器也。①

分析刘虬的序言，亦有如下四点值得注意。

其一，顿悟者是观于法性，能观之智契合非有非无之一理，这就是解空。在此境智不二的状态下就是顿悟。

其二，对于顿悟说的领悟者，古有支遁与道安，近有道生。可见刘虬尚且没有区分大小顿悟，而将支遁、道安与道生合观为顿悟说者。所以，刘虬指出，虽然支遁和道安认为七住或三乘仍是处于"阴足"、"始匮"的地位，但二者都最终指向十住与一乘的定慧之实。这是在强调佛教修行中智慧的同一性。并且，刘虬认为，三乘教法都以生尽照息、去有入空的顿悟为修行解脱之道，不可执着取象于修行的具体阶段和特定教法。由此可见，刘虬尚未将七住区分为小顿悟。

其三，在论述道安的时候，三乘一乘的关系与顿渐思想关联了起来。

其四，刘虬认为，《法华经》所说阿罗汉闻佛授记可以成佛，还有经中说闻佛说法顿至无生法忍者，这些都是佛的方便接诱之言，不是真实之理。这些对于刘虬来说，都是"接粗渐说"的虚教，而如前所述，这些对于庐山慧远来说却具有修行阶段上的矛盾，也造成其修行阶段论的复杂性。

对比慧达与刘虬之说，可以看出二者在很多方面都存在着差异。

第一，是否区分大小顿悟是二者的关键差别。七住对于慧达来说代表了单独的小顿悟说，对于刘虬则不然。在此，七住菩萨的阶

① 《出三藏记集》卷9，《大正藏》第55册，第68页中栏至下栏。

位问题成为重中之重。

第二，虽然二者都强调理之不可二分，但刘虬认为此理是指空理，慧达则从佛性观出发，认为理包括空与佛性二者。

第三，慧达认为道生并非完全排除渐修，但据刘虬所述，道生认为顿悟与渐悟截然分别。尤其在刘虬的表述中，道生顿悟说只是能观之照与不分之理的冥符一致，不涉及断除烦恼的问题，不论是顿断或渐断。

第四，在关于顿悟的代表人物方面，刘虬仅列出支遁、道安及道生；而慧达所举则包括道生、鸠摩罗什、支遁、道安、慧远及僧肇。慧达将鸠摩罗什加入大顿悟说的重要原因，就在于相较于刘虬，慧达为大顿悟说增加了顿断烦恼的维度。可见随着时间推移和理论界定的细分，后世学者对古人学说进行了重新的分类处理。

另外，再看与道生同时的谢灵运《辩宗论》中所体现的道生的顿悟思想。

> 有新论道士以为，寂鉴微妙，不容阶级，积学无限，何为自绝？①

由此可见，道生在顿悟说中绝对地否定修行阶段的存在。如果同意按照修行阶段依次渐修，则学问的积累是无限的，而人生有限。如此一来，则修行者就会断绝了修行成佛的希望。

另外，在《辩宗论》最后，道生回答王弘的信说：

> 究寻谢永嘉论，都无间然。有同似若妙善，不能不以为欣。

---

① 道宣撰：《广弘明集》卷 18，《大正藏》第 52 册，第 225 页上栏。

檀越难旨甚要，切想寻必佳通耳。且聊试略取论意，以伸欣悦之怀。以为苟若不知，焉能有信？然则由教而信，非不知也。但资彼之知，理在我表。资彼可以至我，庸得无功于日进；未是我知，何由有分于入照？岂不以见理于外，非复全昧；知不自中，未为能照耶！①

其中道生对教、信、知、照的关系进行了说明。他认为，由"教"生"信"，确实有"知"产生。通过由外而来的"知"，可以达到我的智识之外的理，由此，教与信等确实对于每日渐进的修行具有作用，这些渐修可以说是逐渐断除烦恼的过程。然而，由于"知"是外在而来的，并非我自身的"知"，所以不能和能观的真照产生联系。因而道生论断说，由于外在而来的"知"可以见到修行者自身之外的"理"，所以不能够说是完全不知，但如果此"知"不是自身智识所产生的话，就必然不是能观的真照。

　　再将慧达、刘虬与此处道生的观点进行对比，又可得出两个要点：其一，道生完全否定修行阶段，丝毫未提及七住等阶位的重要性，只强调能观之照契合所观之理的微妙一致性；其二，道生虽然认为"教"、"信"及随之而来的"知"等对于每日的渐修断烦恼有所助益，但对修行者自身的悟来说，必须依靠个人能观之真照契合非外在之真理。这点就和慧达所说渐修可以开悟的观点产生矛盾。如果考虑到道生的顿悟说在历史记载中有可能发生变异，那么，《辩宗论》中道生的观点可以说是最接近其顿悟成佛义的初始形态。

　　通过对距离道生不同时间的文献的分析，可以看出，对道生顿

---

① 道宣撰：《广弘明集》卷18，《大正藏》第52册，第228页上栏。

悟说的历史记述存在很多的差异。因而，我们有必要回到道生思想本身，考察其著作中体现的顿悟思想。虽然道生的《顿悟成佛义》已经不存，但在现存三大注疏中都保存有其分散的观点。大致来说，在现存三大注疏中，《注维摩诘经》道生注相对产生较早，虽然可能经历过修订，但从道生注重阐述当下所注疏经典本身的思想内涵，而无意多引他经的著述风格来看，其应该更加代表了道生较早时期的思想，但其中较少体现道生的顿悟说。《法华经疏》虽然在 432 年有所修治，但如上所述，其最初形成的思想应该没有产生根本性的变化。《涅槃经集解》道生注作为道生至少 430 年后形成的注疏，则充分代表了他晚年涅槃佛性的思想。

二、大小顿悟说与断烦恼

在以上各种差异中，我们首先考虑大小顿悟的区分。僧肇和道生在《注维摩诘经》中都对此问题有所论述。如"佛国品"中解释菩萨具足布施、持戒乃至方便的七德时，僧肇注曰：

> 肇曰：具足谓无相行也。七住已上，心智寂灭。以心无为，故无德不为。是以施极于施，而未尝施；戒极于戒，而未尝戒。七德殊功，而其相不异，乃名具足。①

在此注释中，僧肇单独提出七住菩萨的阶位，认为其可以作为七住以上更高修行阶段的代表，已经具足七德。所以在僧肇看来，七住菩萨无疑具有一定的代表性。后面僧肇还说，"七住已上，无生信不可坏也"②，也是表明七住阶位的特殊性。

---

① 《注维摩诘经》卷 1，《大正藏》第 38 册，第 329 页中栏。
② 《注维摩诘经》卷 1，《大正藏》第 38 册，第 329 页下栏。

　　对于七住所得的无生法忍，僧肇认为："忍即无生慧也。以能堪受实相，故以忍为名。得此忍，则于法无取无得，心相永灭，故曰无所得不起法忍也。"[1] 所谓无取无得的无相，也正是上文所说的无相行，即获得无生法忍就具备七德。并且"得无生以后，所修众行尽与实相合，体无复分别也"[2]，即在契合诸法实相的意义上，七住菩萨与更高阶位的菩萨或佛没有差异。所以，在僧肇看来，七住确实可以作为修行阶段中的一个转折点。

　　但是，僧肇并不是将无生法忍等同于最高的佛境界。如"方便品"中僧肇说：

　　　　肇曰：所以菩萨无生慧独名忍者，以其大觉未成，智力犹弱，虽悟无生，正能堪受而已，未暇闲任，故名忍。如来智力具足，于法自在，常有闲地，故无复忍名也。[3]

僧肇明白无生法忍在修行阶段中的代表性，但相对于如来具足的智力来说，仍只是薄弱的忍力而已。由此可见，一方面，僧肇认为七住菩萨是修行阶段中的转捩点，契合诸法实相，与佛无异；另一方面，他也认识到七住菩萨与佛智慧的差距。而从后世分别大小顿悟的角度来看，正因为僧肇对七住菩萨特殊性的这般重视，而将其划分为小顿悟者。

　　而在道生来看，无生法忍并不具有如此特别的意义。如在"菩萨行品"中：

---

① 《注维摩诘经》卷1，《大正藏》第38册，第329页中栏。
② 《注维摩诘经》卷2，《大正藏》第38册，第343页中栏。
③ 《注维摩诘经》卷2，《大正藏》第38册，第338页下栏。

> 若未发大乘意食此饭者，至发意乃消。已发意食此饭者，
> 得无生忍然后乃消。已得无生忍食此饭者，至一生补处然后
> 乃消。
>
> 生曰，七日之内，必有所得矣。然一食之悟，亦不得有二
> 阶进也。止一生补处者，佛无因得故也。无生菩萨及正位之人，
> 岂复假外方得进哉？而今云尔者，以明此饭为宣理之极，备有
> 其义焉。①

在经文中，维摩诘描述了从众香国取来之饭的威力，其中不同修行
阶段的人从饭中获得的利益长远不同。但道生认为，作为表现
"极理"的饭来说，一食之下就可全悟，不允许有两个或三个阶段
的渐进过程。另外，香饭只是一个比喻，是外在权假之用，而在实
际上，阿罗汉、无生菩萨、一生补处及佛都不需要权假外物而进
修。尤其对于佛来说，是不需要外因而达到的。所以，香饭之喻只
可以一生补处菩萨作为最后的界限。

另外，道生在"菩萨品"中还注释说：

> 生曰：一念无不知者，始乎大悟时也。以向诸行，终得此
> 事，故以名焉。以直心为行初，义极一念，知一切法，不亦是
> 得佛之处乎！②

即对道生来说，只有得佛之时，获得了一切智，才可以称为大
悟之时。由此两段注释可知，在道生的顿悟思想中，七住菩萨的无

---

① 《注维摩诘经》卷9，《大正藏》第38册，第403页下栏。
② 《注维摩诘经》卷4，《大正藏》第38册，第365页上栏。

生法忍并没有特别的代表性，只有领悟理之一极的得佛之时才可以称为大悟，也就是顿悟。可以说，这体现了《辩宗论》最后道生书信中的一个要点，即理智冥符。

　　然而日本学者小林正美却认为，道生顿悟说就是在十住菩萨位获得无生法忍，因而无生法忍可以等同于道生的顿悟说。① 小林正美立论的证据可分为两个方面，其一为唐慧均《大乘四论玄义》中的记载：

　　　　故《经》云，初地不知二地境界。乃至第十地，不知②如来举足下足也。亦是大顿悟家云，至第十地，始见无生。小顿悟家云，至七地始见无生也。③

小林只引用后两句，便认为道生的顿悟说提倡十住菩萨才可以获得无生法忍，而没有注意到慧均所说十地菩萨与如来的差距。小林正美又在《法华经疏》及《涅槃经集解》道生注中寻找证据，如：

　　　　阿逸多，宋言无胜，弥勒字也。得无生法忍，实悟之徒。"④

　　"欲令众生开佛知见故"，微言玄旨，意显于兹。此四句始终，为一义耳。良由众生，本有佛知见分，但为垢障不现耳。佛为开除，则得成之。一义云：初住至七住，渐除烦恼曰开，无出照耀曰清净。欲示众生佛之知见，向言本有其分，由今教

① 参见小林正美：《竺道生の佛教思想》，收入氏著《六朝佛教思想の研究》，創文社 1993 年版，第 179—187 页。
② 原文为"至"，应为"知"。
③ 慧均：《大乘四论玄义》卷 2，《卍续藏经》第 46 册，第 568 页上栏。
④ 道生：《法华经疏》卷 2，《卍续藏经》第 27 册，第 15 页上栏。

而成。成若由教，则是外示。示必使悟，悟必入其道矣。一义
云：八住得观佛三昧，常乐示佛慧。"悟知见"，一义云：九住
菩萨为善慧，深悟佛之知见也。"入佛知见"，一义云：十住菩
萨，以金刚三昧，散坏尘习，转入佛慧。由论体况，阶级如此。
丈而辨之，就行者一悟，便有此四义也。①

十住菩萨唯见其终不见其始。

案：道生曰，十住几见，髣髴其终也。始既无际，穷理乃
睹也。②

在这两段注释中，道生称弥勒为获得无生法忍的实悟之徒，并且认
为一悟中就包括七住至十住的所有阶位。据此，小林正美认为，道
生针对以前的顿悟说——七住菩萨获得无生法忍，提出自己的顿悟
说——十住菩萨获得无生法忍的佛慧从而成佛。

对于小林正美的论证，可从以下四点进行检讨。

其一，小林正美所引慧均的观点直到唐代才出现，此前并无任
何相关记录，因而其可信性非常低。

其二，道生在《法华经疏》中认为弥勒菩萨为实悟之徒。分
析道生注的前后文语境，可以看出道生是在针对八住菩萨距成佛还
有八生，而弥勒作为一生补处只有一生即可成佛而说。并且，道生
在同段文字中还说："良由《经》之所明，理护十住，彼虽不假，
而在假之位。"③ 即《法华经·分别功德品》的旨意就是要表明十
住菩萨的重要性，十住菩萨其人虽然不是权假的，已经和佛最为接
近，悟到实相之理，但十住这一阶段却是权假之位。所以，道生在

---

① 道生：《法华经疏》卷1，《卍续藏经》第27册，第5页上栏。
② 《大般涅槃经集解》卷54，《大正藏》第37册，第548页下栏。
③ 道生：《法华经疏》卷2，《卍续藏经》第27册，第15页中栏。

此所说"实悟"，应该看作相对于低位菩萨的理解，并不能将其等同于"顿悟成佛"之意，因为若一旦顿悟就已经是佛而不是十住菩萨了。

其三，此段文中列举七住至十住等阶位，可分别代表《法华经》中开、示、悟、入佛之知见的四个阶段。其中，十住菩萨由金刚三昧之力转入佛慧。但对于道生来说，这四个阶段都是作为反面意见出现的。道生提倡的是"一悟"成佛，自然包括这四种意思。但反过来看，并不能认为"一悟"成佛之时才开始获得无生法忍。这也让我们联想到道生在《注维摩诘经·入不二法门品》所说的"既悟其一，则众事皆得，故一为众事之所由也"①，这完全可以与《法华经疏》中所说的一悟互相解释。正因为顿悟理之一极，当下已经成佛，所以自然具备所有下位菩萨所能之事。大乘般若学中的不二法门应该对道生的顿悟说产生过影响。②

其四，《涅槃经》文中虽然说十住菩萨可以悟见十二因缘（佛性）的终极，但道生认为十住菩萨只是仿佛而见，虽然很接近，却并不能完全明了地悟见佛性的终极；至于佛性之初始，十住菩萨则完全不见，只有穷尽真理的诸佛才能清楚明白地观见佛性的初始与终极。这里道生的意思是在阐述十住菩萨的不足，突出诸佛境界的超越，而小林正美却从反面理解为赞美十住菩萨如果穷理即可成佛。

---

① 《注维摩诘经》卷8，《大正藏》第38册，第396页下栏。
② 黎惠伦则不承认般若学对道生顿悟说的影响，参见 Whalen Lai："Tao-sheng's Theory of Sudden Enlightenment Re-examined"，Peter N. Gregory Edit, *Sudden and Gradual：Approaches to Enlightenment in Chinese Thought*，Honolulu：University of Hawaii Press，1987，pp. 185-186；或龚隽译：《再论道生之顿悟论》，载彼得·N. 格里高瑞编，冯焕珍、龚隽、秦瑜、唐笑芝等译：《顿与渐——中国思想中通往觉悟的不同法门》，上海古籍出版社2010年版，第158页。

因而，综合上述四点来看，道生并非将十住菩萨作为顿悟的代表者，而是认为穷尽真理的佛才可以说是顿悟者。因为，一旦顿悟就马上是佛，不再是出于权假位的菩萨，更不用说把无生法忍当作顿悟的佛慧了。所以，笔者对于小林正美的观点实难赞同。

下面接着分析慧达将鸠摩罗什列为大顿悟说代表的问题。在慧达看来，鸠摩罗什在区分大小乘的基础上，认为小乘法以三十四心逐渐断除烦恼，而大乘法中佛以一念大悟之一切智断尽一切烦恼。① 在现代学者的研究中，同样认为鸠摩罗什为大顿悟说者有塩田義遜和布施浩岳。对此，藤本賢一对比鸠摩罗什在《大乘大义章》中阶位论的表达②和刘虬所引等文，认为鸠摩罗什倡导的阶位论与道生所说不经阶位的顿悟说是两回事。藤本的批判言之有据，指出鸠摩罗什所主张的大乘中以最后金刚心一念慧断尽烦恼是属于阶位论的观点。但另外他却误解了慧达，认为其仅将道生作为大顿悟者，将鸠摩罗什列为小顿悟者。③

由对鸠摩罗什阶位论的分析出发，可以更进一步检讨道生的顿悟说与断烦恼的关系。吕澂认为，道生的顿悟说主张"在十住之内无悟道的可能，必须到十住之后最后一念'金刚道心'，有一种像金刚坚固和锋利的能力，一次将一切惑（根本和习气）断得干

---

① 慧达所引鸠摩罗什语句或许来自《注维摩诘经》中鸠摩罗什注，如"什曰，二乘法以三十四心成道，大乘中唯以一念，则确然大悟具一切智也"。参见《注维摩诘经》卷4，《大正藏》第38册，第365页上栏。另外，此引文中"确然"，现行本作"豁然"，可见慧达所引也是以较早的甲本为据。

② 即"十三、次问如法性真际并答"中关于三者由浅至深的差异说，参见木村英一编：《慧远研究——遗文篇》，创文社1960年版，第39页；《大正藏》第45册，第136页中栏。

③ 参见藤本賢一：《竺道生の頓悟義について》，《天台学報》1972年第15号。

干净净，由此得到正觉，这就是所谓顿悟"①。吕澂虽未指出立论依据，但应该是借用了吉藏所说"金刚后心，豁然大悟"② 的观点。

黎惠伦（Whalen Lai）在讨论道生顿悟思想的来源时，亦引用吉藏此说，认为小乘《阿毗昙心论》中金刚定顿断一切九品烦恼、第九无碍道一时断尽"不秽污"的观点就是道生顿悟思想的最初来源，而且《阿毗昙心论》中的顿断烦恼说也影响了庐山慧远。黎惠伦认为，慧远在《三报论》中所说的"一诣之感"、道生所说的"顿悟"就是《阿毗昙心论》中所说的顿超一切善恶因果。③

然而黎惠伦的观点有以下三点值得商榷。首先，《阿毗昙心论》中是否强调顿超？其次，慧远《三报论》中所说的"一诣之感"是否就是指《阿毗昙心论》中的断烦恼？最后，其所引吉藏的金刚后心说是否完全符合道生的顿悟思想？

首先，关于《阿毗昙心论》中是否强调顿超的问题。《阿毗昙心论》中确实认为金刚喻定是九无碍道的最后学心，其中"一切诸烦恼永尽无余"④。但在论述九品烦恼时，原文并无一字提及"顿超"，反复表明九品烦恼是渐渐断除，只是认为一切"不秽

---

① 参见吕澂：《中国佛学源流略讲》，中华书局 2006 年版，第 112—113 页。
② 吉藏：《二谛义》卷 3，《大正藏》第 45 册，第 111 页中栏。
③ 参见 Whalen Lai："Tao-sheng's Theory of Sudden Enlightenment Re-examined"，Peter N. Gregory Edit，*Sudden and Gradual：Approaches to Enlightenment in Chinese Thought*，Honolulu：University of Hawaii Press，1987，pp. 174 – 177；龚隽译：《再论道生之顿悟论》，载彼得·N. 格里高瑞编，冯焕珍、龚隽、秦瑜、唐笑芝等译：《顿与渐——中国思想中通往觉悟的不同法门》，上海古籍出版社 2010 年版，第 147—150 页。
④ 僧伽提婆、慧远译，《阿毗昙心论》卷 2，《大正藏》第 28 册，第 819 页下栏。

污"——世俗善及不隐没无记行①，并非烦恼——是在第九无碍道
"一时断不渐渐"②。黎惠伦则据此认为最终之悟是要顿超因果，无
论染净，③ 这无疑扩大解释了《阿毗昙心论》的思想。

其次，慧远《三报论》中所说的"一诣之感，顿超上位"，是
指通过念佛三昧的定中见佛，从而可以入七住菩萨位。在此情况
下，自然不再受世间三报的作用。黎惠伦没有认识到慧远混合大小
乘观的理解，就将"一诣之感"直接确认为《阿毗昙心论》中的
顿断烦恼，有所不妥。

最后，黎惠伦引述后世吉藏所说"金刚后心说"，从而联想到
《阿毗昙心论》中的金刚喻定。但不论是鸠摩罗什所说大乘的金刚

① 关于"不秽污"的内涵，有不同解释。《阿毗昙心论》中，只将其与烦恼相
   对，参见《大正藏》第 28 册，第 820 页上栏。《杂阿毗昙心论》中，进一步解
   释为："不秽污者，世俗善及不隐没无记；五阴秽污色亦第九无碍断，以少故不
   说。"《大正藏》第 28 册，第 915 页中栏。此处句读依《大正藏》本，但"五
   阴"一词上属抑或下连，值得推敲。当代比利时学者巴德胜（Bart Dessein）在
   《杂阿毗昙心论》英译本中，将五阴上属，解读为"世俗善的与不隐没无记的
   五阴"，参见 Dessein Bart, *Saṃyuktābhidharmah* □*daya*：*Heart of Scholasticism
   with Miscellaneous Additions*（Part-Ⅰ），Delhi：Motilal Banarsidass Publishers
   Private Limited，1999，p. 370。但在《阿毗昙心论经》中，则释为"不秽污
   者，谓善有漏不隐没无记行，秽污色亦必定最后断"，《大正藏》第 28 册，第
   851 页下栏。本文解释暂依《阿毗昙心论经》。另列众说，俟考。
② 僧伽提婆、慧远译，《阿毗昙心论》卷 2，《大正藏》第 28 册，第 820 页上栏。
③ "顿超因果，无论染净"，参见龚隽译：《再论道生之顿悟论》，载彼得·N. 格
   里高瑞编，冯焕珍、龚隽、秦瑜、唐笑芝等译：《顿与渐——中国思想中通往
   觉悟的不同法门》，上海古籍出版社 2010 年版，第 150 页；黎惠伦英文稿原文
   是 "by a sudden cutting-off of all karma, pure as well as impure"，参见 Whalen
   Lai："Tao-sheng's Theory of Sudden Enlightenment Re-examined"，Peter N.
   Gregory Edit, *Sudden and Gradual*：*Approaches to Enlightenment in Chinese
   Thought*, Honolulu：University of Hawaii Press，1987，p. 177。另外，在汉译黎
   文所引魏查理（Charles Willeman，2006）《阿毗昙心论》英译文时，汉译者显
   然没有查对《心论》原文，几处将"第九无碍道"翻为第九品，并且无故加
   入很多"顿"字，无意中更加强化了黎惠伦的观点。

心，还是小乘的金刚定，都是属于藤本贤一所说阶位论的东西，和道生的顿悟说相差甚远。虽然道生《顿悟成佛义》不存，但是在现存所有道生著作中都没有任何将"金刚心"或"金刚定"与顿悟直接相关的地方。① 现今有关"金刚心"的观点和道生最接近的记录，可以说是道生的徒孙法宝，在道生传记的附录中言其作有《金刚后心论》。然而，道生本人的顿悟说是否与"金刚心"等直接相关则非常可疑。

所以，道生顿悟说的来源很难说是《阿毗昙心论》的教义。相反，顿悟说和道生提倡的得意忘象的理论方法具有直接关联。对此，鹈饲光昌已进行过尝试性论述。②《高僧传·道生传》中说：

> 生既潜思日久，彻悟言外，乃喟然叹曰：夫象以尽意，得意则象忘；言以诠理，入理则言息。自经典东流，译人重阻，多守滞文，鲜见圆义。若忘筌取鱼，始可与言道矣。③

即道生显然深受当时言意之辨的影响，希望用得意忘言的方法理解不同佛教经典中的教义。这在其顿悟说方面，就体现在《法华经疏》中，如：

> 夫未见理时，必须言津，既见乎理，何用言为。其犹筌蹄，以求鱼兔，鱼兔既获，筌蹄何施。若一闻经，顿至一生补处，

---

① 只有前文所引十住菩萨以金刚三昧断烦恼入佛慧一处，但这是道生所列出的反对意见，不是他自己的观点。参见道生：《法华经疏》卷1，《卍续藏经》第27册，第5页上栏。

② 参见鹈饲光昌：《頓悟説について：道生と謝霊運》，《中国言語文化研究》2008年第8号，第4—6页。

③ 慧皎撰：《高僧传》卷7，《大正藏》第50册，第366页下栏。

或无生法忍，理固无然。本苟无解，言何加乎!①

这里，道生用言理之辨来说明很多佛经中听众闻佛说法后，顿时就可获得无生法忍或达到一生补处的菩萨位。道生认为不存在这种道理，想要获得这种修行的飞跃，必须要有自己的解悟。自己不能解悟的，听佛陀说法并没有什么作用。由此看来，此处道生的观点其实和刘虬相似，认为闻佛说法顿至七住等并不是真实的说法。实际上，对比道生的这种观点和慧达的记载，可知这正是道生所排斥的闻解或信解，即信解不是真实的。

另外，黎惠伦认为，由于《注维摩诘经》道生注中出现了佛性，就必然是在《泥洹经》译出之后完成的，并且强调《注维摩诘经》道生注中完全没有体现其顿悟说。这是由于黎惠伦欲将道生顿悟思想的源头导向小乘《阿毗昙心论》，而漠视大乘般若学影响的后果。实际上，我们在《注维摩诘经》道生注中完全可以发现顿悟说的影迹。比如，在论述凡夫生死与解脱之关系时，通过对比僧肇与道生的注释，即可以发现道生顿悟思想的表现。如在"问疾品"注中：

> 肇曰：群生封累深厚，不可顿舍，故阶级渐遣，以至无遣也。②

这是僧肇针对维摩诘依次为文殊菩萨说明无我、无法以致空病亦空的解释。他认为众生的烦恼累患深厚，不能顿时完全舍掉，所以需

---

① 道生：《法华经疏》卷2，《卍续藏经》第27册，第15页中栏。
② 《注维摩诘经》卷5，《大正藏》第38册，第377页上栏。

要从无我到无法再到空亦空的渐进过程，才能够达到无所舍弃的烦恼断尽的境界。这是从众生具有烦恼的角度而言，只有逐渐地断除烦恼才可以最终达到没有烦恼的境界，其和法身的境地具有截然对立的立场。

另外在"佛道品"中，僧肇和道生对身、爱乃至一切烦恼为如来种的解释中说：

> 肇曰：尘劳众生即成佛道，更无异人之成佛，故是佛种也。
> 生曰：夫大乘之悟，本不近舍生死，远更求之也。斯为在生死事中，即用其实为悟矣。苟在其事而变其实为悟始者，岂非佛之萌芽起于生死事哉。其悟既长，其事必巧，不亦是种之义乎！所以始于有身，终至一切烦恼者，以明理转扶疏，至结大悟实也。①

乍看之下，似乎二者并无不同之处，都同时强调生死轮回中的众生即可以成佛。然而接下来二者还说：

> 譬如不下巨海，终不能得无价宝珠。如是不入烦恼大海，则不能得一切智宝。
> 肇曰：二乘既见无为，安住正位，虚心静漠，宴寂恬怡。既无生死之畏，而有无为之乐。澹泊自足，无希无求。孰肯蔽蔽以大乘为心乎？凡夫沈沦五趣，为烦恼所蔽，进无无为之欢，退有生死之畏，兼我心自高，唯胜是慕，故能发迹尘劳，标心无上，树根生死，而敷正觉之华。自非凡夫没命洄渊、游盘尘

———————————
① 《注维摩诘经》卷 7，《大正藏》第 38 册，第 392 页上栏。

海者，何能致斯无上之宝乎？是以凡夫有反复之名，二乘有根败之耻也。

生曰：无价宝珠，是海之所成。一切智宝，亦是烦恼所作也，要入烦恼海中求之，然后得矣。此一谕，以明既不舍结，有反入义焉。①

僧肇在此阐明，因为众生尴尬困苦的境地，促使其追求无上的佛道，所以才可以在无边轮回的苦海之中，敷出清净的正觉之华。僧肇认为，众生对生死轮回的理解是苦而可畏的，这种解释其实和鸠摩罗什所说句意相同，即"众生无央数劫，以烦恼受身，深入生死，广积善本，兼济众生，然后得成佛道，所以为种也"②。即众生在生死轮回之中，充满烦恼，必须通过修行善业，救济他人，才能够进入佛道。两人都是从业报修行的角度，阐明生死与解脱的关系是一种弃苦求乐的过程。

反观道生在这两处的解释，则可看出他对生死与解脱的理解具有明显的差异。道生认为，生死与大乘的开悟是一体的，在生死之事时，如果理解了它的"实"的话，就是悟的开始，这也就是佛的萌芽。而这种"实"，其实就是无常、空等"理"，与凡夫的"事"恰好相对。所以对于道生来说，悟的成就不是与"事"相关，而是直接与"理"相连。只不过理在事中，理由事显，所以说一切智的宝珠是由烦恼之事所作。只要明白了身、爱以及一切烦恼的实相之理，就是"大悟实"。

对比僧肇和道生的理解，可以看出两人在对待烦恼上的不同态

---

① 《注维摩诘经》卷7，《大正藏》第38册，第392页中栏至下栏。
② 《注维摩诘经》卷7，《大正藏》第38册，第392页中栏。

度。僧肇主张渐渐修行，从而逐渐断除烦恼，以致无可再断。而道生并不关心烦恼的多少轻重等问题，他强调对烦恼等"事"之"理"的理解，只有明白所有事的真实之理，那么理也就直接导向大悟之结果。所以对于道生来说，断除烦恼并不是成就顿悟的原因，相反，顿悟理之后自然就断除烦恼。所以，断烦恼是道生大顿悟说的附属性的自然结果，不可将这最后的附属性结果倒推为顿悟的主要标准。这都与《辩宗论》中道生所说的要点相符，即理智冥符，无关乎烦恼的断除与否。可以说，在《注维摩诘经》道生注中还保持着其顿悟思想的相对初始的形态。

三、顿悟成佛义与佛性的历史与逻辑联系

黎惠伦认为，道生最初提出顿悟说之时并未涉及佛性，直到谢灵运在《辨宗论》中回应慧琳时，才将佛性与顿悟关联起来。[①] 这与黎惠伦对顿悟说的来源及提出时间的认识密切相关。上文已明，道生顿悟说与断烦恼并无直接相关性，因而黎氏对其顿悟说来源的判断有误。而道生最初提出顿悟说，应是在谢灵运著《辨宗论》（422—423）之前不久，所以谢称其说为"新论"。这与译出六卷《泥洹经》的时间（418）相隔约 4 年。因而，道生应是在接触佛性说之后而作《顿悟成佛义》。

道生顿悟说的内涵与渐修断烦恼无关，其核心在于理智冥符。正是在道生的"理"概念中，涉及了佛性思想。道生对理智冥符而顿悟思想的阐述，在其现存三部注疏中都有所体现。

---

① Whalen Lai："Tao-sheng's Theory of Sudden Enlightenment Re-examined"，Peter N. Gregory Edit，*Sudden and Gradual：Approaches to Enlightenment in Chinese Thought*，Honolulu：University of Hawaii Press，1987，p. 192；或龚隽译：《再论道生之顿悟论》，载彼得·N. 格里高瑞编，冯焕珍、龚隽、秦瑜、唐笑芝等译：《顿与渐——中国思想中通往觉悟的不同法门》，上海古籍出版社 2010 年版，第 165 页。

除上引《注维摩诘经》"一食之悟"等之外，在《法华经疏》中，道生更多提及"大悟"① 等，俨然即指顿悟。但此时道生的顿悟说似乎产生了一些变化。如下文：

> 说大乘经，三乘外顺，迹与理反，执文乖旨，则何能不骇一乘之唱？将说《法华》，故先导达其情，说《无量义》。其既滞迹日久，忽闻无三，顿乖昔好。昔好若乖，则望岸而返。望岸而返者，则大道废焉，故须渐也。②

在此，道生对比说明三乘与一乘的关系。三乘之迹与大乘之理相反，所以三乘之人都惊骇于一乘教义。因此，为了教化三乘之人，不得不说渐教。

这里道生考虑到佛陀说法之时的具体情况，开始使用渐的概念。而这正是《法华经》对于道生的刺激。道生还说：

> 夫圣人设教，言必有渐，悟亦有阶。既致三请，群疑宣液。群疑宣液，则欣闻之心，无间然矣。所以三请者，非圣欲然，机须尔耳。③

> 又所以闻即悟者，良由昔来，每作是念，我等同入法性。如来岂限之以必小，是自取小耳。所以示者，夫说法以渐，必先小而后大。若我待于说大，必以成大。直过闻说小，便谓是实小。交利取证，常自咎恨。今闻是一，与同入法性不差，故

---

① 如道生：《法华经疏》，《卍续藏经》第 27 册，第 13 页上栏等处。
② 道生：《法华经疏》卷 1，《卍续藏经》第 27 册，第 2 页下栏。
③ 道生：《法华经疏》卷 1，《卍续藏经》第 27 册，第 4 页下栏。

即悟也。①

这些言论都显示出道生对渐的肯定态度。那么，道生提倡的顿悟成佛说与佛陀说法采用的"渐悟"方式，是否存在不可调和的矛盾呢？事实上，二者之间并无必然矛盾——应该注意到，道生在谈论渐悟的时候加入了一个新的维度——机，即众生的根机。对此，道生在《法华经疏》的开头就已经明言。如：

> 夫至像无形，至音无声，希微绝朕思之境，岂有形言者哉？所以殊经异唱者，理岂然乎？实由苍生机感不一，启悟万端，是以大圣示有分流之疏，显以参差之教，始于道树，终于泥洹。②

即佛教的终极真理是无形无声，不可用言思表述的。但是，由于众生的根机千差万别，佛陀不得不相应地演说参差不同的教法。这个众生根机的维度，使得道生不得不涉及渐悟的立场。然而如前所说，道生顿悟成佛说的关键是在得意忘言的基础上建立的，而此处的渐悟说又正是在"言说"层面提出的。为了说明佛陀言教的必然性和正当性，道生又回到"言说"层次而提出渐悟说。所以这二者之间并无必然矛盾。这种类似表述还有很多，如：

> 明圣人非自欲设三教，但众生秽浊，难以一悟，故为说三乘。出不获已，岂欲尔乎！③

---

① 道生：《法华经疏》卷1，《卍续藏经》第27册，第5页下栏。
② 道生：《法华经疏》卷1，《卍续藏经》第27册，第1页中栏。
③ 道生：《法华经疏》卷1，《卍续藏经》第27册，第5页上栏。

夫根有利钝，则悟有先后。向正说《法华》，利根之徒，取悟于上矣。昧者未晓，故寄譬说之。①

这些都表明了道生的态度，由于众生根机有利钝的差别，故佛陀不得不设三乘之教化导众生。但道生对于顿悟成佛说的核心理论——理一之不可二分——一直都在坚持。如：

既云三乘是方便，今明是一也。佛为一极，表一而为出也。理苟有三，圣亦可为三而出。但理中无三，唯妙一而已，故言以一大事出现于世。……丈而辨之，就行者一悟，便有此四义也。若二若三，二第二乘也，三第三乘。亦应无第一，第一不乘，所以大，故不无之。既无二三，一亦去矣。②

道生在此非常清楚地表明了自己顿悟说的立场。因为三乘是方便说，而现在《法华经》所说一乘法是唯一的神妙之理，这也就是唯一的一佛乘。如果修行者一悟而成佛，那么下位菩萨所有的一切功能都可以在佛的境界中获得。所以，道生在"言说"层面所说的三乘之方便教是渐修而悟，但因为是方便说，则无论如何修行三乘方便之教，也都不能达到最后一乘的顿悟。③ 这和道生在《辩宗论》中回答王弘所说的一样，虽然由教而信而有知，这对于渐修也有功用，但终究不能成就照理之功。

另外，道生对于"若二若三"的解释引起横超慧日的注意。

① 道生：《法华经疏》卷1，《卍续藏经》第27册，第5页下栏。
② 道生：《法华经疏》卷1，《卍续藏经》第27册，第4页下栏至第5页上栏。
③ 参见小林正美：《竺道生の佛教思想》，收入氏著《六朝佛教思想の研究》，創文社1993年版，第178页。

横超慧日就此对比了道生与慧观的《法华经》观的异同。慧观在《法华宗要序》中说：

> 夫本际冥湛，则神根凝一；涉动离淳，则精粗异陈。于是心辔竞策，尘想诤驰，黯有浅深，则昏明殊镜。是以从初得佛，暨于此经，始应物开津，故三乘别流。别流非真，则终期有会；会必同源，故其乘唯一；唯一无上，故谓之妙法。颂曰：是乘微妙，清净第一，于诸世间，最无有上。夫妙不可明，必拟之有像；像之美者，莲华为上；莲华之秀，分陀利为最。妙万法而为言，故喻之分陀利。其为经也，明发蒙不可以语极，释权应之所由；御终不可以秘深，则开实以显宗。权应既彰，则局心自废；宗致既显，则真悟自生。故能令万流合注，三乘同往，同往之三，会而为一乘之始也。觉慧成满，乘之盛也，灭景澄神，乘之终也。虽以万法为乘，然统之有主，举其宗要，则慧收其名。故经以真慧为体，妙一为称。是以释迦玄音始发，赞佛智甚深；多宝称善，叹平等大慧。颂曰：为说佛慧故，诸佛出世间，唯此一事实，余二则非真。然则佛慧，乃一之正实。①

慧观认为，由于众生根机不一，所以佛陀应物开津，说三乘别流之教。但三乘教说不是真实，必然要会归到同一个源头，即一佛乘。一乘法神妙无上，清净第一，超越世间所有诸法，就像莲花之最美时的分陀利一样。这一乘又是指佛慧，所以《法华经》以佛的平等大慧为体。诸佛为了宣说佛的真慧而出现于世间，只有这一佛乘是真实的，其余二乘皆非真实。由此可见，慧观非常重视《法华

---

① 僧祐撰：《出三藏记集》卷8，《大正藏》第55册，第57页上栏。

经》所说一乘之超越性，突出法华一乘的绝待妙的特性。①

横超慧日认为，道生在《法华经疏》中对于三乘二乘等有不同表达，如"三乘皆权"②、"三乘不实"③ 及前所引"理中无三"等，对于二乘又说"无二乘垢翳"④、"无二乘之伪"⑤ 及"二乘非实"⑥ 等，前者就像四车家，后者像三车家。乍看之下，似乎二者互不相容。但实际并非如此。因为佛陀只是为了因应众生根机而说二说三，并非自己的真实意愿。若众生据此三乘之教成熟大乘根机之后，佛陀就只说一乘教法了。因而，如今《法华经》乃会三归一。然而破三乘之伪并非就是破三乘，只是破除众生将三乘执着为真实的妄情而已。

另外，由于二乘之行为方便，正显示了大乘菩萨的真实；由于三乘之教的不真实，正显示了一乘平等之教的理的真实性。而对于上文道生所说"无二无三"的解释中，二即第二乘的缘觉乘，三即第三乘的声闻乘，第一乘就是菩萨乘。以此来看，道生似乎只强调没有对立差别的第一乘的超越性。但道生接着说"既无二三，一亦去矣"，即第二、第三的缘觉乘、声闻乘既然舍弃了，第一乘的菩萨乘也应该舍掉。这看上去似乎难以理解，但这正是道生对于三乘方便的最终阐释。既然三乘不实的话，也不可以执着于一乘的真实。实际上，这三者都是唯一真理的三种方便表述而已，道生的目的就在于要悟入一理。如果忘记一乘教也是悟入一理的方便而加以执着的话，那就与执着于三乘一样了。所以，道生最后追

① 参见横超慧日：《劉宋慧観の法華経観》，《仏教学セミナー》1971 年通号 13。
② 道生：《法华经疏》卷 1，《卍续藏经》第 27 册，第 4 页上栏。
③ 道生：《法华经疏》卷 1，《卍续藏经》第 27 册，第 4 页中栏。
④ 道生：《法华经疏》卷 1，《卍续藏经》第 27 册，第 3 页上栏。
⑤ 道生：《法华经疏》卷 1，《卍续藏经》第 27 册，第 3 页下栏
⑥ 道生：《法华经疏》卷 2，《卍续藏经》第 27 册，第 11 页下栏。

求的是空无所得的一悟。与慧观的绝待妙相对，道生的《法华经》观强调了相待妙的一面。这正是横超慧日对道生三乘一乘说的深刻辨析。①

综上所述，道生在《法华经疏》中似乎改变了自己顿悟成佛的理论，而稍微向渐悟思想妥协。② 但仔细分析就会发现，道生只是重新回到"言说"层面，用以表述佛陀因应众生根机而方便教化三乘的说法经历。这和道生出于"得意忘言"的方法论立场而阐述顿悟成佛义并不构成必然矛盾。所以，道生在言说渐悟的维度上虽然表达出断除烦恼而开悟的意涵，但这与其最初根本的顿悟成佛义没有必然的矛盾关系。另外，结合横超慧日的分析来看，道生在整体性地对待《法华经》中三乘与一乘的关系时，不仅清醒地表明三乘的方便非实，而且将作为悟入一理的一乘教也加以舍弃，表现出了在终极层次上追求理之一极的渴望。这也体现了道生顿悟成佛说的核心要点。

道生虽然只是在"言说"层次上引入了众生根机的因素，使得佛陀的教法不得不呈现三乘方便的渐悟说倾向。而在现实层面上，众生根机的差别又是必须得到承认的。因而，如果不能彻底解决众生根机与"理之一极"的矛盾，则顿悟说仍然存在着理论缺

---

① 参见横超慧日：《竺道生撰〈法華経疏〉の研究》，《大谷大学研究年報》1952年第5集，后收入氏著《法華思想の研究》，平乐寺书店1986年版，第215—221页。

② 如余日昌认为，道生晚年说渐以调和早期顿悟的立场。参见余日昌：《实相本体与涅槃境界——梳论竺道生开创的中国佛教本体理论》，巴蜀书社2003年版，第150—160页。金英浩列举了道生在《法华经疏》中有关顿渐修行三种可能的观点：由顿至渐的转换；在修治众生时采用并不符合自己本意的思想；渐悟、顿悟并非完全不能相容，道生主张二者相辅相成。金英浩排除前二者，认为道生持第三种顿渐相容的观点。这都表明两人并未完全理解道生在《法华经疏》中整体性地运用"以事表义"的方法。

陷。这表明道生的顿悟成佛说在逻辑上仍然存在着进一步完善的余地。

在《涅槃经集解》道生注中，他仍然一如既往地强调能照之悟冥符真理的重要性。如在经题序中：

> 道生曰：夫真理自然，悟亦冥符，真则无差，悟岂容易，不易之体，为湛然常照。但从迷乖之，事未在我耳。苟能涉求，便反迷归极，归极得本，而似始起，始则必终，常以之昧。若寻其趣，乃是我始会之，非照今有。有不在今，则是莫先为大。既云大矣，所以为常，常必灭累，复曰般泥洹也。般泥洹者，正名云灭，取其义训，自复多方。今此经明常，使伏其迷，其迷永伏，然后得悟。悟则众迷斯灭，以之归名，其唯常说乎。①

在此，道生首先表现出的顿悟思想和谢灵运《辩宗论》所引文字意思相同，即悟理冥符一致，理为不可二分，悟亦不容变易。

另外，道生开始从"迷惑"的角度分析修悟的过程，这似乎又加入了烦恼的维度来分析顿悟成佛说。然而细究道生文意，并非如此。因为道生在这里所说的"我"并非他物，正是指佛性。② 这可以从《涅槃经》及道生的注释得到说明。在"如来性品"的道生注中可见：

---

① 《大般涅槃经集解》卷1，《大正藏》第37册，第377页中栏。
② 对于《涅槃经》中我的分析，参见藤井教公：《〈涅槃经〉における"我"》，《仏教学》1983年通号16。黎惠伦虽未将道生序言中的"我"直接等同于佛性，但他也承认"从迷乖悟……有不在今"主要是讲本有佛性的观点。参见 Whalen Lai："The Mahāparinirvāṇa-Sūtra and Its Earliest Interpreters in China—Two Prefaces by Tao-lang and Tao-sheng"，*Journal of the American Oriental Society*，Vol. 102，No. 1，1982，pp. 99–105。

佛性即是我义。

案：道生曰，种相者，自然之性也，佛性必生于诸佛。向云我即佛藏，今云佛性即我，互其辞耳。①

和其他多处注释一样，在《涅槃经》注释中道生多用简化的"我"表示佛性。而《涅槃经》在表达佛性和烦恼众生的关系时则说：

佛言，善男子，我者即是如来藏义。一切众生悉有佛性，即是我义。如是我义，从本已来，常为无量烦恼所覆，是故众生不能得见。②

即众生由于烦恼的覆障而不能见到自己的佛性。这种表达结构和方式与道生在经序中所说一样。

由此可见，道生认为由于迷惑烦恼的存在，使得众生乖离了真理，不能开悟，这需要涉求修道从而回归本极。而回归本极之时，看似这个解悟是刚刚开始的一样。解悟有开始就必定有终极的佛果，但是真理实际上恒常地被覆盖隐藏住了。若要探寻其真正旨趣的话，其实佛性就已经会悟真理了，并非要观照现今已顿悟所成的佛果。佛果既然不在现在，那就没有比最开始的真理更大的了，而这就是佛性。既然从最初就已经存在了，所以也就是"常"。在"常"的状态下必然是灭尽患累烦恼的，所以就称为"般泥洹"。而这部《泥洹经》阐明"常"理，使得迷惑烦恼被制伏。制伏烦恼之后就可以得到开悟，开悟之后一切烦恼全都断尽。以此而归纳

① 《大般涅槃经集解》卷 18，《大正藏》第 37 册，第 448 页中栏。
② 昙无谶译：《大般涅槃经》卷 7，《大正藏》第 12 页，第 407 页中栏。

《泥洹经》的要旨，就只是说佛的常住之理。

因而，道生在接触到涅槃佛性思想之后，对顿悟的表达实际上即以佛性为基础了。由于佛性恒常遍在，所以虽然存在伏迷断惑的过程，但一旦理解佛性的常住之理就已经是顿悟了。

如前所说，我们不能确定道生的这篇经序是否专门为六卷《泥洹经》所写。现在可以作两种假设：第一，如果这是道生为六卷《泥洹经》作的注疏序，那么道生在 418—430 年间理解《泥洹经》的"常乐我净"之理后，就已经以佛性思想作为其顿悟成佛说的根据了；第二，如果这是道生为大本《涅槃经》作的注疏序，那么道生在坚持顿悟说的核心观念即理之一极的过程中，当其遇到佛性思想后，便将此理等同于佛性了。不论是以上哪种情况，都可以看出在道生"理"的思想中，佛性都占据重要的地位。

若是前者的话，还可以由谢灵运在《辩宗论》中的表达得到辅证。谢灵运在回答慧琳的疑问时说：

> 孔虽曰语上，而云圣无阶级。释虽曰一合，而云物有佛性。物有佛性，其道有归，所疑者渐教。圣无阶级，其理可贵，所疑者殆庶。岂二圣异涂，将地使之！然斥离之难，始是有在，辞长之论，无乃角弓耶？[1]

谢灵运回答慧琳说，批评自己斥离儒释二教的说法从一开始就存在，但自己并没有超越于道生的顿悟新论。谢灵运认为，佛教虽然说一合于道场成佛之时，不是十地所可以渐修达到，但佛教所主张

---

[1] 道宣撰：《广弘明集》卷 18，《大正藏》第 52 册，第 227 页上栏。

的悉有佛性说，使得任何众生都道有所归。这样佛教中比较可疑的就是渐教一方的言论了。

由此可见，在谢灵运写作《辩宗论》之时，就已经用佛性论作为顿悟说的基础了。但我们很难确定这是谢灵运自己的发挥，还是受到道生《顿悟成佛义》的影响。如果道生的那篇经序是为六卷《泥洹经》所作，则可以说谢灵运受到了道生思想的影响，从而提出佛性论为顿悟思想的根据。当然，由于道生注疏的风格，大多使用中国传统思想，如理、道、极等，所以或许其《顿悟成佛义》一文中并未将佛性当作特别突出的根据，而只是将其作为理的一种表现。

另外，在谢灵运《辩宗论》中也可以发现他所提倡的顿悟说与断烦恼的关系。如《辩宗论》的开头处，谢灵运说：

> 释氏之论，圣道虽远，积学能至；累尽鉴生，方应渐悟。孔氏之论，圣道既妙，虽颜殆庶；体无鉴周，理归一极。①

谢灵运认为，在儒释二教中都有顿渐并存的思想。佛教中的“能至”，其实就是指上面所说的基于佛性论上的“道有所归”。而“累尽鉴生”，正是对应着佛教渐悟的一面，所以谢灵运要选择佛教“能至”的一边，而放弃其渐悟的一面。可见，在谢灵运的顿悟理解中，断烦恼和顿悟成佛说是完全相悖的。

黎惠伦认为，《阿毗昙心论》中顿断烦恼因果的教义启发了道生的顿悟思想，所以其顿悟说最初的理论构造中和佛性说没有关

---

① 道宣撰：《广弘明集》卷18，《大正藏》第52册，第224页下栏至第225页上栏。

系，直至谢灵运在《辩宗论》中才将佛性论和顿悟成佛说联系起来。由于黎惠伦最初出发点的偏差，因而他对道生顿悟成佛思想的成立和发展的认识值得商榷。如上所述，道生的顿悟说诚然经历了长时间的思考，并且和庐山慧远的修行阶段论、鸠摩罗什的般若学说都有所关联，但其整体精神是他在得意忘言的方法之上，运用中国传统思想的"理"等概念，结合般若学的不二法门，从而构造出能观之照与所观之理冥符的理论。在这种理智冥符的境界中就可以成佛，成佛是顿悟说的理论归宿。因此，道生称为"顿悟成佛义"。所以，在第一种假设情况下，道生提出顿悟成佛义时就已和佛性说联系在一起了。

若是第二种假设，在道生对理的关注中，佛性只是其中的一环，但或许可以说是最终的一环。菅野博史对道生注疏中理的研究最具代表性。① 他认为道生所说的理可分为四种类型。其一，与事相对的理。"事"是指具体的事实，"理"是通过"事"所表现出的道理，但这时的理事关系还没有达到本质与现象那样的抽象程度；其二，与言相对的理。在佛教中，"言"意味着佛的教说与理若合符契，但此时的理尚不能完全称为具有本体论性质的理法，而只是语言所表现出的道理；其三，作为某类事物的指称；其四，作为本体论性质的概念的真理，是万物存在的根据。虽然道生对此没有特殊说明，但在《法华经疏》中将其与一乘思想关联起来，很明显地强调"理"的唯一性。另外，在《泥洹经义疏》（或《涅槃经集解》道生注）中，道生在本体论的意义上，将理等同于

---

① 其他如金英浩等也具体分析了道生的理，如理的搭配使用方式，理与义、事的对比使用等，但多属于语用学角度的分析。参见 Young-ho Kim：*Tao-sheng's Commentary on the Lotus Sūtra*（*A Study and Translation*），Albany：State University of New York Press，1990，pp. 124-128。

《涅槃经》的佛性。所以菅野认为，如果道生通过《法华经》的思想确立了普遍性理法的实在性的话，当然就拒绝承认六卷《泥洹经》中阐提不具佛性的思想。①

由此可见，道生的理具有多重意义。另外，小林正美也在论述道生的顿悟说时，将其和《法华经》的一乘思想联系起来②，他和菅野博史一样都指出道生"理"的一种表现就是一乘思想。

作为本体论层次的理，有时还可以指空。这在《注维摩诘经》道生注及《法华经疏》中都有表现。如下两文：

> 生曰：无垢之称，或止形迹，心不必然，故复言其解脱，更为一名。不可思议者，凡有二种：一曰理空，非惑情所图；二曰神奇，非浅识所量。若体夫空理，则脱思议之惑，惑既脱矣，则所为难测。维摩诘今动静皆神奇，必脱诸惑。脱惑在于体空，说空是其所体，是以无垢之名信而有征。名苟有征，其求愈到，到于求者，何患不悟乎！③

> "明众生于过去佛，殖诸善根，一豪一善，皆积之成道。知法常无性，第一空义，明理无二极矣。佛种从缘起，佛缘理生。理既无二，岂容有三，是故说一乘耳。④

即在《注维摩诘经》中，道生所说理大多是指"空"理，体悟了

---

① 参见菅野博史：《〈大般涅槃経集解〉における道生注》，《日本文化研究論集》1985 年第 3 号，第 78—79 页；《道生撰〈妙法蓮花経疏〉における'理'の概念について》，《創価大学人文論集》1991 年第 3 号，第 119 页。
② 参见小林正美：《竺道生の佛教思想》，收入氏著《六朝佛教思想の研究》，創文社 1993 年版，第 175—178 页。
③ 《注维摩诘经》卷 1，《大正藏》第 38 册，第 328 页上栏。
④ 道生：《法华经疏》卷 1，《卍续藏经》第 27 册，第 5 页中栏。

空理也就可以顿悟，自然烦恼断除。① 而在《法华经疏》中，道生一方面仍然将理说成第一义空，但结合菅野博史及小林正美等人的分析，另一方面此理还指向《法华经》一乘的概念。因而综上所述，道生著作中作为本体论的理大概有三种，即空、一乘以及佛性。

但由于佛性思想的晚出，以及道生对于佛性我的重视，使得其顿悟成佛义的思想根据都最终指向了佛性论。空作为诸法实相，在究极的意义上一切事物平等，但三乘众生对空有着浅深不同的理解。比如三兽渡河之喻的意义，这在鸠摩罗什以后的中国佛教界几乎成为常识。② 而众生悉有佛性论不仅保证了顿悟最终可以成佛的结果，也在最初始的意义上解决了一切根机的众生皆可顿悟的问题。因为众生认识到自身的佛性，也就与观见佛性之始的诸佛产生了直接联系。只有诸佛可以观见佛性的始终，因而作为佛性之始的众生佛性就同佛果直接联系了起来。所以，顿悟佛性就可成佛。由此可见，只有在以佛性论作为顿悟成佛义的理论基础时，才可以完美地解决众生根机之差别与顿悟成佛说的理论矛盾。所以综合来看，佛性思想可以说是道生顿悟成佛义的历史根据与逻辑基础。

现在回头来看慧达及刘虬所记述的道生顿悟说，可以发现二者有同有异，有得有失。

相同点：

二者都理解了道生顿悟成佛说的核心要点，即不可分之理与不

---

① 垣内智之在考察道生的"理"概念的普遍性和唯一性时，也指出"理"作为"空"、"无相之实"的表现。参见垣内智之：《竺道生における理の概念と悟り》，《日本中国学会报》1996 年第 48 号。

② 如《大乘大义章》"十三、次问如法性真际并答"中，不同众生对实相空理由浅至深的差异理解。参见木村英一编：《慧遠研究——遗文篇》，创文社 1960 年版，第 39 页；《大正藏》第 45 册，第 136 页中栏。

可渐之悟的冥符一致。

不同点：

1. 慧达认为，道生顿悟说中有断除烦恼渐修的一面，虽然随着顿悟的产生，渐修不再发生作用；而刘虬认为，道生顿悟说并不涉及渐修，与断烦恼没有关系。在这点上，刘虬较为正确地理解了道生的顿悟成佛说。

2. 刘虬认为，道生顿悟成佛说的不可分之理是指空理；慧达则认为其理包括佛性与空二者，并且佛性处于更基础的地位。经过分析来看，慧达的观点可以说更能体现道生顿悟成佛义发展的历史。

3. 刘虬引用道安的顿悟思想时，指出三乘一乘的关系。而这在道生《法华经疏》中有所体现，道生"理"的一种表现就是一乘思想。

综合来看，道生的顿悟说可以表述为：在顿悟中并不直接涉及烦恼的断除问题，但在顿悟成佛的终极结果中，烦恼自然地断尽无余；顿悟成佛义是以能观之照冥符不分之理为核心，不分之理有空、一乘及佛性三种内涵，其中佛性必然是其历史根据与逻辑基础。

第四节 道生与僧肇的感应思想

对于道生和僧肇的感应思想，先贤学者大多有所论述。如对僧肇的感应思想，谷川理宣就曾经指出其无心而应的特色。[①] 而道生

---

① 参见谷川理宣：《僧肇における"仏"の理解——至人と法身》,《印度学仏教学研究》1980 年通号 57。

的感应思想，应该和他的《应有缘论》具有直接联系。许多学者都对道生的感应思想作出了研究，如森江俊孝、菅野博史及木村宣彰等。

其中，森江俊孝最早阐明了相关观点。[①] 在他的研究中，有以下五点值得注意。第一，森江俊孝认为道生的感应思想是与其根机论结合在一起的，佛陀顺应众生的根机而应同。第二，道生提出"扣圣"的观点值得重视，这是众生与佛相互关系中的重要特征。第三，道生的感应思想同《周易》、《庄子》中的感应说具有理论上的联系。第四，森江俊孝根据慧均《大乘四论玄义》的记载，指出道生的感应说为圣人作心说，而道安、僧肇等人的感应思想为不作心说。同时他认为，道生的《应有缘论》同阐提成佛说具有直接关系，圣人通过作心的方便智因应众生的根机，而僧肇等人的不作心说，则是以般若学背景中圣人的无缘、无相、无自性的大悲心应化一切众生。第五，森江俊孝认为，道生将感应看作理乃至法性之理，这个理又是法身，体得此理的是般若。所以，道生立足于理之佛性的层面上，同时又在事的立场上着眼于众生的机缘，正是此机缘牵召着佛的应化。

其后，菅野博史也对道生的机与感应关系作出专门研究。菅野认为，道生重视"机"的理由有二：其一，在道生的教判思想中存在"机"的作用；其二，在圣人与凡夫的感应中存在着"机"的功能。而在广义上，前者也可以包含于后者。菅野也注意到道生的感应思想同《周易》、《庄子》等的相关性，但他认为道生的佛教感应思想的明确特征在于凡夫是感的主体，圣人为应的主体。同样，菅野也认识到，在凡圣感应的救济论中，道生的"扣圣"说，

---

① 参见森江俊孝：《竺道生の感应思想》，《印度学仏教学研究》1972 年通号 41。

即对处于感应关系中凡夫的机的重视，并不仅仅是将凡夫当作圣人救济的对象，还洞察到了凡夫在救济过程中发挥作用的能力。实际上，这强调了众生的能动性。另外，菅野还注意到道生的感应说，相比于其他两部注疏，更多地存在于《法华经疏》中，这可能和《法华经》倡导三乘方便一乘真实的会三归一的基本理论构造相关。菅野还指出，道生感应说的影响在稍后僧亮的感应说中也得以体现。①

接着，木村宣彰也在对道生的法身研究中论述了其感应思想。木村也同样注意到，道生不仅重视佛方面的感，还重视众生根机方面的"扣圣"，如此才有可能存在凡圣道交的可能性。木村还指出，道生的感应思想同其"法身无色论"及"二谛义"紧密相关，即道生认为如果世谛是第一义谛，那么只有第一义谛，没有世谛，这就像道生在"法身无色论"中贬低色身或应身一样，更倾向于法身的一身说。因而在法身的感应时，对于众生根机"扣圣"之功，法身会变现应化之身救度众生，但法身是超越时空不来不去的。②

综合对比三人的研究来看，大家都注意到了道生感应思想中众生根机"扣圣"的重要性，凸显了道生对众生能动性的重视。然而，如庐山慧远的感应思想所示，慧远由于念佛实践的修行，也非常强调众生的能动性。道生并没有类似的佛教修行记载，但庐山作为他佛学经历中的重要一站，他应该深受当时庐山佛教思想的影

---

① 参见菅野博史：《竺道生における機と感応について》，《印度学仏教学研究》1983 年通号 63；《中国初期仏教の機と感応思想——道生と僧亮を中心として》，《創価大学人文論集》2007 年第 19 号；《〈大般涅槃経集解〉における僧亮の感応思想》，《東方》1987 年第 3 号。

② 参见木村宣彰：《竺道生の法身説》，《大谷学報》1989 年第 69 期第 3 号，后收入氏著《中国仏教思想研究》，法藏館 2009 年版，第 141—145 页。

响，这应该体现在了他的感应思想中。

对比两人的感应思想，也可以发现其不同之处。慧远强调在念佛三昧的修行中众生的能动性，而对于能动性的根据，慧远并没有明确表述；在上述各家对道生感应思想的分析中，可以看出道生对于凡夫与佛的感应理论，思考得更加完备，他强调众生的能动性在于其根机，通过根机的发动"扣圣"，才可以获得佛的应化。当然，这是就二人感应思想的最终形式而作的对比。如果分别来看道生的三部注疏，可以看出在较早的《注维摩诘经》中，他并未提出"扣圣"的思想。如在"方便品"中，僧肇和道生注释说：

> 肇曰：《经》云法身者虚空身也，无生而无不生，无形而无不形，超三界之表，绝有心之境，阴入所不摄，称赞所不及，寒暑不能为其患，生死无以化其体。故其为物也，微妙无象，不可为有；备应万形，不可为无；弥纶八极，不可为小；细入无间，不可为大。故能出生入死，通洞于无穷之化；变现殊方，应无端之求。……生曰：……法身真实，丈六应假。将何以明之哉？悟夫法者，封惑永尽，仿佛亦除，妙绝三界之表，理冥无形之境。形既已无，故能无不形；三界既绝，故能无不界。无不界无不形者，唯感是应。佛无为也，至于形之巨细，寿之修短，皆是接众生之影迹，非佛实也，众生若无感，则不现矣。非佛不欲接，众生不致，故自绝耳。若不致而为现者，未之有也。譬日之丽天，而影在众器。万影万形，皆是器之所取，岂日为乎？器若无水，则不现矣。非日不欲现器，不致故自绝耳。然则丈六之与八尺，皆是众生心水中佛也，佛常无形，岂有二哉？①

---

① 《注维摩诘经》卷2，《大正藏》第38册，第343页上栏。

在对佛身、法身的解释中，二者都提及感应思想。对僧肇来说，法身最重要的特征是"无心"①，也就是体得般若空观，在此基础上，法身可以自由自在地变现于各种场所，因应无端的需求。这被唐代慧均归纳为"不作心"而应②，也就是森江俊孝所说以般若学中的无相大悲应化一切众生。

而道生在强调真实法身的同时，表达出对法身感应的不同看法。道生认为，法身虽然可以无不界、无不形，但其出发点却在于众生的感。如果众生不发出感，那么佛也不会应现。这并非佛不去慈悲接济，而是众生没有渴望被拯救的愿望，所以失在众生，不在如来。

可以看出，在《注维摩诘经》中，道生虽然强调了众生与佛感应关系中的能动性，但他并没有提出根机"扣圣"的概念，这在整个现存《注维摩诘经》道生注中都是如此。如果考虑到道生思想的发展，那么此时他的感应思想或许仍较大程度上等同于慧远的感应观，即虽然强调了众生的能动性，但与普遍的佛的慈悲救世并不能够完全对接。与僧肇不同，道生的感应思想并非完全依靠般若学中的无相大悲，所以此时必然存在理论的错位。

到了《法华经疏》中，道生开始屡屡提出众生根机的重要性。在根机的表现方面，正如前文菅野博史所说，一方面佛陀因应众生根机而方便说三乘教法，待众生大乘根机成熟方说一乘真实之教；另一方面，在凡圣感应的层面，众生根机"扣圣"的能动性得到

①　《注维摩诘经》卷4，"至人无心"，《大正藏》第38册，第365页上栏。
②　参见慧均：《大乘四论玄义》卷6："问感应义，为当作心方能感？为不作心能感耶？应亦尔，圣人作心方能应？为不作心能应耶？答：古来解不同。一、生法师云：照缘而应必在智。此言应必在智，此即是作心而应也。今时诸论师并同此说也。二、安肇二师与摇法师云：圣人无心而应，应不必在智乎。此两教硕相反，今一家传。"（《卍续藏经》第46册，第594页下栏）

了反复强调。如下几处注释：

> 昔化之机扣圣，圣则俯应。①
>
> 宅主既来，昔缘亦发，机以扣圣，假为人言，圣应遂通，必闻之矣。②
>
> 含大之机扣圣，为见父。③
>
> 物有悟机扣圣，圣有遂通之道。遂通之道既申，尔乃解脱，岂虚哉？④

由此可见，此时道生由于引入"言说"层面说明佛对三乘之人的应化，从而更加关注众生的根机。为了更好地说明三乘之人转向一乘之理的可能性，道生就对作为众生素质能力的"机"作出更加详细的说明。相较于《注维摩诘经》中仅就众生之感的表达，此处众生的根机具有更强的普遍性。众生之感可能存在不发出的情况，然而《法华经》中佛说如今众生根机成熟，即所有众生之根机都可以通向一乘真实之道。但是，《法华经》中仍有听闻佛说一乘之法而骇然退场者⑤，所以仅以具有进化可能性的根机来解说一乘真实之法，仍然存在理论的不完备之处。

而在《涅槃经集解》道生注中，道生的感应思想再次发生了

---

① 道生：《法华经疏》卷 1，《卍续藏经》第 27 册，第 7 页下栏。
② 道生：《法华经疏》卷 1，《卍续藏经》第 27 册，第 7 页下栏。
③ 道生：《法华经疏》卷 1，《卍续藏经》第 27 册，第 9 页上栏。
④ 道生：《法华经疏》卷 2，《卍续藏经》第 27 册，第 16 页下栏至第 17 页上栏。
⑤ 参见姚秦鸠摩罗什译《妙法莲华经》卷 1："尔时世尊告舍利弗，汝已殷勤三请，岂得不说。汝今谛听，善思念之，吾当为汝分别解说。说此语时，会中有比丘、比丘尼、优婆塞、优婆夷五千人等，即从座起，礼佛而退。所以者何？此辈罪根深重；及增上慢，未得谓得、未证谓证，有如此失，是以不住。世尊默然而不制止。"《大正藏》第 9 册，第 7 页上栏。

变化。在这些注释中，道生完全不再提及众生根机及其"扣圣"之事。如下列数文：

A. 道生曰：应感之事，是佛境界，示同于外，理不可请。内实常存，又何所请耶？①

B. 道生曰：法性照圆，理实常存。至于应感，岂暂废耶？②

C. 道生曰：长寿之与金刚，皆共谈丈六，但内外言之耳。长寿为外应之迹，金刚为内照之实。实照体圆，故无法也。③

D. 道生曰：常我之理，应万行之时，义味悉在于经文矣。④

E. 道生曰：常故自在，是我义也。应感无端，此之自在，从彼而出，本非我故，复名无我也。⑤

在《涅槃经集解》道生注中，共有这五处直接言及佛之应化众生，而其中没有一处涉及众生根机的问题。在这五处，道生分别论及（A、B）具有常住妙理的法性或法身与感应的关系，法身虽然常住不变，但并不废弃应感教化众生之事；（C）应化之功能则表现为外现之长寿佛身；（D、E）从佛的角度出发，常住之佛性是佛自在因应众生感应的基础。

由此可见，道生接触涅槃佛性学说之后，不再使用众生根机作为感应的基础，而是从佛的角度，利用一切众生悉有佛性，从而诸

---

① 《大般涅槃经集解》卷5，《大正藏》第37册，第394页中栏。
② 《大般涅槃经集解》卷9，《大正藏》第37册，第420页上栏。
③ 《大般涅槃经集解》卷10，《大正藏》第37册，第421页上栏。
④ 《大般涅槃经集解》卷19，《大正藏》第37册，第453页下栏。
⑤ 《大般涅槃经集解》卷54，《大正藏》第37册，第550页中栏。

佛可以平等观见众生佛性的立场论述感应思想。这也可从下一注释中看出：

> 善男子，如贫女人。案：道生曰，本有佛性，即是慈念众生也。①

即佛为了慈悲教化众生，而说众生本有佛性之理，就像为了怜悯爱护贫女人，而告知其家宝藏的所在。另外，对于道生注中的"慈念"或许会有不同意见者。如同法瑶对此的注释一样，"众生有成佛之理，理由慈恻，为女人也。成佛之理，于我未有用，譬贫也"②，即将慈念解释成名词，认作为女人的本性，而并非佛慈悲心的发动。虽然道生也认为，善性可以使人反本，反本就可获得本有之佛性，但就此处道生所使用的语境来看，经文中并无有贫女人具有慈悲心的地方。所以法瑶的解释虽然可以说是将慈念理解为佛性，具有一定的道理，但在此则与经意不合，难以采用。

综合来看道生对《涅槃经》的注释，可见此时他的感应思想已经产生了非常明显的变化。当道生停止使用根机作为感应的根据之时，他开始利用众生悉有佛性的思想解释佛与众生的相互感应关系。因为众生悉有佛性，所以不分根机的或大或小，都可以被诸佛平等无差有始有终地观见其佛性的所在。如此一来，众生佛性就可以作为能动性的根据与佛之间产生始终无违的关联。因此，道生在之前仅仅使用感应或根机而说明佛应化的理论缺陷，也就彻底得以弥补了，佛性思想可以说是道生感应观发展的历史标准与逻辑基础。

---

① 《大般涅槃经集解》卷18，《大正藏》第37册，第448页中栏至下栏。
② 《大般涅槃经集解》卷18，《大正藏》第37册，第448页下栏。

第 六 章

道生的佛性思想

第一节　阐提成佛说与佛性当有论

　　据现存资料记载，道生著作中直接涉及佛性思想的有《佛性当有论》、《辩佛性义》以及"阐提成佛说"。这三者在教义上颇有重叠之处，而"阐提成佛说"是否一完整论文也比较可疑。根据前文所引唐代道暹记载，或许"阐提成佛说"只是道生在讲经之时与人辩论所持有的观点，并未形成文字流传下来。但"阐提成佛说"在道生的佛学历程中意义重大，其被摈出建康僧团被迫栖居庐山即由于此，所以在道生著作中，肯定会对此观点有所反映。

　　上述《佛性当有论》与《辩佛性义》的论文，就其字面来看，《佛性当有论》应当涉及了阐提可以成佛的思想。黎惠伦即推测认为，道生面对《泥洹经》对一阐提的批评时，最初只提出一个较为中道的佛性思想，即"当有佛性"论。就是说，一阐提并非当下即悟，而是当来之果。可见，黎惠伦认为道生的《佛性当有论》是为论证阐提成佛说而作，二者具有直接的相关性。①

在作此论断的同时，黎惠伦也注意到学术界对于"当有"一词持有不同的解释。如吕澂认为道生的当有是指"始有"，并非本有。这是吕澂对吉藏《大乘玄论》所列佛性说之第八种"以当果为正因佛性"②的评价，认为这是道生的主张。③ 其他如廖明活等，也根据后世吉藏等人的资料认为道生持佛性"始有"说。④

汤用彤则通过对比分析道生注疏与后世吉藏等人记载，指出吉藏、慧均等人所述似乎有失道生本义⑤，认为道生的佛性义实为"本有"。佛性"本有"、"始有"之争是在南北朝末佛性众说竞起之后才产生的，道生之时并无此分别。⑥

---

① 参见 Whalen Lai："Tao-sheng's Theory of Sudden Enlightenment Re-examined"，Peter N. Gregory Edit，*Sudden and Gradual*：*Approaches to Enlightenment in Chinese Thought*，Honolulu：University of Hawaii Press，1987，p. 191；或龚隽译：《再论道生之顿悟论》，载彼得·N. 格里高瑞编，冯焕珍、龚隽、秦瑜、唐笑芝等译：《顿与渐——中国思想中通往觉悟的不同法门》，上海古籍出版社 2010 年版，第 164 页。

② 吉藏：《大乘玄论》卷 3，《大正藏》第 45 册，第 35 页下栏。

③ 吕澂作此推论，其实是根据吉藏同门慧均的《大乘四论玄义》之相关记载，如"一道生法师执云：当有为佛性体。法师意，一切众生即云无有佛性，而当必净悟，悟时离四句百非，非三世摄。而约未悟众生，望四句百非，为当果也"。参见慧均：《大乘四论玄义》卷 7，《卍续藏经》第 46 册，第 601 页上栏。

④ 参见廖明活：《南北朝时代的佛性学说——中国佛性思想的滥觞》，《中华佛学学报》2007 年第 20 期，后收入氏著《中国佛性思想的形成和开展》，文津出版社 2008 年版，第 44 页。

⑤ 关于吉藏全出己意，评论十一家佛性说时的缺失，可参见廖明活：《吉藏的佛性观》，《东方文化》1981 年第 19 卷第 1 期，后收入氏著《中国佛性思想的形成和开展》，文津出版社 2008 年版，第 91—96 页。

⑥ 参见汤用彤：《汉魏两晋南北朝佛教史》，《汤用彤全集》第 1 册，河北人民出版社 2000 年版，第 474—479 页。

　　黎惠伦虽然承认汤用彤的观点，但他认为道生出于论证阐提可以成佛的需要，应该在某一时段主张"始有"佛性说。因此，黎惠伦仍是在吉藏等人限定的"本有始有"范围内作出解释。如果道生的《佛性当有论》确实是为"阐提成佛说"而作，则所谓"当有"或许是道生在佛性"本有"基础上解释阐提应当具有佛性。而至隋唐时之所以将"当有"解释为"当来之果"的"始有"，或许是由于道生之后的僧亮、僧宗、宝亮等人都作过此类解释。① 然而毕竟没有确切证据，仅是一种历史的可能性。

　　另外，也有学者认为道生的"阐提成佛说"与《应有缘论》相关。如前所说，森江俊孝把道生的"阐提成佛说"与《应有缘论》合在一起论述，可见他认同道生的这两种观点互相联系，或《应有缘论》可以支持"阐提成佛说"的成立。汤用彤亦已早有此论。②

　　由以上论述可见，道生的诸多思想之间大都可以互相联系、互相支撑。由于道生现存资料中没有任何直接有关阐提成佛的论述，所以我们只能根据这些相关的思想推测其提出阐提成佛说的原因。

　　所谓一阐提（icchantika），就字面意思而言，是指以贪欲为目的之人。③ 在六卷《泥洹经》中，否认一阐提具有善根：

---

① 僧亮之说二种有，"现在有，当来有"，参见《大般涅槃经集解》卷18，《大正藏》第37册，第450页下栏；僧宗之说"当来圆果"，参见《大般涅槃经集解》卷19，《大正藏》第37册，第458页上栏；宝亮之说"当来成佛"，参见《大般涅槃经集解》卷36，《大正藏》第37册，第494页中栏。

② 参见汤用彤：《汉魏两晋南北朝佛教史》，《汤用彤全集》第1册，河北人民出版社2000年版，第484—485页。

③ 对于一阐提所代表的形象和意义问题，藤井教公通过重新检讨望月良晃与下田正弘之说，指出一阐提并非是一种假定的存在，而应该从教团史的角度来考察一阐提的具体形象。一阐提即一直以来在阿练若处修行的出家人，他们诽谤《涅槃经》之佛身常住及佛性如来藏，迫害涅槃经教团之人。参见藤井教公：《一闡提について》，《印度学仏教学研究》1991年通号79；《六卷泥洹経における一闡提の諸相》，《印度学仏教学研究》1992年通号80。

永离善心，名一阐提。诸增上慢一阐提辈，以何为本？诽
谤经法，不善之业，以是为本。诽谤经法，凶逆暴害，当知是
等，智者所畏。①

《泥洹经》因而主张一阐提人不可成佛：

如一阐提，懈怠懒惰，尸卧终日，言当成佛。若成佛者，
无有是处。②

但道生不依经论，据理推论一阐提人亦当成佛，为此他遭受被摈出
僧团的处罚。至 430 年，昙无谶于北凉所译大本《涅槃经》传至
建康，经中明言一阐提人也可成佛。如：

又解脱者，名曰虚寂，无有不定。不定者如一阐提，究竟
不移。犯重禁者不成佛道，无有是处。何以故？是人若于佛正
法中，心得净信，尔时即便灭一阐提。若复得作优婆塞者，亦
得断灭于一阐提。犯重禁者，灭此罪已，则得成佛。是故若言
毕定不移，不成佛道，无有是处。真解脱中，都无如是灭尽
之事。③

即在真解脱中，不存在一阐提与犯重禁者等决定不成佛之事。一阐
提若能相信佛法，就可灭除一阐提道，如果能够作优婆塞，也可以
断灭一阐提道。

---

① 法显译：《大般泥洹经》，《大正藏》第 12 册，第 892 页中栏。
② 法显译：《大般泥洹经》，《大正藏》第 12 册，第 873 页下栏。
③ 昙无谶译：《大般涅槃经》卷 5，《大正藏》第 12 册，第 393 页中栏。

大本《涅槃经》的明文，使道生的"阐提成佛说"得到经证。建康佛教界也因而叹服道生的先见之明，追悔当初对道生的处罚。由此历史记载，毫无疑问，道生是中国佛教史上第一个提倡"阐提成佛说"之人。

但在目前学术界中，有个别学者指出谢灵运才是第一个领悟阐提成佛说者。如姜剑云通过对谢灵运《佛影铭》内容的考察，即持此说。① 谢灵运《佛影铭》中说：

> 法显道人至自祇洹，具说佛影，偏为灵奇。幽岩嵚壁，若有存形，容仪端庄，相好具足，莫知始终，常自湛然。庐山法师闻风而悦，于是随喜幽室，即考空岩，北枕峻岭，南映彪涧，摹拟遗量，寄托青采。岂唯象形也笃，故亦传心者极矣。道秉道人远宣意旨，命余制铭，以充刊刻。古铭所始，寔由功被，未有道宗崇大，若此之比，岂浅思肤学，所能宣述。事经徂谢，永眷罔已。辄罄竭劣薄，以诺心许，徽猷秘奥，万不写一。庶推诚心，颇感群物，飞鹄有革音之期，阐提获自拔之路，当相寻于净土，解颜于道场。圣不我欺，致果必报，援笔兴言，情百其慨。②

汤用彤认为此铭作于义熙十年前后，即413年末或414年。③ 此后学者大多没有疑义。此文言及阐提可以自拔的观点，姜剑云据此认为谢灵运为最早提倡阐提成佛之人。

---

① 参见姜剑云：《谢灵运与慧远交游考论》，《太原师范学院学报》（社会科学版）2005年第4卷第2期，第72—73页。
② 道宣撰：《广弘明集》卷15，《大正藏》第52册，第199页中栏。
③ 参见汤用彤：《汉魏两晋南北朝佛教史》，《汤用彤全集》第1册，河北人民出版社2000年版，第331页。

但近来对于谢灵运《佛影铭》的撰写时间，学界产生不同意见。日本学者鹈饲光昌梳理旧说，将此铭文产生于413年秋的各种论据加以整理，大体为以下两点①：

其一，铭文中说法显在祇洹寺为谢灵运说那竭罗曷国佛影之事。对照法显行程经历，可知其在413年七月下旬后进入建康，以此推知，谢灵运此铭应作于413年七月下旬后。

其二，对于庐山慧远创作《佛影铭》的叙述。慧远于412年立台制作佛影，413年九月三日刻铭文于石。其间，慧远曾让文笔之士作诗文以咏佛影，想来谢灵运亦名列其中。

综合以上两点来看，谢灵运撰写《佛影铭》的时间或许在413年七月下旬至413年九月三日之间。这是鹈饲光昌之前诸学者大致认同的观点。

然而，鹈饲光昌注意到谢灵运铭文中使用了"阐提"一词。文中"阐提"与"飞鸮"原本都是贬义词，飞鸮声恶，阐提不具善根。但谢灵运文中认为，飞鸮与阐提皆可改变本性，一阐提通过佛影的感应可以获得自拔之路。这自然让人联想到道生所提倡的"阐提成佛说"。由于受到谢灵运创作《佛影铭》时间的限制，以至于姜剑云等人认为谢灵运在道生之前就已经提出阐提可以成佛的观点。

鹈饲光昌在注意到铭文中"阐提"用语之后，进而重新提出了谢灵运撰写《佛影铭》的三个可能时间。

其一，重视旧说，仍定为413年。铭文中的"阐提"概念和成佛观点可能是谢灵运从法显口中得知，也可能从其他路径获知。

---

① 参见鹈饲光昌：《謝霊運の〈仏影銘〉制作年時について》，《仏教大学仏教文化研究所所報》1987年通号5。

其二，413 年至 416 年之间。慧远请求谢灵运制作铭文，但 413 年 9 月 3 日慧远自己的《佛影铭》铭刻之后，谢灵运在慧远入寂之前再次作铭。关于阐提概念的来源，与前说同。

其三，418 年以后。谢灵运在六卷《泥洹经》译出之后，从中得知"阐提"概念。铭文中述及慧远之处，皆是谢灵运回想之辞。①

鹈饲光昌的考辨力求全面，但仍有未逮之处。正是由于先贤对于铭文理解的不同，导致对于谢灵运何时撰写《佛影铭》产生如此多的疑义，并且牵涉到中国佛教史上"阐提成佛说"最初提倡者的问题。事实上，谢灵运此铭的制作时间应该是在 417 年以后，也就是鹈饲光昌所说的第三种可能性。理由有如下两点：

第一，谢灵运独自从法显或他处得知"阐提成佛说"，此点很难成立。如果成立，那么法显等人将成为不依经说而提倡阐提成佛的第一人。但历史事实显然并非如此。如果谢灵运自己领悟到阐提成佛说，也不甚可能。谢灵运虽然才华盖世，但对于佛教教义未必能独自领悟，更不至于违背经说。就其写作《辩宗论》来看，其创作的灵感也是来自道生等佛教徒。

第二，铭文中虽然述及法显与慧远等人，但实际应为回忆之辞。其中最为关键之处在于，谢灵运回忆慧远邀请自己作铭之事后说："事经徂谢，永眷罔已。辄罄竭劣薄，以诺心许，徽猷秘奥，万不写一"。对于其中的"事经徂谢"，前贤学者或理解为已经过去很长时间②，或如鹈饲光昌理解为"佛的事迹已经远去，难以知

---

① 参见鹈饲光昌：《謝霊運の〈仏影銘〉制作年時について》，《仏教大学仏教文化研究所所報》1987 年通号 5。
② 参见姜剑云：《谢灵运与慧远交游考论》，《太原师范学院学报》（社会科学版）2005 年第 4 卷第 2 期。

晓，但佛陀永久的恩惠救济，现在也没有完尽"①。事实上，"徂谢"一词虽然有消逝之意，但更主要的则是"死亡"的含义。在谢灵运的《庐陵王墓下作》诗中即有"徂谢易永久，松柏森已行"，表达"死亡"的含义。所以，此《佛影铭》的意思应该理解为哀悼慧远的逝世，这样前后文也就文意顺通。即"虽然慧远法师已经逝世，但我对他的怀念之情永远不会停止。因而我就竭尽自己低劣薄弱的才力，以完成自己曾经许下作铭的心愿，但佛影的美善之道、神秘之能，我却是难以表述其万一"。

综上所述，谢灵运的《佛影铭》应该创作于 418 年后，其关于阐提成佛的观念只能是受到了道生的影响，并不能认为谢灵运是中国佛教史上第一个提倡"阐提成佛说"者。

梁代宝唱《名僧传抄》，其中记载了道生两条有关阐提成佛的观点：其一是"禀气二仪者，皆是涅槃正因，阐提是含生，何无佛性事"②；其二为"一阐提者，不具信根，虽断善犹有佛性事"③。可以看出，这两条记载表现出道生佛性说的两种标准，即众生是佛性正因与佛性本有。

关于佛性本有，在《涅槃经集解》道生注中已有明言：

> 是故佛性常乐我净。案：道生曰，本有种生，非起灭之谓，是以常乐无为耳。④
>
> 复次，善男子，众生起见（至）如是观智，是名佛性。

---

① 参见鹈饲光昌：《谢灵运〈仏影铭〉訳注稿（上）》，《仏教大学仏教文化研究所所报》1988 年通号 6。
② 宝唱撰：《名僧传抄》卷 1，《卍续藏经》第 77 册，第 360 页中栏。
③ 宝唱撰：《名僧传抄》卷 1，《卍续藏经》第 77 册，第 360 页中栏。
④ 《大般涅槃经集解》卷 54，《大正藏》第 37 册，第 546 页中栏。

案：道生曰，十二因缘为中道，明众生是本有也。若常则不应有苦，若断则无成佛之理。如是中道观者，则见佛性也。①

即道生一方面在解释佛性常乐我净时，认为佛性是本有种生，没有起灭；另一方面在解释十二因缘为中道之理时，认为众生本有此理。而观此中道之理就是见佛性，所以佛性也是本有。

关于众生是佛性正因，在道生的注疏中虽然没有直接相关之处，但道生对于众生的"解分"、"悟分"等却一再提及。如：

譬如国王，暗钝少智。案：道生曰，夫受化者，必有解分。②

其中"受化者"与宝唱所言"禀气二仪者"都是指向众生。所以，众生由于本来就有的"解分"，自然可以成佛。而一阐提也是属于众生，自不容例外。

另外，日本学者小林正美在解释道生"阐提成佛说"时，还举出吉藏《法华义疏》中的观点加以说明。如下文：

昔竺道生著《善不受报论》，明一毫之善，并皆成佛，不受生死之报。今见《璎珞经》亦有此意。成论师云，一念善有习报两因，报因则感于人天，习因牵性，相生作佛。③

① 《大般涅槃经集解》卷54，《大正藏》第37册，第546页下栏。
② 《大般涅槃经集解》卷7，《大正藏》第37册，第407页下栏。
③ 吉藏：《法华义疏》卷4，《大正藏》第34册，第505页上栏。吉藏《百论疏》中亦有相同表达，参见吉藏：《百论疏》卷1，《大正藏》第42册，第240页上栏。

小林将道生的《善不受报义》与"阐提成佛说"联系起来。这种观点似乎也有根据。道生在《法华经疏》中就反复强调了一毫之善的重要性。如：

> 明众生于过去佛，殖诸善根，一毫一善，皆积之成道。①
>
> 大乘者，谓平等大慧，始于一善，终乎极慧是也。平等者，谓理无异趣，同归一极也。大慧者，就终为称耳。若统论始末者，一豪之善，皆是也。②

即众生在宿世轮回之中所积一毫之善，都可以逐渐积累成道。从诸法实相的角度来看，大乘法中平等大慧，一毫之善与佛之极慧没有根本的差异。但《善不受报义》和"阐提成佛说"之间是否直接相关？前者能否证成后者？答案是否定的。因为道生认为不论是"世善"还是"本善"，都不能借此获得成佛的果报。这将涉及道生的《善不受报义》的理论内涵问题，留待下节再论。

另外，小林还从众生皆可成佛的角度，论述了"阐提成佛说"。比如《法华经》中的会三归一之旨，道生解释为一切众生皆可成佛。如"见宝塔品"注中：

> 既云三乘是一，一切众生，莫不是佛，亦皆泥洹。泥洹与佛，始终之间，亦奚以异？但为结使所覆。如塔潜在，或下为地所隐。大明之分，不可遂蔽，必从挺出。③

---

① 道生：《法华经疏》卷1，《卍续藏经》第27册，第5页中栏。
② 道生：《法华经疏》卷1，《卍续藏经》第27册，第1页中栏至下栏。
③ 道生：《法华经疏》卷2，《卍续藏经》第27册，第13页上栏。

这里也有与《涅槃经集解》道生注中"解分"相似的"大明之分",即众生本来具有的慧解素质和能力。由于这潜在的能力,在道生提倡的大乘法平等大慧之下,自然可以推导出一切众生皆可成佛。这一点若归入众生为佛性正因的方面,自可成立。

小林正美通过以上材料论证道生的"阐提成佛说",但其立论依据是道生《法华经疏》中的观点通向《涅槃经集解》中的悉有佛性说。[1] 小林所用的"通向"一词具有特殊的含义,他认为道生《法华经疏》中众生本有佛之知见的观点并非受到《泥洹经》等涅槃学说的影响,而是受到了鸠摩罗什的影响。小林正美的理由可概括为以下两点:

其一,道生《法华经疏》中虽然多次提到"大悟之分"、"悟分"、"佛知见分"、"大明之分"等,但始终没有使用"佛性"、"如来性"、"真我"等表达方式。

其二,通过对僧叡《喻疑论》的分析,指出鸠摩罗什已使用"一切众生皆当作佛"解释《法华经》之"开佛知见",由此可见,道生对"开佛知见"的解释来自鸠摩罗什。[2]

但这两点都值得商榷。如第一点,道生《法华经疏》中虽然没有使用"佛性"等词,但道生对"佛知见"等的论述方式却是来自《涅槃经》的影响。如:

> 良由众生,本有佛知见分,但为垢障不现耳。佛为开除,
> 则得成之。[3]

---

[1] 参见小林正美:《竺道生の佛教思想》,收入氏著《六朝佛教思想の研究》,創文社 1993 年版,第 208—211 页。

[2] 参见小林正美:《竺道生の佛教思想》,收入氏著《六朝佛教思想の研究》,創文社 1993 年版,第 192—205 页。

[3] 道生:《法华经疏》卷 1,《卍续藏经》第 27 册,第 5 页上栏。

> 然众生悉有大悟之分，莫不皆是权菩萨，无时非护，复何假他方诸菩萨乎？假他方者，似化理不足，故示踊出，以表斯义。六谓六道，恒沙谓多，地谓结使。而众生悟分，在结使之下。下方空中住者，在空理也。地裂而出者，明众生而悟分，不可得蔽，必破结地。①

由此两段疏文可见，道生认为众生的"佛知见分"与"悟分"的存在都与"垢障"、"结使"紧密联系在一起，即众生的"悟分"为烦恼所覆盖，不能得出。而《法华经》中并没有将众生"佛之知见"与烦恼联系起来，经中仅强调众生具有佛之知见，应该接受大乘教法通向一乘。与此相对应，大本《涅槃经》中则经常将烦恼与佛性对立起来，以表示众生佛性的存在状态。② 如：

> 佛言，善男子，我者即是如来藏义。一切众生，悉有佛性，即是我义。如是我义，从本已来，常为无量烦恼所覆，是故众生不能得见。③

即众生由于无量烦恼的覆盖，不能得见自身本有的佛性。从道生注释的表达方式上，可以看出他确实受到了《涅槃经》的影响。至于道生为何不直接在《法华经疏》中使用"佛性"一词，这也正是道生的注释风格决定的。如前所述，道生从未在

---

① 道生：《法华经疏》卷2，《卍续藏经》第27册，第14页上栏。
② 道生《法华经疏》中对"佛知见"等的解释中受到了涅槃佛性说的影响，藤井教公亦有论及。参见藤井教公：《羅什訳の問題点》，《印度哲学仏教学》1998年通号13，第219—220页。
③ 昙无谶译：《大般涅槃经》卷7，《大正藏》第12册，第407页中栏。类似表达还有《大正藏》第12册，第411页下栏及第465页下栏。

一部经典的注疏中引用其他经典，他更重视对当下文本思想内涵的分析。

　　虽然道生在《法华经疏》中没有明确使用"佛性"概念，但他的解释模式是和佛性概念联系并等同起来的。这点在道生的同学僧叡的思想中也可以见到。如僧叡《喻疑论》中说：

　　　　今《大般泥洹经》，法显道人，远寻真本，于天竺得之。持至扬都，大集京师义学之僧，百有余人。师执本，参而译之，详而出之。此《经》云：泥洹不灭，佛有真我，一切众生，皆有佛性，皆有佛性，学得成佛。佛有真我，故圣镜特宗，而为众圣中王。泥洹永存，为应照之本，大化不泯，真本存焉。而复致疑，安于渐照，而排跋真诲；任其偏执，而自幽不救。其可如乎！此正是《法华》开佛知见。开佛知见，今始可悟。①

僧叡在法显译出六卷本《泥洹经》后，接触到涅槃佛性学说。因而，在对《般若经》、《法华经》及《泥洹经》相互关系的思考中②，僧叡得出"《般若》除其虚妄，《法华》开一究竟，《泥洹》阐其实化"③的观点。三者功能各别又依次递进，其中《泥洹经》所说佛性正可谓《法华经》之佛知见。

---

①　僧佑撰：《出三藏记集》卷5，《大正藏》第55册，第41页下栏。
②　僧叡对《般若经》与《法华经》关系的思考存在一个渐进的过程，这也正是横超慧日论证僧叡、慧叡为同一人的论据之一。参见横超慧日：《僧叡と慧叡は同人なり》，《東方学報》1942年第13册之2，后收入氏著《中国佛教の研究》第二，法藏馆1971年版，第133—135页；或古田和弘：《僧叡の研究—下—》，《佛教学セミナー》1970年第11号，第68—71页。
③　僧佑撰：《出三藏记集》卷5，《大正藏》第55册，第41页中栏至下栏。

在当时赞同拥护《法华经》与《泥洹经》的人中①，联系会
通二者之间的教义是比较正常的。

这就牵涉到小林正美的第二个理由，即鸠摩罗什对《法华经》
"开佛知见"的解释。《喻疑论》中说：

> 而亦曾问：此土先有《经》言，一切众生皆当作佛，此云
> 何？答言：《法华》开佛知见，亦可皆有为佛性。若有佛性，
> 复何为不得皆作佛耶？但此《法华》所明，明其唯有佛乘，无
> 二无三，不明一切众生皆当作佛。皆当作佛，我未见之，亦不
> 抑言无也。若得闻此正言，真是会其心府，故知闻之必深
> 信受。②

僧叡就某经所说"一切众生皆当作佛"询问鸠摩罗什，鸠摩罗什
根据《法华经》"开佛知见"来解释佛性，从而推测一切众生皆能
作佛。但鸠摩罗什非常严谨，仅明确阐述《法华经》的教义为会
三归一，没有涉及众生成佛之事。小林正美根据僧叡这段记述，认
为虽然可能存在僧叡润色之处，但应该代表了鸠摩罗什的真实看
法。然而，正如古田和弘对僧叡的研究所示，僧叡在投学鸠摩罗什
之初，对先师道安的般若学理解也存在一些回护之辞③，这当然是

① 当时亦存在诽谤诬蔑《般若经》、《法华经》及《泥洹经》者，这在《喻疑论》
　　中也可见到。另外，范泰《与生观二法师书》中也透露出当时的佛学风尚。参
　　见僧佑撰：《弘明集》卷12，《大正藏》第52册，第78页中栏。亦可参见古
　　田和弘：《中国仏教における闡提思想の受容》，《大谷学报》1972年第
　　52号（1）。
② 僧佑撰：《出三藏记集》卷5，《大正藏》第55册，第42页上栏至中栏。
③ 参见古田和弘：《僧叡の研究—上—》，《佛教学セミナー》1969年第10号；
　　《僧叡の研究—下—》，《佛教学セミナー》1970年第11号。

僧叡的尊师之举。由此尊师之举，在面对新译《泥洹经》的佛性
思想时，僧叡或许也会有所美化鸠摩罗什的观点。

　　不过，在僧叡的回忆中存在两个疑点：一是所谓此土先有之
《经》，其中言及众生皆当作佛，但根据现存记载，完全不知是何
佛经；二是鸠摩罗什推测"佛性"的一段，也很难得到证明。在
论及鸠摩罗什与佛性的关系时，或许会让人联想到《注维摩诘经》
鸠摩罗什注对"如来种"的解释：

　　　　何等为如来种。

　　　　什曰：种、根本、因缘一义耳。因上大士，随类化物，通
　　　达佛道。固知积恶众生，能发道心。能发道心，则是佛道因缘，
　　　故问佛种也。①

　　　　是故当知一切烦恼为如来种。

　　　　什曰：谓为众生，无鞅数劫，以烦恼受身，深入生死，广
　　　积善本，兼济众生，然后得成佛道，所以为种也。②

乍看此文，似乎鸠摩罗什将众生等同于如来种。而且僧肇也更加明
白地说出："尘劳众生即成佛道，更无异人之成佛，故是佛种
也。"③ 然而，如古田和弘研究所示，《注维摩诘经》鸠摩罗什及僧
肇注中"如来种"的含义并不等同于后来出现的如来藏和佛性概
念。这里的"佛种性"具有种族、家族等社会性意义，并非是指
众生成佛的能力或可能性等。联系上下文语境来看，所谓"一切
烦恼为如来种"，与其说烦恼是众生成佛之种，更应该理解为烦恼

---

① 《注维摩诘经》卷7，《大正藏》第38册，第391页中栏至下栏。
② 《注维摩诘经》卷7，《大正藏》第38册，第392页中栏。
③ 《注维摩诘经》卷7，《大正藏》第38册，第392页上栏。

是菩萨成佛之种，菩萨置身于众生烦恼之场进行修道。①

因此，认为鸠摩罗什在回答僧叡问题之时使用了"佛性"概念，并推测众生皆可成佛，这种看法值得商榷。当然，僧叡也应该不是完全没有根据地捏造鸠摩罗什的回答，只是其中肯定掺入了僧叡自己的观念。

综合以上两点，可见小林正美的论据难以成立。相反，认为道生受涅槃学说影响，从而在《法华经疏》中提出众生皆可作佛的观点更加容易令人信服。

综上所述，道生的"阐提成佛说"或许同《佛性当有论》具有直接联系。虽然学术界对于"当有"的解释存在"本有"、"始有"的差异，但若脱离这个固定的框架，或许可以认为道生主张一阐提应当具有佛性。道生应该是中国佛教史上首倡阐提可以成佛之人。在对"阐提成佛说"的说明中，大致有两条进路：一是众生为佛性，二是佛性本有。这两点都可以在道生的注疏中发现相应的表述。

第二节　善不受报义

善与恶是伦理学的根本问题，对善恶行为结果的思考，一直以来都存在于人们的生活伦理中。《周易·坤·文言》中说："积善之家，必有余庆；积不善之家，必有余殃。"这是中国传统文化中的基本的善恶报应思想。但这种朴素的理论难以解释现实社会中种

---

① 参见古田和弘：《"如来種"について》，《佛教学セミナー》1983 年第 38 号。

种为善不报、为恶反荣的不公平现象，因而东晋僧人慧远结合佛教思想，提出"三报论"以求解决这一问题。实际上，这二者共同构成了中国民众普遍的报应思想，"善有善报，恶有恶报；不是不报，时候未到；时候一到，一切都报"，这句俗语正是这种思想的体现。

与慧远同一时代，道生在法身、净土、感应及修行阶段等方面都受到慧远的影响。在善恶报应方面也不例外，不过与慧远的"三报论"不同，善发"珍怪之辞"的道生提出了"善不受报义"，对此时代问题给出了自己的思考。"善不受报义"似乎完全否定了行善作恶因果相报的伦理法则，但这种观点却也名噪一时，其中道理何在？本节即尝试在先贤研究的成果上，重新审视道生"善不受报义"伦理思想的历史语境与界限，探讨其思想价值和地位。

对道生"善不受报义"的先行研究，大致有两种代表性观点：一是汤用彤先生和廖磊硕士；二是张雪松教授。

首先，汤用彤先生认为，道生"善不受报义"具有两方面的含义：其一，凡人无人天果，只可谓有人天业，报应没有明确征验；其二，依无为理体而言，施报行为无利益功德。①

在汤先生观点的基础上，廖磊硕士作了更加深入的阐发。他认为道生"善不受报义"包含因位的"善不求报"和果位的"善不当报"两方面，这两者都是从般若空观的立场来阐述不应执着果报的观点。这是对汤先生所说"布施行"三空理论的细化。

---

① 参见汤用彤：《汉魏两晋南北朝佛教史》，《汤用彤全集》第 1 册，河北人民出版社 2000 年版，第 355—356 页。其他持类似观点的学者还有刘贵杰：《竺道生思想之研究——南北朝时代中国佛学思想之形成》，商务印书馆（台湾）1984 年版，第 92—95 页；黄云明，高颖：《试论道生的般若实相学说》，《燕山大学学报》（哲学社会科学版）2006 年第 3 期。

但值得重视的是，廖磊指出了道生所说的善的独特内涵，即道生"将世俗意义上道德层面的'善'提升到宗教层面，指出世俗的'善'只有上升到心理层面和形而上的层面，以出世间的涅槃解脱境界为'善'，也就是佛性，才能脱离六道轮回，才能真正意义上地不受尘世间的因果报应。"① 即道生笔下的"善"是"佛性之善"。言下之意，相对存在着"世俗之善"，廖磊虽没有指出，但这确实存在于道生的著述中。这种二分法使我们认识到，道生"善不受报义"中的"善"可能仅指向"世俗之善"，而"报"，汤、廖二者都认为指向世俗的因果报应。

其次，张雪松教授结合考察"善不受报义"和"顿悟成佛义"，利用道生《法华经疏》中关于"善"、"慧"的本末关系及"积善成道"的论述，认为"道生所谓'善不受报'是说人做善事，可立即成佛，成佛后自然不再受报"②。此"报"亦指世俗果报。

综上所述，在汤用彤先生之后，廖磊和张雪松分别对道生所谓"善"的性质及"善不受报义"的历史语境做了有益的考察。但以上两说孰是孰非，仍需进一步检讨，这也分别产生了新的问题，即廖磊所谓"佛性之善"的性质为何、理论依据能否成立，"佛性之善"与涅槃是否具有因果关系。而张雪松所说"善"、"慧"和"积善成道"的语境为何，是否支持其观点，这些都是本节将要探讨的问题。

---

① 廖磊：《竺道生"善不受报"思想研究——兼论佛、儒伦理思想之分殊与融通》，安徽大学硕士学位论文，2009 年。
② 张雪松：《宗教伦理是否可能？——从道生"善不受报"及印光"带业往生"谈起》，《中国人民大学—辅仁大学第三届两岸宗教学论坛论文集》，2009 年。

道生的《善不受报义》原文已佚，现仅可据道生其他著述进行推理。与此最相近的表述保存在梁宝唱的《名僧传抄》中：

> 因善伏恶，得名人天业，其实非善是受报也，事；畜生等有富乐，人中果报有贫苦，事一阐提者不具信根，虽断善，犹有佛性，事。①

汤先生由此认为，道生主张凡人无人天果，仅有人天业。但细味道生之言，可知此句是在因位上称"因善伏恶"为人天业，若在果位而论，必然是人天果，但如此行善伏恶的实质不可称为因善受报。

实际上，在道生的思想中，这种获得人天果报的善行只是"世善"，如《大般涅槃经集解》中说：

> 生曰：尚不知世善，故生天。岂知归三宝耶？②
> 未断善根者，犹以少善，生欲界天。③

结合《涅槃经》经文，可知"世善"即得生人天果报的梵行。这可以表述为"世善受报"。

另外，汤先生、廖磊等都引道生《注维摩诘经》之言"无为是表理之法，故无实功德利也"④，认为道生以般若空之立场，从理体立论，否认究竟佛果位存在世俗果报，这可以表述为"世善

---

① 宝唱撰：《名僧传抄》，《卍续藏经》第 77 册，第 360 页中栏。
② 《大般涅槃经集解》，《大正藏》第 37 册，第 419 页中栏。
③ 《大般涅槃经集解》，《大正藏》第 37 册，第 419 页中栏。
④ 《注维摩诘经》，《大正藏》第 38 册，第 357 页下栏。

不受佛果报",或"佛果不受世善报"。

然而，若是"世善受报"，这和僧肇《注维摩诘经》之言又有何差异？如下：

> 肇曰：不为福报修善，名为善净。然为物受报，报在欲界人天也。[①]

僧肇同样认为，"世善"受人天报。而在上面道生注释"无为法"之时，僧肇也持同样见解。因而，从这两种表述来看，只要道生立足般若空的立场，他的见解都和僧肇相同。另外，汤用彤先生认为，慧远从圣贤立论，似乎不同于道生从理体发轫。这也可见汤先生对此差异不敢定论。事实上，慧远论由圣贤，旨在能悟之主体，道生论自理体，旨在所悟之至理，能所又怎可相离，这种差异又何足为奇！

由此可见，若仅从般若空的立场理解道生的"善不受报义"，不可能从实质上表达出其与慧远、僧肇等人观点的差异性。那么道生"珍怪之辞"的奇异之处何在？对此，需要重新考虑廖磊所说的"佛性之善"的性质和理论依据，以及"善不受报义"与"顿悟成佛义"的关系。

所谓"佛性之善"，廖磊是从"善性者，理妙为善，反本为性也"[②] 推论而来。这句话是道生对"涅槃之相，凡有八事"[③] 之"善性"一事的注释，可见这是表达涅槃究竟境界的殊胜性质。事实上，道生使用的概念是"本善"，如他在《大般涅槃经集解》

---

① 《注维摩诘经》，《大正藏》第 38 册，第 408 页中栏。
② 《大般涅槃经集解》，《大正藏》第 37 册，第 531 页下栏。
③ 《大般涅槃经》，《大正藏》第 12 册，第 756 页下栏。

中说：

> 善是三界外法，而为恶所坏。来在生死，去家展转，是游
> 行之义。既厌苦求乐，而非本善。应得不得，是乞丐义也。①

> 三界之身，为邪见之宅，为恶所止。于其本善，为他
> 舍也。②

引文中所说"厌苦求乐"、"三界之身"等，结合注释语境来看都是指向人天果报，是"世善"的范围。因而在道生这里，"本善"与"世善"正是两个相对的概念。但"佛性之善"概念的内涵倒也明确，我们正可借此考察佛性与善的关系？是同，是异？孰本，孰末？

首先，佛性与善绝不是同。《涅槃经》中明文说道，断善并不等于断佛性，"云何一阐提断善根者？善男子，善根有二种，一者内，二者外。佛性非内非外，以是义故，佛性不断。复有两种，一者有漏，二者无漏。佛性非有漏非无漏，是故不断。复有两种，一者常，二者无常。佛性非常非无常，是故不断。若是断者则应还得，若不还得则名不断。若断已得名一阐提。"③

在上引《名僧传抄》中，道生也说，一阐提不具信根，断善，仍然有佛性。由《涅槃经》可知，一阐提不具的信根主要是对大乘经典，尤其是《涅槃经》的信仰，善也同样是指大乘善行，所以这里的善无所谓"世善"或"佛性之善"。由此可见，道生认为

---

① 《大般涅槃经集解》，《大正藏》第 37 册，第 396 页中栏。
② 《大般涅槃经集解》，《大正藏》第 37 册，第 396 页中栏。
③ 《大般涅槃经》，《大正藏》第 12 册，第 493 页下栏至第 494 页上栏。或参见释恒清：《佛性思想》，东大图书公司 1997 年版，第 31—36 页。

佛性与善不同。

另外,《注维摩诘经》中道生说:

> 生曰:念力而观为造理之初,始是制恶就善者。①

《大般涅槃经集解》中道生还说:

> 得理为善,乖理为不善。皆当其实,乃为法矣。②
> 善不善者,乖理故不善,反之则成善也。……若涅槃、解脱及断者,乖理成缚,得理则涅槃、解脱及断也。③

由上可见,所谓善乃是相应于理而产生,若与理相符则为善,否则为不善。因此可以说,理为本,善为末,与理相符之善,即是"本善"。

如前文所述,道生在《注维摩诘经》、《大般涅槃经集解》和《法华经疏》等注疏中都使用了"理","理"是他佛教思想的核心概念。道生所谓本体论意义上的"理"可以包括三种,即空、一乘以及佛性。因而,廖磊将道生的"本善"称为"佛性之善"未必完全贴切。

下面再看"善不受报义"与"顿悟成佛义"的关系。诚如张雪松教授指出的一样,《出三藏记集》及《高僧传》的"道生传"中都将二者并称,两者应有相关性。

道生在《法华经疏》中说:

---

① 《注维摩诘经》,《大正藏》第 38 册,第 386 页中栏。
② 《大般涅槃经集解》,《大正藏》第 37 册,第 532 页中栏。
③ 《大般涅槃经集解》,《大正藏》第 37 册,第 532 页下栏至第 533 页上栏。

　　　明众生于过去佛，殖诸善根。一毫一善，皆积之成道。知
　　法常无性，第一空义，明理无二极矣。佛种从缘起，佛缘理生。
　　理既无二，岂容有三，是故说一乘耳。①
　　　　本末，万善之始为末，佛慧之终为本。②

张雪松据此认为，道生"善不受报义"是指众生通过一毫之善即可顿
悟成佛，不受世俗果报。但道生此处所说"一毫一善"与"佛慧"的
具体所指为何？这可以在《法华经疏》的开头部分找到相应处：

　　　所以殊经异唱者，理岂然乎？实由苍生机感不一，启悟
　　万端。是以大圣示有分流之疏，显以参差之教。始于道树，
　　终于泥曰，凡说四种法轮：一者善净法轮，谓始说一善，乃
　　至四空，令去三途之秽，故谓之净；二者方便法轮，谓以无
　　漏道品，得二涅槃，谓之方便；三者真实法轮，谓破三之伪，
　　成一之美，谓之真实；四者无余法轮，斯则会归之谈，乃说
　　常住妙旨，谓无余也。此经以大乘为宗。大乘者，谓平等大
　　慧，始于一善，终乎极慧是也。平等者，谓理无异趣，同归
　　一极也。大慧者，就终为称耳。若统论始末者，一毫之善，
　　皆是也。③

所谓"一毫一善"，乃是道生四轮判教中第一轮"善净法轮"中的
教法，实质上正是小乘阿毗昙教法。所谓四空，是指无色界的四空
天。去三途之秽，是指三界内净化了的人天果报。疏中的"善净

---

① 道生：《法华经疏》，《卍续藏经》第 27 册，第 5 页中栏。
② 道生：《法华经疏》，《卍续藏经》第 27 册，第 4 页中栏。
③ 道生：《法华经疏》，《卍续藏经》第 27 册，第 1 页中栏至下栏。

法轮"，正属于道生所说"世善"的范畴。

由此可见，道生晚年认为，在《法华经》大乘平等的立场上，不论是何种法轮的教法，在一极之理的维度上都是平等无异的，只是理的不同表现形式而已，这些形式因应着众生参差不齐的根机。这是道生将"理"贯穿融会到"世善"中，从理的角度，平等地包容了昔日的"世善"之教。这也决定了"理"在所有方面具有最根本的地位。

那么，是否就可由此而说，"世善"可以无条件地导致究竟的佛果呢？未必如此。如上引文，在过去佛前所殖一毫一善，之所以能够积之成道，乃是由于后面一句，要在明白无常空、一乘之理的基础上。反过来说，如果不能得理、解理，那么世善仍只受人天报，永无得佛之理。①

那么，是否可以说，得理之后或与理相符的"世善"可以导致究竟佛果呢？答案仍是否定的。因为，根据道生的"顿悟成佛义"，"夫真理自然，悟亦冥符。真则无差，悟岂容易。不易之体，为湛然常照"②，即理不可分，悟亦不容变易，理智冥符，顿悟成佛。既然解理之时，已经顿悟成佛，那得理之后与理相符的善又岂是佛果之因，善只是理的抽象的附属性质，若将其付诸实践，则又落至慧解之后了。

正如道生在《大般涅槃经集解》中所说，慧解才是佛果之因，如下：

---

① 如道生说，"藉以读诵之善，或受人天，而计之为福，横之一"。这正可说明，道生认为没有慧解的读诵佛经行为，最多受生人天福报。这是凡夫不知如来正法——佛性佛乘，而横取佛理的一种表现。参见《大般涅槃经集解》，《大正藏》第 37 册，第 418 页中栏。

② 《大般涅槃经集解》，《大正藏》第 37 册，第 377 页中栏。

因因者即是智慧。

案：道生曰：智解十二因缘，是因佛性也。今分为二：以理由解得，从理故成佛果，理为佛因也；解既得理，解为理因，是谓因之因也。

……

果果者即是无上大般涅槃。

案：道生曰：成佛得大涅槃，是佛性也。今亦分为二：成佛从理，而至是果也；既成得大涅槃，义在于后，是谓果之果也。①

虽行善有慧，若未解常住，法牙未生也。②

由此可见，道生认为解为理因，理为佛因，只有慧解佛性常住之理才是成佛之因，其中并不涉及善恶受报的问题。因而，所谓"一毫一善，积之成道"，或许将其理解为道生从究竟理体的立场，平等地包容三乘教法的态度更为合理。

综上所述，道生的"善不受报义"应该具有两方面的含义。

第一，由《名僧传抄》的记载来看，"善不受报义"主要是指凡人修持"世善"获得人天果报，这在世俗伦理的范围，但道生认为这种人天果报不能成为究竟的受报。在此语境中，"善"指"世善"，"报"指究竟果报、佛果，"善不受报"即指究竟位时没有世俗果报。但这一层次主要是以般若空观为理论依据，在这点上，道生与慧远、僧肇没有本质差别。

第二，结合"顿悟成佛义"来看，与理相应的"本善"也不能导致佛果报。因为佛性等"理"与"善"不同质，理为本体，

① 《大般涅槃经集解》，《大正藏》第 37 册，第 547 页下栏。
② 《大般涅槃经集解》，《大正藏》第 37 册，第 390 页下栏。

善为附属，从理得佛是因为智慧顿悟了佛性之理，因而慧解是成佛涅槃之因，和善恶无直接关系。在此语境中，"善"是"本善"，顺理之善，"报"仍是究竟佛果。在与"顿悟成佛义"关联的层次上，道生的"善不受报义"才表现出了独特的理论构造。

道生的"善不受报义"与"顿悟成佛义"紧密相关，重视慧解的根本性，这也与道生的佛教修行观直接相关。据传记记载，道生"常以为入道之要，慧解为本"[1]，这种重视智识发展的态度，与庐山慧远重视禅修的宗教实践不同，在当时也造成了一定的影响。如当时名士谢灵运，永初三年（422）出为永嘉太守。吴郡内史孟𫖮事佛精勤，谢灵运对他说："得道应须慧业，丈人生天当在灵运前，成佛必在灵运后。"[2] 正是说孟𫖮虽然多行善事，但最多不过获得人天果报，而自己慧业优异，借此必可成佛。这可以说是道生"善不受报义"的完美注脚。

从社会思想背景来看，道生彻悟言外的"顿悟成佛义"与当时玄学得意忘象的思想有着深层的理论联系，这种联系也贯穿到了"善不受报义"中，由此也使得他的这些观点在当时部分名士和僧侣精英中产生了精神共鸣。

第三节　道生佛性说的其他方面

对于道生的佛性说，汤用彤将其归纳为四个方面：实相无相、

---

① 僧祐撰：《出三藏记集》，《大正藏》第 55 册，第 110 页下栏。
② 参见沈约撰：《谢灵运传》，《宋书》卷 67，中华书局 1974 年版，第 1775—1776 页。

涅槃生死不二、佛性本有以及佛性非神明。① 涅槃生死不二的方面
在前面顿悟说中已经有所说明，兹不赘述。在此仅略论其他三点。

　　道生佛性说的实相无相，即是对佛性、法身以及法的关系的解
释。对此，木村宣彰在研究道生法身思想时也有所阐明。② 从实相
之理的角度来说，佛性、法身与法并无差别。如道生在《涅槃经
集解》屡屡说道：

　　　　法者，无复非法之义也。性者，真极无变之义也，即真而
　　无变，岂有灭耶。今言灭是法性，盖无所灭耳。③
　　　　向云灭是法性，似若丈六犹存。丈六若实，故是非法中出
　　也。法性无有非法，何有丈六哉！身与法性，不可得并。而有
　　身，所未了也。④
　　　　体法为佛，法即佛矣。⑤
　　　　夫体法者，冥合自然。一切诸佛，莫不皆然，所以法为佛
　　性也。⑥

即法性无所灭，真极不变。体得此真极不变之理，与自然冥合，也
就是佛的境界。因而法与法性就是佛性。另外，道生虽然明白不二
法门之理，但如之前阐明法身思想一样，他更加强调佛法身的真实

---

① 参见汤用彤：《汉魏两晋南北朝佛教史》，《汤用彤全集》第 1 册，河北人民出版
　社 2000 年版，第 473—479 页。
② 参见木村宣彰：《竺道生の法身説》，《大谷学報》1989 年第 69 期第 3 号，后收
　入氏著《中国仏教思想研究》，法藏馆 2009 年版，第 137—141 页。
③ 《大般涅槃经集解》卷 9，《大正藏》第 37 册，第 419 页下栏。
④ 《大般涅槃经集解》卷 9，《大正藏》第 37 册，第 419 页下栏。
⑤ 《大般涅槃经集解》卷 54，《大正藏》第 37 册，第 549 页上栏。
⑥ 《大般涅槃经集解》卷 54，《大正藏》第 37 册，第 549 页上栏至中栏。

性，而贬低应化之丈六佛身。所以丈六佛身与法性不可并存，只有法性为真实。而法性即真法身，这也正是鸠摩罗什与慧远都共同承认的一点。

另外，道生在《注维摩诘经》及《法华经疏》中都曾提及诸法实相之理。如：

> 生曰：以体法为佛，不可离法有佛也。若不离法有佛，佛是法也。然则佛亦法矣。[①]
> 法者，无非法义也。无非法义者，即无相实也。[②]
> 知法常无性，第一空义。[③]

体得诸法实相就可成佛，诸法实相是无相无性之实，第一空义。这不仅是般若学的教义，同样也贯穿在《涅槃经》中。藤井教公在研究《涅槃经》中"我"的思想时，将《涅槃经》分为前后两部分，即南本《涅槃经》前十卷到"一切大众所问品"（相当于六卷本《泥洹经》和北本之前十卷部分），和之后"现病品"到卷三十六"憍陈如品"为止，认为其中对"我"的说法存在明显差异。前一部分主要通过四颠倒来强调"我"为如来藏，具有常住不变之性，是主体和根据，是脱离有我、无我二边的中道。后一部分则更加重视"常乐我净"四德的整体性，对于"我"的单独论述较为薄弱，并且开始与空的思想结合，强调第一义空和中道之理，也分别论述了"我"、"无我"以及"中道"。这是对前一部分过分讲"我"的一种修正。另外，也增加了对外道"我"的否定，这

---

① 《注维摩诘经》卷 8，《大正藏》第 38 册，第 398 页中栏。
② 《注维摩诘经》卷 2，《大正藏》第 38 册，第 343 页上栏。
③ 道生：《法华经疏》卷 1，《卍续藏经》第 27 册，第 5 页中栏。

也可以看作对四德的重视。①

　　相应于《涅槃经》内容的变化，道生的注释也有了对佛性与第一义空的论述。如"师子吼品"注中：

　　　　善男子，佛性者名第一义空。

　　　　道生曰：答问佛性体也。要当先见不空，然后见空，乃第一义。第一义空，已有不空矣。佛始见之，故唯佛是佛性也。十住菩萨，亦得名见。下至大乘学者，又得名焉。所以举第一义空为佛性者，良以义类是同，而该下学，用进后徒。不拘常义，而无非是，必可以答无畏问也。②

　　道生也认识到前一部分说佛性之常的方面，所以在此说要"不拘常义"，常与无常，无非都是第一义空，这正是佛性之体。或许道生对大本《涅槃经》的理解也反过来影响了他对《维摩诘经》与《法华经》的注释，但这只是思想层面的会通，并无明文引用。

　　在对《涅槃经》"我"的分析基础上，藤井教公也对道生的佛性说进行了研究。藤井在吉藏等人"本有始有"的框架内，主张《涅槃经集解》道生注中既有"本有"说，也有"始有"说。藤井教公的立论根据是道生对佛因与佛果的分别说明，他认为佛因即本有，佛果即始有。③ 但这种区分值得商榷。

　　诚然，道生注释《维摩诘经》之"如来种"及《法华经》之"佛种性"时，表现出不同的倾向。如《注维摩诘经·佛道品》中：

----

① 参见藤井教公：《〈涅槃経〉における"我"》，《仏教学》1983 年通号 16。
② 《大般涅槃経集解》卷 54，《大正藏》第 37 册，第 544 页上栏。
③ 参见藤井教公：《中国仏教における仏性解釈の種々相——道生と法雲を中心に》，《印度哲学仏教学》2010 年第 25 号。

　　　　生曰：如来种，是拟谷种为言也。向以示众恶为佛，今明
　　　　实恶为种，故次反问焉。①

在此，道生用"谷种"比喻如来种，实际上暗示出一切烦恼乃至
众恶为成佛之因的意思。这和前述鸠摩罗什及僧肇的解释表现出不
同的倾向。而在《法华经·方便品》疏中，道生说：

　　　　佛种从缘起，佛缘理生。理既无二，岂容有三。是故说一
　　　　乘耳。②

藤井教公又结合以下《涅槃经集解》道生注进行分析：

　　　　道生曰：智解十二因缘，是因佛性也。今分为二：以理由
　　　　解得，从理故成佛果，理为佛因也；解既得理，解为理因，是
　　　　谓因之因也。③
　　　　道生曰：成佛得大涅槃，是佛性也。今亦分为二：成佛从
　　　　理，而至是果也；既成得大涅槃，义在于后，是谓果之果也。④

在对佛性的四种因果分析中，藤井教公认为理为因佛性，解为因
因，佛为果，大涅槃为果果。因而《法华经疏》中"佛种"即佛
性，"佛缘理生"中"佛"是指"佛果"。道生又说"成佛得大涅
槃"就是佛性，所以道生认为佛性即佛果。再结合道生《法华经

---

① 《注维摩诘经》卷7，《大正藏》第38册，第391页下栏。
② 道生：《法华经疏》卷1，《卍续藏经》第27册，第5页中栏。
③ 《大般涅槃经集解》卷54，《大正藏》第37册，第547页下栏。
④ 《大般涅槃经集解》卷54，《大正藏》第37册，第547页下栏。

疏》"一切众生，莫不是佛，亦皆泥洹"① 的表述，则道生佛性说
的结构可表述为：佛种＝佛性＝佛＝佛果＝一切众生。因而，藤井
教公认为，道生的佛性说并非如汤用彤所言完全是"本有说"。从
佛性＝佛果的角度来看，正等同于慧均所说道生以"当果"为佛性
的观点，所以藤井认为道生也主张"始有说"。

　　藤井此说看似具有一定道理，因为道生确实说"佛性必生于
诸佛"②，佛性与佛果具有直接联系。但道生还说：

　　　　佛性是种生义，故是因非果也。……道生曰，涅槃是究竟
　　义故，唯果而非因也。③

即佛性从根本角度上仍是从成佛之因的角度上说，成佛之后，相对
于佛果而称前因为佛因或佛性，所以众生本有佛性正是从成佛之因
的角度上来说。

　　另外，慧均说道生以当果为佛性，未必和道生原意相同。如
《大乘四论玄义》中说：

　　　　一、道生法师执云：当有为佛性体。法师意，一切众生即
　　云无有佛性，而当必净悟。悟时离四句百非，非三世摄。而约
　　未悟众生，望四句百非，为当果也。④

这是慧均脱离道生的众生本有佛性说后，纯粹以当来佛果解说道生

_____

① 　道生：《法华经疏》卷 2，《卍续藏经》第 27 册，第 13 页上栏。
② 　《大般涅槃经集解》卷 18，《大正藏》第 37 册，第 448 页中栏。
③ 　《大般涅槃经集解》卷 54，《大正藏》第 37 册，第 548 页上栏。
④ 　慧均：《大乘四论玄义》卷 7，《卍续藏经》第 46 册，第 601 页上栏。

的观点，实在有失偏颇。慧均的"当有"说意味着众生当下不具有佛性。但由上述可见，道生是在众生本有佛性的基础上而谈论佛果，与慧均有着根本差别。藤井教公没有深入分析慧均"当有"说的根据，仅以当果亦存在于道生佛性说中，便谓道生同时主张"本有始有"，也有所不当。总体来看，汤用彤的观点是恰当的。

　　另外，对于道生佛性思想与神明的关系，汤用彤根据《注维摩诘经》道生注中否认生死之我的说法，认为道生将佛性与神明截然区分开来。但如我们之前所说，道生又有"受报之主"① 的概念。道生所说"受报之主"虽然是指获得无生法忍菩萨修行的因缘果报，并非世间众生，然而这与承受报应的神明观毕竟存在相关之处。这也是道生同学僧叡的问题，僧叡在《喻疑论》中追述，"每至苦问：佛之真主，亦复虚妄，积功累德，谁为不惑之本？或时有言，佛若虚妄，谁为真者？若是虚妄，积功累德，谁为其主"②，也表明僧叡及当时佛教信徒都对于佛果报承受者存有疑问。这是神明观与般若学毕竟空观之间的矛盾。一旦接触到涅槃佛性说之后，僧叡认为，"虽未见其经证，明评量意，便为不乖"③，即《泥洹经》中虽然只言及佛身常住众生佛性，并未提及佛为功德果报真实的承受者，但以文意推测，应该就是指佛之真主承受功德而常存。可见，僧叡是根据已有的神明观框架，解释了《泥洹经》的法身常住涅槃佛性思想。对此，恐怕道生也未能完全脱离开来。这也正是中国佛教徒在般若学向涅槃学转换过程时面临的一个问题，一旦有异于般若空观思想的出现，他们便情不自禁地会将之前的神明观与佛性说关联起来。由吉藏对南北朝众多佛性说的记载，

---

① 《注维摩诘经》卷 10，《大正藏》第 38 册，第 416 页下栏。
② 僧佑撰：《出三藏记集》卷 5，《大正藏》第 55 册，第 42 页上栏。
③ 僧佑撰：《出三藏记集》卷 5，《大正藏》第 55 册，第 42 页上栏。

亦可看出当时佛性思想的神明色彩。①

综上所述，道生的佛性观可以说贯通了般若学与涅槃学的思想，既通过诸法实相与不二法门论述生死涅槃的平等性，又以众生本有佛性为基础延伸至佛果的阐明。但道生或许同当时佛教界对佛性法身的理解一样，仍有将佛性法身与神明业报思想关联起来的倾向。

---

① 参见古田和弘：《中国仏教における仏性思想の一側面》，《佛教学セミナー》1979 年第 30 号。

从法身到佛性的思想演变——
道生与慧远的思想接点

　　本书集中分析了庐山慧远的法身观与道生的法身佛性思想。虽然学术界对二者都有分别的专题研究，但并未充分考虑到他们佛学思想上的联系与差异。本书对此进行了初步的尝试研究。从法身到佛性的思想演变，既是慧远与道生个体思想的联系和发展，也是中国佛教史上般若学向涅槃学转换的最初一环。在其后真空妙有①的转向中，虽然存在多种不同的径路②，但在慧远和道生的时代已开其滥觞。

　　由于兼修大小乘不同佛教经典，慧远的佛教思想表现出融会贯

---

① 真空妙有的说法直至唐代灌顶才开始出现，但目前学术界一般用此概称般若学向涅槃学的转向。参见木村清孝：《真空妙有論の形成と展開》，收入江島惠教博士追悼集刊行会编：《江島惠教博士追悼記念論集——空と実在》，春秋社2001年版，第257—272页。

② 参见张雪松：《浅析晋宋之际般若学向涅槃学发展的多元化径路》，载《锲而不舍金石可镂：方立天教授从教50周年学术研讨会文集》（上），2010年，第248—268页。

通的性质。在《大乘大义章》中，通过他对法身的思考，可以明显看出大小乘混合的状态，这与鸠摩罗什坚定立足于大乘般若中观学完全不同。面对慧远在法身等问题上的犹豫和困惑，鸠摩罗什不得不屡次阐释大小乘的截然差别，然后再说明自己的大乘法身学说。慧远在会通大小乘教法的意图下，对法身与色身的关系产生了疑惑，这也直接导致其对于法身的本质、存在方式、相好、感应以及佛教修行阶段的诸多困惑和思考。另外，慧远是坚定的佛教禅修者，念佛三昧的实践，使他思考各种问题时始终持有对法身的关注和追求。慧远最初区分了法身的两种状态——法身独处与应化众生的应化身，并表现出了对后者的强烈关注，这是他追求修行者与佛教理想存在主体之间沟通交流的需要。慧远认为，通过念佛三昧的定中见佛，众生才有获得救赎的可能性。虽然，随着与鸠摩罗什及僧肇等的交流，他的法身观产生了变化和发展，但他寻求法身感应的意图从未改变。他的法身感应思想，表现出强调众生能动性的独善其身的倾向，这与大乘佛教所说慈悲的普遍客观性产生了不可调和的矛盾，也为感应思想留下了进一步发展的余地。

在坚定的实践立场上，由于当时《般若经》、《法华经》等大乘内部经典的教义差别，慧远也注意到了修行阶段论的问题。对七住、十住菩萨等特殊阶段的重视，表现出慧远修行实践的特征；对阿罗汉闻佛说法即可成佛的疑惑，表现出他对修行阶段必要性的怀疑。综合起来，这些构成了慧远顿渐不定的复杂的修行阶段论。

庐山慧远在法身、感应以及修行阶段论等方面的问题意识，都对道生的佛教思想产生了影响。可以说，这些问题是晋宋之际中国佛教面临的时代问题，是中国佛教徒在新旧佛学经典熏陶下，通过佛教践行和理论思考而产生的。

在道生的佛学经历中，庐山修学是极其重要的一环。他在庐山修学七年之后，又就学于长安鸠摩罗什门下。在这一过程中，他亲身经历了慧远的佛学思考以及鸠摩罗什般若思想的刺激。因而在法身等问题上，可以说他既继承了慧远的问题意识，又结合了鸠摩罗什的般若学，从而提出了自己的解决办法。在法身与色法的关系上，道生虽然表现出般若学涅槃生死不二的观点，但他更加重视佛真法身的存在，贬低乃至否定应化之丈六佛身的状态。这点与慧远最为重视佛应化身的立场截然相反。

关于净土的思考，道生应该也受到了庐山慧远等人念佛结社祈求弥陀净土的影响。在"佛无净土"的观点中，道生为了表现佛法身的纯粹性，认为佛无净土，众生有土，因为土之秽净与惑之存否具有直接的联系。道生把重点放在与法身相对的众生身上，即众生由惑转净，其国土也同时就由秽转净。又在无秽之净的意义上，道生提出自己的"佛无净土说"。在此，道生虽然表现出对众生的重视，但也和慧远的立场不同。慧远强调众生的修行之诚，道生重视众生的祛惑之智。秽—有—惑—众生、净—无—解—佛的形式，表达了道生根本的理论构造。这种差异是由慧远和道生不同的佛学立场决定的。慧远重视佛教禅修的实践，在道安门下就已表现出念佛实践的态度，这贯穿了慧远一生的佛学经历。道生则提倡学佛当以慧解为本，力求得意忘言，追求不同佛教思想之下的真理。可以看出，这和道生的顿悟成佛说具有明显的联系。

道生的"善不受报义"也和其"顿悟成佛义"紧密相关。这种善恶报应思想有别于慧远的"三报论"。与伦理性的善恶行为及其果报相比，道生重视智识上的慧解，认为只有慧解可以成佛解脱，"世善"与"本善"都不能获得成佛的果报。

在顿悟思想上，道生摆脱了慧远顿渐不定的复杂性，极力提倡顿悟成佛的观点。顿悟成佛说可以表述为，以能观之照冥符以空、一乘及佛性为思想内涵的不分之理，其过程中不存在烦恼的断除问题，但顿悟成佛的终极结果中烦恼自然性地断尽无余。在道生顿悟说的思想中，不分之理具有绝对核心的地位。当以空为理时，空是客观性的真理，只有诸佛才能完全观照毕竟空的诸法实相，空对于三乘众生来说有着浅深不同的理解。当以一乘为理时，又对应着三乘方便的教法，这是佛陀因应众生根机而作的"言说"。众生根机不一，所以在"言说"教化的层次上必须涉及渐悟。所以，空与一乘之理都将涉及众生根机差异的问题。差别的根机同顿悟说存在必然的理论矛盾。若以佛性为理时，佛性既有客观性真理的属性，也包含"自性清净心"等心识的主观属性。虽然，只有诸佛可以平等观见佛性的始终，但众生佛性作为佛性之始，也就同佛直接联系起来。众生见佛性就可顿悟成佛。所以，只有在以佛性论作为顿悟成佛义的理论基础时，才可以完美地解决众生根机差别与顿悟成佛说的理论矛盾。当道生以得意忘言的思考方法解决佛教修行阶段论问题时，已经全然没有了慧远由于修行实践和大乘教法不同而产生的疑惑。这也是两人佛教修学立场的不同所决定的。

同理，在道生的感应思想中也是如此。道生曾使用众生根机作为上感佛化的根据。但众生根机有大小、熟不熟之别，所以众生根机"扣圣"得到应化的普遍绝对性难以保证。只有在悉有佛性论的基础上，不分根机的或大或小，众生都可以被诸佛平等无差有始有终地观见其佛性的所在。如此一来，诸佛与众生的慈悲感应也就契合无间。慧远的感应论所面对的独善问题自然得以解决。

所以，综合道生的顿悟成佛与感应思想来看，其理论依据的历史发展与逻辑基础都应该落在本有佛性说之上。而道生首倡的阐提成佛说与佛性当有论，都诠释着众生本有佛性的内涵。这也可以在道生的注疏中得到证明。但道生的佛性说同神明业报思想又有着一丝的相关性。

总而言之，在庐山慧远和道生的思想发展过程中，法身与佛性占据主要的地位。道生追求智识层面上对佛教真理的完全理解，与慧远作为宗教实践家的基本立场完全不同。因而，两人在对法身、佛性、顿悟、感应等的思考中表现出不同的意趣。法身代表着佛教修行者的理想存在，佛性作为佛教修行的根据，顿悟和感应是此二者之间产生关系的方式和途径。在慧远的立场，他期待在念佛三昧的修行中定中见佛并与佛的变化身获得感应，从而断除世间烦恼；在道生的立场，他基于佛性本有论追求智慧的解脱，希望能照之智与所观之理契合无间，从而顿悟成佛。对涅槃佛性学说的吸收和理解，为道生解决佛教的修行根据与修行阶段问题提供了最终的理论依据。这体现了历史与逻辑发展的必然性。这种相继展开的法身与佛性的问题意识，体现了中国佛教史上般若学到涅槃学的最初转向。

所谓般若学到涅槃学的转向，可以界定为自六卷《泥洹经》（418）译出以来，中国佛教界的理论兴趣和关注重点从之前的般若学性空之说转向涅槃学法身佛性思想。庐山慧远和道生，分别抱有法身和法身佛性的问题意识，他们面向迎面走来的涅槃学，由将迎其运到开其滥觞，踏出了中国佛教史上这一历史转向的第一步。

从法身到佛性的转向也契合了《涅槃经》的主题。《涅槃经》在探讨涅槃的真实意义时，追问将入涅槃的释尊的本性，说明无上大般涅槃的三德，由此指出如来法身常住不变的本旨，这就是如来性。如来性的根据是释尊在菩提树下所得的正法，成道而如实证到的真如就是如来之性。在此之上，佛生身与法身具有平等的性质。同理，在众生的生死身中追求其不变的本性也就是佛性。由于佛性的存在，生死涅槃平等一如。① 所以，《涅槃经》文本自身的发展过程，也正契合了慧远和道生思想的发展轨迹。

佛教经典之间的思想差异，是此时中国佛教般若学到涅槃学转向的经典基础。但般若学与涅槃学并非完全扞格不融。在涅槃学的思想发展中，第一义空至少是佛性的内涵之一。那么般若学为什么会转向涅槃学？般若学有何短，涅槃学有何长？经典教义之间的是非短长何以会在中国社会思想中表现出不同的遭遇？当然，答案必须在中国社会和思想中寻找。

广而言之，般若性空之说虽然和魏晋玄学有相似之处，也利于人们祛除执着，但涅槃佛性之论更契合中国传统思想中的心性论。从先秦以来，中国先哲就对人的心性问题表达出各种观点：性善、性恶或性无善无不善；西汉以来，性三品、性善恶混等也相继提出，心性论得到进一步发展。对人的内在心性的不断追问和阐释，表现了中国思想家对人之可以成人乃至成圣问题的关注，这一点，可与《涅槃经》中的佛性概念暗通款曲。而不论性善还是性恶，"人皆可以为尧舜"、"涂之人可以为禹"等圣人可致的中国传统理念，更是可以和《涅槃经》的"众生悉有佛性"论比拟互通。这些应该是《涅槃经》更受中国人喜爱和推崇的广大的社会背景和思想环境。

具体来说，在晋宋之际的中国佛教界，般若性空思想也难以完全契合佛教徒的信仰和实践需求。般若学虽然主张不二法门，但终究过于强调诸法性空之理。慧远等人在佛教信仰及其践行的过程中，一直关注佛的法身与自身的相互关系，希望在此关联中获得拯

① 参见古田和弘：《大般涅槃经における釈尊観》，载日本佛教学会编：《釈尊観》，平乐寺书店 1985 年版，第 457—464 页。

救。在这救赎之路上，修行的努力和功德对于每个人都非常重要，那么功德的主体是实是虚，是有是无，就和修行的最终理想密切相关。这对慧远和僧叡等人的佛教修行与信仰来说，是最迫切最紧密的问题。但般若学的性空之说显然难以满足他们的宗教渴望。从历史发展来看，般若空宗之说也受到后出如来藏经典的严厉批判①，而《涅槃经》中法身佛性思想的传译，显然为慧远、僧叡、道生等人的信仰困惑提供了新的经典理论和解惑之道，这也促进了涅槃学本身的逐渐展开。

从慧远到道生的思想演变中，可以看出，其中的很多思想要素都在后来真空妙有的思想转向中得到确定、阐述和发展。这是他们的佛教思想的历史意义所在。由于两人佛学立场的差异，他们思想中的理论因素在中国佛教的发展中也有同有异。

比如，在慧远那里，"神"的观念既有神明业报思想的方面，也有佛教法身的特性。这种复杂的"神"的思想，为《涅槃经》传入之后，中国学者对法身、神、佛性关系的探讨提供了最初的理论依据。如与庐山慧远交往密切的宗炳，就继承了慧远混合复杂的"神"的思想。在刘宋初年神灭神不灭的论争中，宗炳创作《明佛论》，明确表达了神不灭的思想：

> 然群生之神，其极虽齐，而随缘迁流，成粗妙之识，而与

---

① 如求那跋陀罗译《大法鼓经》卷2："佛告迦叶：一切空经是有余说，唯有此经是无上说，非有余说。……若有众生懈怠犯戒，不勤修习，舍如来藏常住妙典，好乐修学种种空经，或随句字说，或增异句字。所以者何？彼如是言，'一切佛经皆说无我'。而彼不知空无我义，彼无慧人趣向灭尽。然空无我说亦是佛语。所以者何？无量尘垢诸烦恼藏常空涅槃，如是涅槃是一；彼常住安乐是佛所得大般涅槃。"（《大正藏》第9册，第296页中栏）这里就表现出对般若空学的批判和融摄。

> 本不灭矣。今虽舜生于瞽，舜之神也，必非瞽之所生。则商均
> 之神，又非舜之所育。生育之前，素有粗妙矣。既本立于未生
> 之先，则知不灭于既死之后矣。①

即众生神识本然具有，于生死轮回中而不灭。另外，宗炳还说明了
神与法身的关系：

> 　　神非形之所作，意有精粗，感而得形随之。精神极则超形
> 独存，无形而神存，法身常住之谓也。②

这里宗炳将神直接等同于法身。当然，这时的神是精极而灵者，超
越形迹独自存在，这正是慧远所认为的独处于玄廓之境的真法身。
由此可见，在宗炳对法身和神的理解中，普通人的神与佛法身仅仅
存在精粗之别，几乎可以等同起来。这和慧远的"神"概念相较
之下，更为整齐划一。这正是宗炳受涅槃佛性学说影响而提出的新
的神不灭论。所以，宗炳的"神"概念既是生死轮回的神明，又
是佛性，还是终极的法身。③

　　而在另一方面，道生等人对于佛性的理解也具有神明业报的色
彩，如其所说"非无受报之主"即指菩萨的法身，这和僧叡追问
佛之真主功德的立场相同。虽然《涅槃经》中没有论及佛与菩萨
的业报，只是说法身的常住之理，但在僧叡的表达中却是"佛有

---

① 僧佑撰：《弘明集》卷 2，《大正藏》第 52 册，第 10 页上栏。
② 僧佑撰：《弘明集》卷 3，《大正藏》第 52 册，第 21 页上栏。
③ 参见方立天：《中国佛教哲学要义》（上下卷），中国人民大学出版社 2002 年
　　版，第 126 页；或谷川理宣：《宗炳における"仏"の理解》，载日本佛教学会
　　编：《释尊観》，平乐寺书店 1985 年版，第 173—187 页。

真业"①，这明显具有以神明业报思想解说法身的色彩。由此可见，在法身与神的关系上，道生、僧叡亦未能完全脱离当时社会思想的影响。

而道生由于接触到涅槃佛性之说，所以他的佛性论也就在后来涅槃学发展中占有更加重要的地位。如正文所说，道生在注释《维摩诘经》时提出了"佛性我"和"受报之主"的概念；另外，在注释《涅槃经》中佛性之因、因因、果以及果果时，道生提出：

> 智解十二因缘，是因佛性也。今分为二，以理由解得，从理故成佛果，理为佛因也。解既得理，解为理因。是谓因之因也。②

即十二因缘之理为佛因；智慧的解悟又是理的因，即所谓佛因之因。但这二者都是因佛性。并且在佛性本有说的意义上，佛性的根本内涵就是成佛之因，佛果只是相对于佛因或佛性而说，并不等同于作为因义的佛性。由此可见，道生的佛性论既包括理境的方面，也含有从众生主体方面把握佛性的意蕴。在此，道生只是对《涅槃经》随文疏释，并没有分离主体与理境的倾向。并且，在道生的"顿悟成佛义"中，理智冥符的立场也不容许他对二者作分离的解释。所以，道生的佛性论综合了理境与主体两个方面，若要得理成佛，就要依助于理智冥符的顿悟说。

吉藏在评判南北朝十一家正因佛性说时，将这些观点归纳为三类：假实、心、理。③ 吕澂又进一步概括为心与境两个方面，心代

---

① 僧佑撰：《出三藏记集》卷5，《大正藏》第55册，第42页上栏。
② 《大般涅槃经集解》卷54，《大正藏》第37册，第547页下栏。
③ 参见吉藏：《大乘玄论》卷3，《大正藏》第45册，第35页中栏至第36页上栏。

表着能观之主体，境代表着所观的真理。① 由此可见，此后中国的佛性论就在道生思想的基本结构上继续发展和深化。

另外，可将道生的佛性论图示如下：

由此可见，道生的佛性论分为三个方面：受报之主体、理以及智慧。在这个结构中，般若性空与佛性真我对等会通于理，智慧发挥观照理境的作用，佛性又是功德的主体。通过理的中介，般若学与涅槃学的核心观念开始架构起来。

但在受报主体方面，与鸠摩罗什的观点对比，道生的结构中未能涉及生死轮回业报的方面，从而生死轮回业报的主体也未体现在道生的思想中，更毋庸说将此主体作为佛性甚至本体了。因而，在道生这里，善恶功德是二分的，善恶功德之主也是二分的，这可以说是净心和染心的分离，并且净心是其理论的中心。实际上，这种现象也变相体现在后来地、摄两派关于真净缘起和杂染缘起的争论中，地、摄二派在表面真净杂染之争的背后，都在最终追求一个真常净识。为什么会产生这种现象呢？实际上，这是因为自《涅槃经》译出以来，佛性妙有的一面受到了过多的推崇和重视。那么，如何才能完满地统合善恶净染的两个方面呢？这就必须重新借鉴般若学诸法实相的不二法门，般若学和涅槃学的关系需要重新反思和整合。可以说，在天台思想中完成了这一历史任务。

①　参见吕澂：《中国佛学源流略讲》，中华书局 2006 年版，第 119—122 页。

天台智顗把佛性开为三因与三德，又将其和三轨、三谛结合起来，在实相思想的基础上，使佛性在因与果、本与当、性与修、隐与显等方面达到了圆融统一，得出了"佛性即实相"的结论，从而为"一切众生皆有佛性"的观点作了理论论证。同样，以"性具实相"论为基点，由于实相本具善恶，所以佛性也本具善恶，"性具善恶"论也得以成立。这二者都强调了众生和佛在本性上的完全平等。而众生要修行成佛，关键又在于众生的"一念无明法性心"上，此"一念心"同时具备如来藏理和如来藏智，境智不二，具于一心，所以主体之"心"在佛教实践修行中占有根本地位。① 不同于地、摄论者的染净"性起"论，智顗提出"性具"论的佛性论模式。"性具善恶"论实际上也从本体上很好地统摄了生死和涅槃两面之心的所有善恶业报问题，般若学和涅槃学的理论建构和融合也达到了新的平衡。

综上所述，通过晋宋之际庐山慧远和道生之间从法身到佛性的思想演变，般若学到涅槃学转向的大幕已经拉开，但远未结束。从晋宋之际到隋唐佛教，般若学到涅槃学的时代转向逐步深化，般若学和涅槃学之间，从对抗、转向走向包容和涵摄。通过和般若学的互动、与其他经论的交涉，涅槃学自身的理论建构日益深化和趋向完整。② 般若学和涅槃学两大思潮也在时代转向和理论反思中，一步一步走向平衡，共同构筑了此后的中国佛教思想史。

---

① 参见李四龙：《天台智顗的如来藏思想述评》，《中国哲学史》2004 年第 4 期；张风雷：《佛性论在中国佛教天台宗早期思想中的开展》，载张风雷等主编：《如来藏佛性思想在东亚的接受与嬗变》，宗教文化出版社 2013 年版，第 117—146 页。
② 参见史经鹏：《中国南北朝涅槃学基础研究》，上海师范大学 2012 年博士后出站报告。

参考文献

一、佛教经论及古典文献资料

《拔陂菩萨经》，失译，《大正藏》第 13 册。

（东汉）支娄迦谶译：《般舟三昧经》（一卷本），《大正藏》第 13 册。

（东汉）支娄迦谶译：《般舟三昧经》（三卷本），《大正藏》第 13 册。

（东汉）支娄迦谶译：《道行般若经》，《大正藏》第 8 册。

（吴）康僧会译：《六度集经》，《大正藏》第 3 册。

（西晋）无罗叉译：《放光般若经》，《大正藏》第 8 册。

（西晋）竺法护译：《光赞般若经》，《大正藏》第 8 册。

（西晋）竺法护译：《正法华经》，《大正藏》第 25 册。

（东晋）僧伽提婆译：《增一阿含经》，《大正藏》第 2 册。

（东晋）僧伽提婆著，慧远译：《阿毗昙心论》，《大正藏》第 28 册。

（秦）竺佛念译：《出曜经》，《大正藏》第 4 册。

（秦）竺佛念译：《十住断结经》，《大正藏》第 10 册。

（秦）鸠摩罗什译：《大智度论》，《大正藏》第 25 册。

（秦）鸠摩罗什译：《妙法莲华经》，《大正藏》第 9 册。

（秦）鸠摩罗什译：《摩诃般若波罗蜜经》，《大正藏》第 8 册。

（秦）鸠摩罗什、（东晋）慧远撰：《鸠摩罗什法师大义》（《大乘大义章》），《大正藏》第 45 册。

（姚秦）鸠摩罗什译：《维摩诘所说经》，《大正藏》第 14 册。

（姚秦）鸠摩罗什译：《佛藏经》，《大正藏》第 15 册。

（姚秦）鸠摩罗什译：《首楞严三昧经》，《大正藏》第 15 册。

（姚秦）鸠摩罗什译：《十住毗婆沙论》，《大正藏》第 26 册。

（姚秦）鸠摩罗什、僧肇、道生撰：《注维摩诘经》，《大正藏》第 38 册。

（姚秦）僧肇撰：《肇论》，《大正藏》第 45 册。

（东晋）法显译：《大般泥洹经》，《大正藏》第 12 册。

（北凉）昙无谶译：《大般涅槃经》，《大正藏》第 12 册。

（北凉）昙无谶：《金光明经》，《大正藏》第 16 册。

（北魏）菩提流支译：《胜思惟梵天所问经》，《大正藏》第 15 册。

（南朝宋）僧伽跋摩等译：《杂阿毗昙心论》，《大正藏》第 28 册。

（南朝宋）慧严等整理：《大般涅槃经》，《大正藏》第 12 册。

（南朝宋）竺道生撰：《妙法莲华经疏》，《卍新纂续藏经》第 27 册。

（梁）僧祐撰：《出三藏记集》，《大正藏》第 55 册。

（梁）僧祐撰：《弘明集》，《大正藏》第 52 册。

（梁）慧皎撰：《高僧传》，《大正藏》第 50 册。

（梁）法朗编：《大般涅槃经集解》，《大正藏》第 37 册。

（陈）慧达撰：《肇论疏》，《卍新纂续藏经》第 54 册。

（隋）吉藏撰：《二谛义》，《大正藏》第 45 册。

（隋）吉藏撰：《百论疏》，《大正藏》第 42 册。

（隋）吉藏撰：《大乘玄论》，《大正藏》第 45 册。

（隋）吉藏撰：《法华义疏》，《大正藏》第 34 册。

（隋）慧远撰：《大乘义章》，《大正藏》第 44 册。

（隋）慧均撰：《大乘四论玄义》，《卍新纂续藏经》第 46 册。

（隋）费长房撰：《历代三宝记》，《大正藏》第 49 册。

（隋）法经撰：《众经目录》，《大正藏》第 55 册。

（唐）元康撰：《肇论疏》，《大正藏》第 45 册。

（唐）道宣撰：《续高僧传》，《大正藏》第 50 册。

（唐）道宣撰：《广弘明集》，《大正藏》第 52 册。

（唐）智升撰：《开元释教录》，《大正藏》第 55 册。

（唐）迦才撰：《净土论》，《大正藏》第 47 册。

（元）文才撰：《肇论新疏》，《大正藏》第 45 册。

《宝积三昧文殊师利菩萨问法身经》，《大正藏》第 12 册。

沈约撰：《宋书》，中华书局 1974 年版。

二、中文资料及译著

陈金华：《佛陀跋陀共慧远构佛影台事再考》，载李四龙主编：《佛学与国学：楼宇烈教授七秩晋五颂寿文集》，九州出版社 2009 年版。

方立天：《试论慧远的佛教哲学思想》，《哲学研究》1965 年第 5 期。

方立天：《中国佛教哲学要义》（上下卷），中国人民大学出版社 2002 年版。

方立天：《魏晋南北朝佛教》，《方立天文集》第 1 卷，中国人民大学出版社 2006 年版。

冯焕珍：《慧远大师的法性思想探微》，载释大安主编：《超越千载的追思——纪念慧远大师诞辰 1670 周年》，宗教文化出版社 2008 年版。

龚隽：《重提"印度禅"与"中国禅"——以 4—5 世纪为例》，收入氏著《禅史钩沉——以问题为中心的思想史论述》，生活·读书·新知三联书店 2006 年版。

华方田：《出入于有无之际——简析庐山慧远法身观的理论矛盾》，载释大安主编：《超越千载的追思——纪念慧远大师诞辰 1670 周年》，宗教文化出版社 2008 年版。

黄夏年，《四十五年来中国大陆鸠摩罗什研究的综述》，《佛学研究》1994 年第 3 期。

黄云明、高颖，《试论道生的般若实相学说》，《燕山大学学报》（哲学社会科学版）2006 年第 3 期。

菅野博史：《〈法華経〉中常不轻菩薩的实践及其在中国和日本的接受情况》，《世界宗教研究》2001 年增刊。

姜剑云：《谢灵运与慧远交游考论》，《太原师范学院学报》（社会科学版）2005 年第 4 卷第 2 期。

赖鹏举：《东晋慧远法师〈法性论〉义学的还原》，《东方宗教研究》1993 年第 3 期。

赖鹏举：《中国佛教义学的形成——东晋外国罗什"般若"与本土慧远"涅槃"之争》，《中华佛学学报》2000 年第 13 期。

李四龙：《天台智顗的如来藏思想述评》，《中国哲学史》2004 年第 4 期。

鎌田茂雄著，关世谦译：《中国佛教通史》第2卷，佛光出版社（台北）1986年版。

鎌田茂雄著，郑彭年译：《简明中国佛教史》，上海译文出版社1986年版。

廖磊：《竺道生"善不受报"思想研究——兼论佛、儒伦理思想之分殊与融通》，2009年，安徽大学硕士学位论文。

廖明活：《吉藏的佛性观》，《东方文化》1981年第19卷第1期，后收入氏著《中国佛性思想的形成和开展》，文津出版社（台北）2008年版。

廖明活：《南北朝时代的佛性学说——中国佛性思想的滥觞》，《中华佛学学报》2007年第20期，后收入氏著《中国佛性思想的形成和开展》，文津出版社（台北）2008年版。

刘贵杰：《竺道生思想之研究——南北朝时代中国佛学思想之形成》，台湾商务印书馆1984年版。

卢桂珍：《慧远、僧肇圣人学研究》，"国立"台湾大学出版委员会2002年版。

吕澂：《中国佛学源流略讲》，中华书局2006年版。

区结成：《慧远》，台湾东大图书公司1987年版。

释恒清：《佛性思想》，台湾东大图书公司1997年版。

汤用彤：《汉魏两晋南北朝佛教史》，《汤用彤全集》第1册，河北人民出版社2000年版。

王新水：《从〈注维摩诘经〉看竺道生和僧肇佛学思想的差异》，《兰州学刊》2005年第5期。

吴丹：《〈大乘大义章〉研究》，苏州大学博士学位论文，2008年。

小野玄妙著，杨白衣译：《佛教经典总论》，新文丰出版公司（台北）1983年版。

谢路军：《西方净土的早期信仰者——庐山慧远》，载释大安主编：《超越千载的追思——纪念慧远大师诞辰1670周年》，宗教文化出版社2008年版。

解兴华：《"法性"、"法身"与"神"——庐山慧远"法性"思想析论》，《世界宗教研究》2011年第3期。

许抗生：《僧肇评传》，南京大学出版社2011年版。

宣方：《慧远禅学思想的基调、内涵与特质》，载释大安主编：《超越千载的追思——纪念慧远大师诞辰 1670 周年》，宗教文化出版社 2008 年版。

杨净麟：《慧远大师念佛思想的主要经典依据考辨》，载释大安主编：《超越千载的追思——纪念慧远大师诞辰 1670 周年》，宗教文化出版社 2008 年版。

宇井伯寿著，李世杰译：《中国佛教史》，协志工业丛书出版股份有限公司（台北）1993 年版。

余日昌：《实相本体与涅槃境界——梳论竺道生开创的中国佛教本体理论》，巴蜀书社 2003 年版。

张风雷：《从慧远鸠摩罗什之争看晋宋之际中国佛学思潮的转向》，《中国人民大学学报》2010 年第 3 期。

张风雷：《佛性论在中国佛教天台宗早期思想中的开展》，载张风雷等主编：《如来藏佛性思想在东亚的接受与嬗变》，宗教文化出版社 2013 年版。

张雪松：《宗教伦理是否可能？——从道生"善不受报"及印光"带业往生"谈起》，中国人民大学—辅仁大学第三届两岸宗教学论坛论文集，2009 年。

张雪松：《浅析晋宋之际般若学向涅槃学发展的多元化径路》，载《锲而不舍金石可镂：方立天教授从教 50 周年学术研讨会文集》（上），2010 年。

张志强：《〈大乘大义章〉研究》，《原学》1995 年第 4 辑。

三、外文资料

Dessein, Bart. 1999, *Saṃyuktābhidharmahṛdaya*: *Heart of Scholasticism with Miscellaneous Additions* (3 Parts), Delhi: Motital Banarsidass Publishers Private Limited.

Lai, Whalen. 1982a, "The Mahāparinirvāṇa-Sūtra and Its Earliest Interpreters in China—Two Prefaces by Tao-lang and Tao-sheng", *Journal of the American Oriental Society*, Vol. 102, No. 1, pp. 99–105.

Lai, Whalen. 1982b, "Sinitic Speculations on Buddha-Nature: The Nirvāṇa School (420–589)", *Philosophy East and West*, Vol. 32, No. 2, pp. 135–149.

Lai, Whalen. 1987, "Tao-sheng's Theory of Sudden Enlightenment Re-examined", Peter N. Gregory Edit, *Sudden and Gradual*: *Approaches to Enlightenment in Chinese Thought*, Honolulu: University of Hawaii Press, pp. 169-200. 汉译本为龚隽译,《再论道生之顿悟论》, 收入彼得·N. 格里高瑞编, 冯焕珍、龚隽、秦瑜、唐笑芝等译:《顿与渐——中国思想中通往觉悟的不同法门》, 上海古籍出版社 2010 年版。

Kim, Young-ho. 1990, *Tao-sheng's Commentary on the Lotus Sūtra* (*A Study and Translation*), Albany: State University of New York Press.

Wagner, R. G. 1971, "The Original Structure of The Correspondence Between Shih Hui-Yüan and Kumārajīva", *Harvard Journal of Asiatic Studies*, Vol. 31, pp. 28-48.

Willeman, Charles. 2006, *The Essence of Scholasticism*: *Abhidharmahṛdaya. T*1550, *Revised edition with a completely new introduction*, Delhi: Motilal Banarsidass Publishers Private Limited.

安藤俊雄:《廬山慧遠の禅思想》, 載木村英一編:《慧遠研究——研究篇》, 創文社 1962 年版。

百濟康義:《僧肇の維摩詰経単注本》,《仏教学研究》56, 2002 年。

坂本廣博:《法性生身について》,《天台学報》47, 2004 年。

坂本廣博:《〈注維摩経〉に見る羅什の法身観 (1)》,《叡山学院研究紀要》28, 2006 年。

坂本廣博:《〈注維摩経〉に見る羅什の法身観 (2)》,《叡山学院研究紀要》29, 2007 年。

坂本廣博:《〈注維摩経〉に見る羅什の法身観 (3)》,《叡山学院研究紀要》30, 2008 年。

板野長八:《道生の頓悟説成立の事情》,《東方学報》東京第 7 册, 1936 年。

板野長八:《道生の仏性論》,《支那仏教史学》第 2 卷第 2 号, 1938 年。

板野長八:《慧遠僧肇の神明観を論じて道生の新説に及ぶ》,《東洋学報》第 3 卷第 4 号, 1944 年。

薄井俊二:《廬山慧遠と文学——自然・文学・思想》,《九州中国学会報》45, 2007 年。

布施浩岳:《涅槃宗之研究》(前篇), 叢文閣 1942 年版。

布施浩岳：《涅槃宗之研究》（後篇），叢文閣 1942 年版。

常盤大定：《佛性の研究》，東京：国書刊行会 1973 年版。

池麗梅：《敦煌出土の〈維摩経〉僧肇単注本について》,《仏教文化研究論集》9，2005 年。

池田宗讓：《竺道生の空について》,《印度学仏教学研究》，通号 70，1987 年。

村田みお：《佛教圖像と山水畫——廬山慧遠〈佛影銘〉と宗炳〈畫山水序〉をめぐって》,《中国思想史研究》29，2009 年。

大鹿実秋：《維摩経撮要》，載橋本博士退官紀念佛教研究論集刊行会編：《佛教研究論集——橋本博士退官記念佛教研究論集》，清文堂 1975 年版。

大鹿実秋：《鳩摩羅什訳の特質——〈維摩詰経〉のばあい》，收入氏著《維摩経の研究》，平乐寺書店 1988 年版。

大鹿実秋：《維摩詰所説経に見る羅什訳の特質》，收入氏著《維摩経の研究》，平乐寺書店 1988 年版。

大正大学综合佛教研究所・梵语佛典研究会編：《〈維摩経〉〈智光明荘厳経〉解説》，載《梵蔵漢対照〈維摩経〉〈智光明荘厳経〉》（三分册），大正大学出版会 2004 年版。

大正大学综合佛教研究所・注维摩诘経研究会编著：《対訳・注維摩詰経》，山喜房佛書林 2000 年版。

服部正明：《肇論に於ける中論の引用をめぐって》，載塚本善隆編：《肇論研究》，法藏館 1964 年版。

富貴原章信：《羅什——法雲時代の仏性説》,《大谷学報》，通号 145，1960 年。

福永光司：《慧遠と老荘思想——慧遠と僧肇》，載木村英一編：《慧遠研究——研究篇》，1962 年，后收入氏著《魏晋思想史研究》，岩波书店 2005 年版。

福原隆善：《廬山慧遠における仏の相好観》，載多田孝正博士古稀紀念论集刊行会編集：《仏教と文化——多田孝正博士古稀記念論集》，山喜房佛书林 2008 年版。

工藤雅也：《〈注維摩〉道生注における経典注釈法》,《印度学仏教学研究》，通号 96，2000 年。

谷川理宣：《僧肇における"仏"の理解—至人と法身》，《印度学仏教学研究》，通号 57，1980 年。

谷川理宣：《宗炳における"仏"の理解》，载日本仏教学会编：《釈尊観》，平乐寺书店 1985 年版。

古勝隆一：《中国中古の学術》，研文出版（山本书房出版部）2006 年版。

古田和弘：《竺道生の法身無色説》，《印度学仏教学研究》，通号 34，1969 年。

古田和弘：《僧叡の研究—上—》，《佛教学セミナー》10，1969 年。

古田和弘：《僧叡の研究—下—》，《佛教学セミナー》11，1970 年。

古田和弘：《竺道生の仏無浄土説》，《印度学仏教学研究》，通号 38，1971 年。

古田和弘：《中国仏教における一闡提思想の受容》，《大谷学報》52（1），1972 年。

古田和弘：《劉虬の無量義経序の背景》，《印度学仏教学研究》，通号 50，1977 年。

古田和弘：《劉虬の無量義経序》，《佛教学セミナー》25，1977 年。

古田和弘：《"報応論"と"神不滅論"——東晋仏教についての一考察》，《大谷大学研究年報》31，1978 年。

古田和弘：《初期中国仏教における業論》，载雲井昭善编：《業思想研究》，平乐寺书店 1979 年版。

古田和弘：《中国仏教における仏性思想の一側面》，《佛教学セミナー》30，1979 年。

古田和弘：《廬山慧遠の修道論》，《日本仏教学会年報——仏教における修行とその理論的根拠》45，1979 年。

古田和弘：《"如来種"について》，《佛教学セミナー》38，1983 年。

古田和弘：《大般涅槃経における釈尊観》，日本佛教学会编：《釈尊観》，平乐寺书店 1985 年版。

横超慧日：《法華教学における仏身無常説》，《仏教研究》第 3 卷第 6 号，1939 年，后收入氏著《法華思想の研究》，平乐寺书店 1986 年版。

横超慧日：《僧叡と慧叡は同人なり》，《東方学報》東京第 13 册之 2，1942 年，后收入氏著《中国佛教の研究》第二，法藏馆 1971 年版。

横超慧日：《中国仏教における大乗思想の興起》,《東方学報》東京第 14 册之 2，1943 年，后收入氏著《中国佛教の研究》，法藏馆 1958年版。

横超慧日：《仏教における宗教的自覚—機の思想の歴史的研究—》,《日本仏学論叢》第一辑，1944 年，后收入氏著《中国佛教の研究》第二，法藏馆 1971 年版。

横超慧日：《竺道生撰〈法華経疏〉の研究》,《大谷大学研究年報》第 5 集，1952 年，后收入氏著《法華思想の研究》，平乐寺书店 1986年版。

横超慧日：《鳩摩羅什の翻訳》,《大谷学報》第 37 卷第 4 号，1958年，后收入氏著《中国佛教の研究》第二，法藏馆 1971 年版。

横超慧日：《中国佛教の研究》，法藏馆 1958 年版。

横超慧日：《魏晋時代の般若思想——僧肇の不真空論に見える三家異説を中心として—》，载福井博士颂寿纪念论文集刊行会编：《福井博士頌寿記念東洋思想論集》，1960 年，后收入氏著《中国佛教の研究》第二，法藏馆 1971 年版。

横超慧日：《教相判釈の原始形態》，载塚本博士颂寿纪念会编：《塚本博士頌寿記念仏教史学論集》，1961 年，后收入氏著《中国佛教の研究》第二，法藏馆 1971 年版。

横超慧日：《大乗大義章研究序説》，载木村英一编：《慧遠研究——研究篇》，1962 年，后收入氏著《中国佛教の研究》第二，法藏馆 1971年版。

横超慧日：《大乗大義章における法身説》,《大谷大学研究年報》第17 集，1965 年，后收入氏著《中国佛教の研究》第二，法藏馆 1971年版。

横超慧日：《劉宋慧観の法華経観》,《仏教学セミナー》通号 13，1971 年。

横超慧日：《維摩経の中国の受容》，载橋本博士退官纪念佛教研究论集刊行会编：《佛教研究論集——橋本博士退官記念佛教研究論集》，清文堂 1975 年版。

花塚久義：《注維摩詰経の編纂者をめぐって》,《駒沢大学仏教学部論集》第 13 号，1982 年。

荒牧典俊：《南朝前半期における教相判釈の成立について》，載福永光司編：《中国中世の宗教と文化》，京都大学人文科学研究所 1982 年版。

菅野博史：《竺道生における機と感応について》，《印度学仏教学研究》，通号 63，1983 年。

菅野博史：《中国法華思想をめぐって—仏性と仏身常住の問題》，《東洋学術研究》，別册 5，1984 年。

菅野博史：《〈大般涅槃経集解〉における道生注》，《日本文化研究論集》第 3 号，1985 年。

菅野博史：《〈大般涅槃経集解〉の基礎的研究》，《東洋文化》第 66 号，1986 年。

菅野博史：《〈大般涅槃経集解〉における僧亮の感応思想》，《東方》第 3 号，1987 年。

菅野博史：《道生における法華経の構成把握について》，《東洋文化》第 70 号，1990 年。

菅野博史：《道生撰〈妙法蓮花経疏〉における注釈の方法について》，《印度学仏教学研究》通号 77，1990 年。

菅野博史：《道生撰〈妙法蓮花経疏〉における‘理’の概念について》，《創価大学人文論集》第 3 号，1991 年。

菅野博史：《中国法華思想の研究》，春秋社 1994 年版。

菅野博史：《初期中国仏教の経典注釈書について》，載村中祐生先生古稀纪念论文集刊行会編集：《大乗仏教思想の研究——村中祐生先生古稀記念論文集》，山喜房佛书林 2005 年版。（杨增文译：《中国佛教早期经典注释书的性格》，《世界宗教研究》2004 年增刊）。

菅野博史：《中国初期仏教の機と感応思想——道生と僧亮を中心として》，《創価大学人文論集》第 19 号，2007 年。

京都大学人文科学研究所編：《弘明集研究》卷上（遺文篇），同朋社 1973 年版。

京都大学人文科学研究所編：《弘明集研究》卷中（訳注篇上），中西印刷 1974 年版。

京都大学人文科学研究所編：《弘明集研究》卷下（訳注篇下），内外印刷 1975 年版。

臼田淳三：《維摩経僧肇単注本》，《圣徳太子研究》，第 11 号，1977 年。

臼田淳三：《注維摩詰経の研究》，《印度学仏教学研究》，通号 51，1977 年。

堀内伸二：《羅什門下の教相論——〈喩疑〉及び僧叡を中心として》，《東方》9，1993 年。

L. Hurvitz：《大乗大義章における一乗三乗の問題について》，載木村英一编：《慧遠研究——研究篇》，創文社 1962 年版。

木村清孝：《真空妙有論の形成と展開》，載江島恵教博士追悼集刊行会编：《江島恵教博士追悼記念論集——空と実在》，春秋社 2001 年版。

木村宣彰：《維摩経と毘摩羅詰経》，《仏教学セミナー》第 42 号，1985 年，后收入氏著《中国仏教思想研究》，法藏馆 2009 年版。

木村宣彰：《鳩摩羅什の訳経》，《大谷大学研究年報》第 38 号，1986 年，后收入氏著《中国仏教思想研究》，法藏馆 2009 年版。

木村宣彰：《中国仏教初期の仏陀観——道安と慧遠の場合》，《日本仏教学会年報——仏陀観》第 53 号，1987 年，后收入氏著《中国仏教思想研究》，法藏馆 2009 年版。

木村宣彰：《竺道生の法身説》，《大谷学報》第 69 期第 3 号，1989 年，后收入氏著《中国仏教思想研究》，法藏馆 2009 年版。

木村宣彰：《竺道生の新説とその背景》，《印度学仏教学研究》，通号 78，1991 年，后收入《中国仏教思想研究》，法藏馆 2009 年版。

木村宣彰：《注維摩経序説》，真宗大谷派宗务所出版部 1995 年版。

木村宣彰：《中国仏教思想研究》，法藏馆 2009 年版。

木村英一编：《慧遠研究——遺文篇》，創文社 1960 年版。

木村英一编：《慧遠研究——研究篇》，創文社 1962 年版。

牧田諦亮：《慧遠著作の流伝》，載木村英一编：《慧遠研究——研究篇》，創文社 1962 年版。

牧田諦亮：《肇論の流伝について》，載塚本善隆编：《肇論研究》，法藏馆 1964 年版。

牧田諦亮：《中国仏教史研究》第一，大東出版社 1981 年版。

鳥居達久：《竺道生撰述〈妙法蓮花経疏〉》（原文），2000 年，国際佛教学大学院大学博士论文。

鳥居達久：《竺道生撰述〈妙法蓮花経疏〉》（資料篇），2000年，国际佛教学大学院大学博士论文。

鳥居達久：《竺道生撰述〈妙法蓮花経疏〉の研究》，2000年，国际佛教学大学院大学博士论文。

鳥居達久：《竺道生撰述〈妙法蓮花経疏〉の研究》（論考緒余），2000年，国际佛教学大学院大学博士论文。

平井宥慶：《敦煌本・南北朝期維摩経疏と注維摩》，《大正大学綜合佛教研究所年報》4，1982年。

平井宥慶：《敦煌本・註維摩詰経の原形について》，《印度学仏教学研究》，通号62，1982年。

橋本芳契：《註維摩詰経の思想構成》，《印度学仏教学研究》，通号12，1958年。

橋本芳契：《維摩経の思想的研究》，同朋社1966年版。

橋本芳契：《註維摩経の羅什説について》，《印度学仏教学研究》，通号42，1973年。

橋本芳契：《維摩経の空観と浄土義》，《印度学仏教学研究》，通号62，1983年。

丘山新：《〈注維摩詰経〉所引の"別本"について》，《印度学仏教学研究》，通号51，1977年。

三桐慈海：《竺道生の思想》，《大谷学報》46（1），1966年。

三桐慈海：《竺道生の般若思想》，《佛教学セミナー》（4），1966年。

三桐慈海：《羅什の維摩疏は道融の筆録か》，《印度学佛教学研究》，通号36，1970年。

三桐慈海：《僧肇と頓悟義》，《東方宗教》40，1972年。

色井秀譲：《般舟三昧経の成立について》，《印度学仏教学研究》，通号21，1963年。

色井秀譲：《龍樹依用の般舟三昧経》，載奥田慈応先生喜寿纪念论文集刊行会编：《奥田慈応先生喜寿記念——仏教思想論集》，平乐寺书店1976年版。

森江俊孝：《竺道生の感応思想》，《印度学仏教学研究》，通号41，1972年。

藤本賢一：《竺道生の頓悟義について》,《天台学報》15，1972 年。

藤井教公：《仏知見の解釈をめぐって》,《印度学仏教学研究》，通号 62，1983 年。

藤井教公：《〈涅槃経〉における "我"》,《仏教学》，通号 16，1983 年。

藤井教公：《一闡提について》,《印度学仏教学研究》，通号 79，1991 年。

藤井教公：《六巻泥洹経における一闡提の諸相》,《印度学仏教学研究》，通号 80，1992 年。

藤井教公：《〈妙法蓮華経〉における仏種》，載《勝呂信静博士古稀記念論文集》，1996 年。

藤井教公：《羅什訳の問題点》,《印度哲学仏教学》，通号 13，1998 年。

藤井教公：《中国仏教における "仏種" の語の解釈をめぐって》,《東洋の思想と宗教》，通号 17，2000 年。

藤井教公：《中国仏教における仏性解釈の種々相——道生と法雲を中心に》,《印度哲学仏教学》25，2010 年。

鵜飼光昌：《謝霊運の〈弁宗論〉における "道家之唱、得意之説" の解釈をめぐって》,《仏教大学大学院研究紀要》，通号 15，1987 年。

鵜飼光昌：《謝霊運の〈仏影銘〉制作年時について》,《仏教大学仏教文化研究所所報》，通号 5，1987 年。

鵜飼光昌：《謝霊運〈仏影銘〉訳注稿（上）》,《仏教大学仏教文化研究所所報》，通号 6，1988 年。

鵜飼光昌：《廬山慧遠の報応思想》,《中国言語文化研究》1，2001 年。

鵜飼光昌：《廬山慧遠の "沙門祖服論" について》,《文芸論叢》68，2007 年。

鵜飼光昌：《頓悟説について：道生と謝霊運》,《中国言語文化研究》8，2008 年。

桐谷征一：《肇論〈答劉遺民書〉の成立時期について》,《印度学仏教学研究》，通号 29，1966 年。

武田公裕：《僧肇の法身観—曇鸞二法身説の一背景として》,《龍谷

大学大学院研究紀要・人文科学》19，1998年。

小林正美：《竺道生の佛教思想》，收入氏著《六朝佛教思想の研究》，創文社1993年版。

苅谷定彦：《羅什訳妙法華の問題点（1）——羅什の法華経理解をさぐる》，《密教学》20・21合并号，1985年。

苅谷定彦：《羅什訳妙法華の問題点（2）——〈嘱累品〉の位置と〈化城喩品〉という品名について》,《大崎学報》139，1985年。

苅谷定彦：《羅什訳妙法華の問題点（3）》,《印度学仏教学研究》,通号69，1986年。

苅谷定彦：《羅什訳妙法華の問題点（4）》,《印度学仏教学研究》,通号73，1988年。

苅谷定彦：《〈妙法華〉における大乗の語について——羅什訳妙法華の問題点（5）》,《大崎学報》145，1988年。

苅谷定彦：《〈妙法華〉における‘小乗’の語について》,《印度学仏教学研究》，通号79，1991年。

玉城康四郎：《廬山慧遠における道の究極》,《宗教研究》37（1），1963年。

玉城康四郎：《廬山慧遠の自然観念》，載結城教授頌寿纪念论文集刊行会编：《佛教思想史論集——結城教授頌壽記念》，大藏出版1964年版。

玉城康四郎：《中国仏教における主体の発端》，載干潟博士古稀纪念会编：《干潟博士古稀記念論文集》，1964年。

玉城康四郎：《羅什の仏身観》，載佐藤密雄博士古稀纪念论文集刊行会编：《佐藤博士古稀記念——仏教思想論叢》，山喜房佛书林1972年版。

玉城康四郎：《廬山慧遠の三昧の綜合性——インドと中国》，載奥田慈應先生喜寿纪念论文集刊行会编：《奥田慈応先生喜寿記念——仏教思想論集》，平乐寺书店1976年版。

玉城康四郎：《羅什と慧遠》,《精神科学》19，1980年。

玉城康四郎：《廬山慧遠にかかわるインド仏教の念仏三昧》,《哲学年誌》4，1980年。

玉城康四郎：《〈般舟経〉における念仏三昧の考察》，載勝又俊教

博士古稀纪念论文集刊行会编:《勝又俊教博士古稀記念論集——大乗仏教から密教へ》，春秋社 1981 年版。

玉城康四郎:《廬山慧遠における念仏三味の特徴》,《精神科学》21，1982 年。

垣内智之:《竺道生における理の概念と悟り》,《日本中国学会報》48，1996 年。

遠藤祐介:《〈大乗大義章〉に見える慧遠の問題意識》,《智山学報》54，2005 年。

斉藤達也:《鳩摩羅什の没年問題の再検討》,《国際仏教学大学院大学研究紀要》，通号 3，2000 年。

志村良治:《慧遠における法身の理解——〈仏影銘〉を中心として》，収入氏著《中国詩論集》,《志村良治博士著作集Ⅰ》，汲古书院 1986 年版。

塚本善隆编:《肇論研究》，法藏馆 1964 年版。

塚本善隆:《中国初期佛教史上における慧遠》，载木村英一编:《慧遠研究——研究篇》，创文社 1962 年版。

塚本善隆:《鳩摩羅什論——その佛教の江南拡大を中心として（1）》，载結城教授頌寿纪念论文集刊行会编:《佛教思想史論集——結城教授頌壽記念》，大藏出版 1964 年版。

塚本善隆:《鳩摩羅什論——その佛教の江南拡大を中心として（2）》，载干潟博士古稀纪念会编:《干潟博士古稀記念論文集》，1964 年。

塚本善隆:《仏教史上における肇論の意義》，载塚本善隆编:《肇論研究》，法藏馆 1964 年版。

中国仏教思想研究会:《道生撰妙法蓮花経疏対訳》,《三康文化研究所年報》，通号 12，1980 年。

总合佛教大辞典编集委员会:《総合佛教大辞典》，法藏馆 2005 年版。

索 引

人 名

关键词

后 记

本书是在我的博士论文基础上修改而成的。在行将付梓之际，回顾至今为止的生活和学习过程，蕴蓄了许多感激之情、感谢之言，不吐不快。

首先，我要感谢父母。感谢他们一直以来对我的爱，包容和支持我在生活、感情、学业及工作上的一切决定。

其次，我要感谢妻子晓丽。相识相知八年，我们大部分时间都在追求学业，聚少离多，但她惠而好我，与我携手同行，我亦一定不忘初心，有始有终。

再次，在佛学研究上，我有幸得遇众多良师教导，感恩在心。在中国人民大学佛教与宗教学理论研究所学习期间，博士导师方立天先生、硕士导师张文良老师、张风雷老师、温金玉老师、宣方老师、魏德东老师等，言传身教，诲予不倦，使我得窥学术研究之门径。如今，方先生已归道山，本书算是对先生的一个纪念。

博士期间，我获得赴日本武藏野大学交流一年的机会。在日一年间，西本照真教授、陈继东教授、菅野博史教授、木村清孝教授、蓑轮显量教授、肯尼斯·K.田中教授、远藤佑介准教授、常圆寺诸位法师、胡建明师兄、成愿寺小林方丈及其家人、松森秀幸博士、武藏野大学诸位同仁，在生活和学习上都对我关爱有加，在此一并致谢。

在本书的修改过程中，也融入了我博士后报告的一些思考，因此也要感谢方广锠老师、侯冲老师、定源师兄、伍小劫师兄对我在博士后期间的关爱和教导。

本书得以出版，还要感谢刘成有老师和段海宝编辑。及入中央民族大学任教，刘成有院长就鼓励我尽快修改博士论文，早日出版。人民出版社的段海宝编辑也对我督促有加，校对拙稿，尽心尽力。书中如有任何错误，都应由我负责。

最后，这些年来也得到很多同学好友的关心和帮助，难以一一道来，一并向你们表示感谢。

是为记。

史经鹏

2015 年 11 月 15 日

责任编辑：段海宝

图书在版编目（CIP）数据

从法身至佛性：庐山慧远与道生思想研究/史经鹏 著．
　－北京：人民出版社，2016.4
ISBN 978－7－01－016078－8

Ⅰ.①从…　Ⅱ.①史…　Ⅲ.①佛教史-思想史-研究-中国-南北朝
　Ⅳ.①B949.2

中国版本图书馆 CIP 数据核字（2016）第 071251 号

从法身至佛性
CONG FASHEN ZHI FOXING
——庐山慧远与道生思想研究

史经鹏　著

人民出版社 出版发行
（100706　北京市东城区隆福寺街 99 号）

北京明恒达印务有限公司印刷　新华书店经销

2016 年 4 月第 1 版　2016 年 4 月北京第 1 次印刷
开本：710 毫米×1000 毫米 1/16　印张：23.75
字数：290 千字

ISBN 978－7－01－016078－8　定价：58.00 元

邮购地址 100706　北京市东城区隆福寺街 99 号
人民东方图书销售中心　电话（010）65250042　65289539